ଆସାମୀ ଓ ଅନ୍ୟାନ୍ୟ ନାଟକ

ଆସାମୀ ଓ ଅନ୍ୟାନ୍ୟ ନାଟକ

ଗୌରହରି ଦାସ

ବ୍ଲାକ୍ ଇଗଲ୍ ବୁକ୍ସ
ଭୁବନେଶ୍ୱର, ଓଡ଼ିଶା
BLACK EAGLE BOOKS
Dublin, USA

ଆସାମୀ ଓ ଅନ୍ୟାନ୍ୟ ନାଟକ / ଗୌରହରି ଦାସ

ବ୍ଲାକ୍ ଇଗଲ୍ ବୁକ୍ସ : ଭୁବନେଶ୍ୱର, ଓଡ଼ିଶା ● ଡବ୍ଲିନ୍, ଯୁକ୍ତରାଷ୍ଟ୍ର ଆମେରିକା

 BLACK EAGLE BOOKS

USA address:
7464 Wisdom Lane
Dublin, OH 43016

India address:
E/312, Trident Galaxy, Kalinga Nagar,
Bhubaneswar-751003, Odisha, India

E-mail: info@blackeaglebooks.org
Website: www.blackeaglebooks.org

First International Edition Published by
BLACK EAGLE BOOKS, 2023

ASAMI O ANYANYA NATAKA
by Gourahari Das

Copyright © Reserved with Author

All rights reserved. No part of this publication may be reproduced, stored in a retrieval system, or transmitted, in any form or by any means, electronic, mechanical, photocopying, recording or otherwise without the prior permission of the publisher.

Cover: **Tanuj Mallick**
Interior Design: Ezy's Publication

ISBN- 978-1-64560-402-0 (Paperback)

Printed in the United States of America

ଅସୀମ ବସୁ

ଅଜିତ ଦାସ

ବିଜୟ ମହାନ୍ତି

'ଆସାମୀ ଓ ଅନ୍ୟାନ୍ୟ ନାଟକ'ରେ
ସନ୍ନିବେଶିତ
ତିନିଟି ନାଟକ ଓଡ଼ିଶାର ତିନି ବିଖ୍ୟାତ
ମଞ୍ଚପୁରୁଷ ଅସୀମ ବସୁ, ଅଜିତ ଦାସ ଏବଂ
ବିଜୟ ମହାନ୍ତିଙ୍କ
ସ୍ମୃତି ଉଦ୍ଦେଶ୍ୟରେ ନିବେଦିତ

– ଗୌରହରି ଦାସ

ମୁଖବନ୍ଧ

'ଆସାମୀ ଓ ଅନ୍ୟାନ୍ୟ ନାଟକ'ରେ ଯେଉଁ ତିନିଟି ନାଟକ ସଂକଳିତ ହୋଇଛି ସେଗୁଡ଼ିକ ହେଲା 'ଆସାମୀ', 'ନୂଆ ଠିକଣା' ଏବଂ 'ମାୟା'। ଏ ନାଟକଗୁଡ଼ିକ ୨୦୧୬ ଓ ୨୦୧୭ରେ ଯଥାକ୍ରମେ ଉତ୍ତରପୁରୁଷ, ନାଟ୍ୟଚେତନା ଓ ଶତାବ୍ଦୀର କଳାକାର ଦ୍ୱାରା ପ୍ରଥମେ ମଞ୍ଚସ୍ଥ ହୋଇଥିଲା। ଏହି ଅବସରରେ ମୁଁ ନାଟକଗୁଡ଼ିକର ପ୍ରଥମ ପ୍ରଯୋଜନା ସଂସ୍ଥା ସହ ନିର୍ଦ୍ଦେଶକ ପବିତ୍ର ମହାନ୍ତି, ସୁବୋଧ ପଟ୍ଟନାୟକ ଏବଂ ଦର୍ପନାରାୟଣ ସେଠୀଙ୍କୁ ଅଜସ୍ର କୃତଜ୍ଞତା ଜଣାଉଛି। ନାଟକଗୁଡ଼ିକରେ ମଞ୍ଚାୟନବେଳେ ନିର୍ଦ୍ଦେଶକମାନେ କିଛି କିଛି ସଂଳାପର ପରିବର୍ତ୍ତନ ଲୋଡ଼ିଛନ୍ତି, ମୁଁ ସେମାନଙ୍କର ଇଚ୍ଛାକୁ ସମ୍ମାନ ଜଣାଇ ସେସବୁ ପରିବର୍ତ୍ତନ କରିଛି ଏବଂ ତଦ୍ଦ୍ୱାରା ନାଟକଗୁଡ଼ିକ ଅଧିକ ସୁସଙ୍ଗଠିତ ହୋଇପାରିଛି ବୋଲି ମୋର ବିଶ୍ୱାସ।

ଦୀର୍ଘଦିନ ଧରି ଏହି ନାଟକଗୁଡ଼ିକୁ ପ୍ରକାଶ କରିବାଲାଗି ମୋର ବନ୍ଧୁମାନେ ପରାମର୍ଶ ଦେଇଆସୁଥିଲେ। ପୂର୍ବରୁ 'ଅପରାଧ' ଏବଂ 'ଆମ ଘର ନକ୍ସା' ପ୍ରକାଶ ପାଇଥିଲା। ଏହାଛଡ଼ା ମୋର କାହାଣୀକୁ ନେଇ ଏକାଧିକ ନାଟ୍ୟକାର ନାଟକ ରଚନା କରିଛନ୍ତି ଏବଂ ସେଗୁଡ଼ିକର ବିଭିନ୍ନ ମଞ୍ଚ ସହ ଆକାଶବାଣୀ ଓ ଟେଲିଭିଜନ୍‌ର କେତେକ ଚ୍ୟାନେଲରେ ମଞ୍ଚସ୍ଥ ହୋଇଛି। ଏଥିରେ ସନ୍ନିବେଶିତ ତିନିଟି ନାଟକକୁ ଅଲଗା ଅଲଗା ପ୍ରକାଶ କରିବାକୁ ମଧ୍ୟ ପ୍ରସ୍ତାବ ଆସିଥିଲା। ମାତ୍ର ମୁଁ ତିନିଟିର ଏକତ୍ର ପ୍ରକାଶନକୁ ସ୍ୱୀକୃତି ଦେଲି।

ଆଶା କରୁଛି, ଏ ନାଟକଗୁଡ଼ିକ ନିର୍ଦ୍ଦେଶକ ଏବଂ ପାଠକ ଉଭୟଙ୍କୁ ଭଲ ଲାଗିବ।

- ଗୌରହରି ଦାସ

॥ ସୂଚିପତ୍ର ॥

ନାଟକ	ପୃଷ୍ଠା
ଆସାମୀ	୧୧
ନୂଆ ଠିକଣା	୬୯
ମାୟା	୧୨୩

ଆସାମୀ

ନାଟକ 'ଆସାମୀ'ର ଗୋଟିଏ ଦୃଶ୍ୟ

ନାଟକ 'ଆସାମୀ'ର ଗୋଟିଏ ଦୃଶ୍ୟ

ନାଟକ 'ଆସାମୀ'ର ଗୋଟିଏ ଦୃଶ୍ୟ

ନାଟକ ସଂପର୍କରେ

ନାଟକ 'ଆସାମୀ', ନୋଟ୍ ଓ ଭୋଟ୍‌ର ରାଜନୀତି ଭିତରେ ଛନ୍ଦି ପଡ଼ିଥିବା, ମାଟି ଓ ଭାଟିର ବିଷଚକ୍ରରୁ ମୁକୁଳି ପାରୁ ନ ଥିବା ଗୋଟେ ସାଧାରଣ ପରିବାରର କାହାଣୀ; ଯେଉଁ ପରିବାର କେବଳ ଚାହୁଁଥିଲା, ଦିନରେ ଦୁଇଓଳି ଭାତ, ରାତିରେ ଦି ପହଡ଼ ମିଠା ନିଦ ଏବଂ ଗୋଟେ ଗେଲବସରିଆ ଘରକରଣା । କିନ୍ତୁ ମଝିବାଟରେ ନିଶାପାଣି ଭଳି ଅପଦେବତାର ବିଷବୃଷ୍ଟି ଜାଳିପୋଡ଼ି ଛାରଖାର କରିଦିଏ ସେମାନଙ୍କର ସ୍ୱପ୍ନ । ସମୟକ୍ରମେ ନିଶାସକ୍ତ ମଣିଷ ବୁଝିପାରେ - ଯୋଉ ନିଶାପାଣିକୁ ସେ ଅମୃତ ଭାବି ଦିନେ ଓଠ ପାଖରେ ଧରିଥିଲା, ସେଇ ନିଶାପାଣି ହଳାହଳ ବିଷ ହେଇ ତାର ସୁନା ସଂସାରକୁ ଚୂନା କରିଚି । ମାତ୍ର ସେତେବେଳକୁ ଅନେକ ବିଳମ୍ବ ହୋଇଯାଇଥାଏ । ନିଜର ସ୍ୱପ୍ନ ଓ ସମ୍ଭାବନାଠାରୁ ସେ ଚାଲିଯାଇଥାଏ ଅପହଞ୍ଚ ଦୂରତାକୁ ।

ମାଟି, ଭାଟି, ନୋଟ୍ ଓ ଭୋଟ୍‌ର ମୁନାଫାଖୋର ପଞ୍ଝା, ନାରୀ ମାଉଁସ ଲୋଭୀ କପଟୀମାନଙ୍କର ଭୋକ ଏବଂ ଠିକାଦାରୀ ଶାସନ ବ୍ୟବସ୍ଥାର ଶିକାର ହୁଏ ଏଇ ସାଧାରଣ ମଣିଷ । କ୍ରମେ ସାଧାରଣ ମଣିଷଟି ପରିଣତ ହୁଏ ସଇତାନ୍‌ରେ । ନିରପରାଧ ନାଗରିକଟି ରୂପାନ୍ତରିତ ହୁଏ ଅପରାଧୀରେ । ତା ମଥାରେ ମାରିଦିଆଯାଏ ଆସାମୀର ମୋହର । ତେବେ ପ୍ରଶ୍ନ ଉଠେ- ପ୍ରକୃତରେ ଆସାମୀ କିଏ ?

ପ୍ରଥମ ମଞ୍ଚାୟନର ଶିଳ୍ପୀ ଓ ବ୍ୟବସ୍ଥାପକ

ଚରିତ୍ର ମଣ୍ଡଳୀ

ସନାତନ	:	ଦୀପନ୍ୱିତ ଦାସ ମହାପାତ୍ର
ରଜନୀ	:	ଧରିତ୍ରୀ ଖଣ୍ଡୁଆଳ
ନିମାଇଁ	:	ସୁନୀଲ ପଟ୍ଟନାୟକ
ରୁଦ୍ର ସାମନ୍ତରାୟ	:	ପବିତ୍ର ମହାନ୍ତି
ଭାନୁମତୀ	:	ଶେଫାଳି ରାଉତ
ପୁଲିସ ଏସ୍.ଆଇ	:	ମାନୁ ପଟ୍ଟନାୟକ
ଦୁଃଶାସନ	:	ରାଣେଶ କୁମାର ପତଙ୍ଗ
ମ୍ୟାନେଜର	:	ନିଶିକାନ୍ତ ନାୟକ
ଠେଙ୍ଗାବାଲା ୧	:	ସୁବାସ ମହାପାତ୍ର
ଠେଙ୍ଗାବାଲା ୨	:	ରାଜ୍
ପୋଟ୍ରେଟ୍	:	ଅମିତ କୁମାର ସାହୁ
ଜଜ୍	:	ସଚ୍ଚିଦାନନ୍ଦ ବାରିକ

ମଞ୍ଚ ପଛରେ

ମଞ୍ଚ	:	ଅସୀମ ବସୁ
ରୂପସଜ୍ଜା	:	ବାଞ୍ଛାନିଧି ପଟ୍ଟନାୟକ
ଆଲୋକ ସମ୍ପାତ	:	ସୀମନ୍ତ ମହାନ୍ତି
ଆଲୋକ ସମ୍ପାତ (ସହଯୋଗୀ)	:	ଶୁଭ୍ରାଂଶୁ ପରିଡ଼ା
ସଙ୍ଗୀତ ନିର୍ଦ୍ଦେଶନା	:	ପ୍ରତାପ ରାଉତ
ସଂଗୀତ ସହଯୋଗୀ	:	ମାରୁତି ପୁହାଣ
ପୋଷାକ	:	ଜନତା ଚିତ୍ରାଳୟ
ନାଟ୍ୟରଚନା	:	ଗୌରହରି ଦାସ
ନିର୍ଦ୍ଦେଶନା	:	ପବିତ୍ର ମହାନ୍ତି
ପ୍ରଯୋଜନା	:	ଉତ୍ତର ପୁରୁଷ, ଭୁବନେଶ୍ୱର
ସ୍ଥାନ	:	ଭଞ୍ଜକଳା ମଣ୍ଡପ
ତାରିଖ	:	୦୧/୦୫/୨୦୧୬

ପ୍ରଥମ ଦୃଶ୍ୟ

(ନିମାଇଁର ଘର। ରାତି ୯ଟା। ବର୍ଷା, ବିଜୁଳି, ପବନ। ଏ.ଏସ୍.ଆଇ. ଏବଂ ନିମାଇଁ ଠିଆହୋଇଛନ୍ତି। ଏ.ଏସ୍.ଆଇ. ହାତରେ ଅଧା ଗ୍ଲାସ୍ ମଦ। ନିମାଇଁ ଅଣ୍ଟାରେ ଗୋଟେ ଲମ୍ବା ଦଉଡ଼ି ବନ୍ଧା ହୋଇଛି)

ଏ.ଏସ୍.ଆଇ. : (ମଦ ପିଇ) ଗ୍ଲାସ୍‌ଟା ରଖିଦେଇକି ଆସ୍ (ନିମାଇଁ ଭିତରେ ଗ୍ଲାସ୍ ରଖି ଆସିଛି) ଯାହା କହୁଛି ମନଦେଇ ଶୁଣ। ଆସାମୀକୁ କାଲି ସକାଳେ, କୋର୍ଟରେ ହାଜର କରିବା ଯାଏଁ, ଯେମିତି ତୋ ଆଖିପତା ନ ପଡ଼େ। ବୁଝିଲୁ ତ ?

ନିମାଇଁ : ସାର୍... ଏଇଟା କଣ କହିବା କଥା ! ଏତେ ଦିନ ପରେ ଆସିଥିବା ସୁଯୋଗଟାକୁ କଣ ହାତଛଡ଼ା କରିଦେବି ?

ଏ.ଏସ୍.ଆଇ. : ବାସ୍.... ଫେରାର୍ ଆସାମୀକୁ କୋର୍ଟରେ ହାଜର କରିଦେଲା ପରେ, ତୁ କନେଷ୍ଟବଲରୁ ହାବିଲ୍‌ଦାର, ଆଉ ମୁଁ ଏ.ଏସ୍.ଆଇ.ରୁ ଏସ୍.ପି. .....

ନିମାଇଁ : ନାଇଁ ସାର୍ ଏସ୍.ଆଇ...।

ଏ.ଏସ୍.ଆଇ. : ମୁଁ ଜାଣିଛି। ତୁ ଏମିତି ସବୁ ଏପଟ ସେପଟ କଥାବାର୍ତ୍ତା କରୁ। ମନେରଖ, ଖବରକାଗଜ କିମ୍ବା ଟିଭିବାଲାଙ୍କ ସାମ୍‌ନାରେ କିଛି ବି ଏପଟସେପଟ କଥା ଯେମିତି ନ କହୁ।

ନିମାଇଁ : ଏଥିରେ ସାର୍ ଏପଟସେପଟ କହିବାର କଣ ଅଛି। ସିଧା କଥା.... ଫେରାର୍ ମର୍ଡର ଆସାମୀ ସନାତନ ଓରଫ୍ ଟିଙ୍କ ତା ଘରର ଆଗ ପଛ ଦିଟା ଯାକ କବାଟ ଖୋଲି,

ଚିତ୍‌ହୋଇ ଶୋଇଥିଲା । ଆମେ ଯେମିତି ତା ଘରେ ପହଞ୍ଚିଲେ, ସେ ଆପେ ଆପେ ଆମ ସହ ଚାଲିଆସିଲା ।

ଏ.ଏସ୍.ଆଇ : ଏଇଆ କହିବୁ ?

ନିମାଇଁ : ସାର୍.... ସିଧା କଥା ।

ଏ.ଏସ୍.ଆଇ. : ହଉ । ଟୋପିଟା ରଖିକି ଆ... (ନିମାଇଁ ଟୋପି ରଖିକି ଆସିଲା । ଏ.ଏସ୍.ଆଇ. ନିମାଇଁକୁ ଗୋଟେ ଚଟକଣା ମାରିଲା ।) ସିଧା କଥା, ନୁହଁ ? ହଇରେ ତୁ ତ ଗଲୁ, ସିଏ ଆସିଲା । ଆଉ ତତେ ପ୍ରମୋସନ୍ କଣ ପାଇଁ ମିଳିବ ? କହିଲା ସିଧା କଥା । ଯା ଟୋପି ପିନ୍ଧିକି ଆ... (ନିମାଇଁ ଟୋପି ପିନ୍ଧିକି ଆସିଲା) ଶୁଣ୍, ତୋର କିଛି ବି କହିବା ଦରକାର ନାହିଁ । କଣ କହିବାକୁ ହେବ, ମୁଁ କହୁଛି, ତୁ ଖାଲି ଶୁଣ । ଆରେ କଥାଟାକୁ ଟିକେ ରଙ୍ଗ ଦେଇ କହିବାକୁ ପଡ଼ିବ । ନ ହେଲେ ତତେ କି ମତେ ପ୍ରମୋସନ୍ ମିଳିବ କାହିଁକି ? ସେ ତ ସରେଣ୍ଡର୍ କଲା । ଏଣୁ ଖବରକାଗଜ ଆଉ ଟିଭି ବାଲାକୁ କଣ କହିବାକୁ ପଡ଼ିବ, ମୁଁ କହୁଛି, ମନ ଦେଇକି ଶୁଣ । ଯଦି ତତେ କିଏ ପଚାରେ ତୁ ସେଇଆ କହିବୁ । ହେଲା ?

ନିମାଇଁ : ସାର୍...

ଏ.ଏସ୍.ଆଇ. : (ନିଜ ହାତକୁ ମାଇକ୍ରୋଫୋନ୍ କରି) ଆଜ୍ଞା, ଆମେ ଆମର ଗୁପ୍ତ ସୂତ୍ରରୁ ଖବର ପାଇଲୁ ଯେ, ଫେରାର୍ ମର୍ଡର ଆସାମୀ ସନାତନ...

ନିମାଇଁ : ଓରଫ୍ ଟିଙ୍କ....

ଏ.ଏସ୍.ଆଇ. : (ନିମାଇଁକୁ ଚାହିଁଛି, ନିମାଇଁ ଚୁପ୍ ହୋଇଯାଇଛି) ସନାତନ ଓରଫ୍ ଟିଙ୍କ, ଯାହା ନାଁରେ ସରକାର ଲକ୍ଷେ ଟଙ୍କା ପୁରସ୍କାର ରଖିଛନ୍ତି, ସେ ନିଜ ଘରେ ଲୁଚିକି ରହିଛି । ତେଣୁ ପ୍ରବଳ ଝଡ଼ ବର୍ଷାକୁ ଖାତିରି ନ କରି, ମୁଁ ମୋ କନେଷ୍ଟବଳ ନିମାଇଁ....

ନିମାଇଁ : ନିମାଇଁ ଚରଣ ଦାସ....

ଏ.ଏସ୍.ଆଇ. : (ଏ.ଏସ୍.ଆଇ. ନିମାଇଁକୁ ଚାହିଁଛି, ନିମାଇଁ ଚୁପ୍

ହୋଇଯାଇଛି) ମୁଁ ମୋର କନେଷ୍ଟବଲ୍ ନିମାଇଁ ଚରଣ ଦାସ ସହ ତା ଘର ପଛପଟେ ଛପିକି ରହିଥିଲୁ। ଯେମିତି ସେ....

ନିମାଇଁ : ତା ବାଡ଼ିପଟ ଦୁଆର ଖୋଲି ବାହାରକୁ ବାହାରିଛି, ମୁଁ ଗଛ ଉପରେ ଛପିକି ବସିଥିଲି, ଖପାକ୍ କରି ତା ଉପରକୁ ଡେଇଁପଡ଼ି ତାକୁ ମାଡ଼ିବସିଲି। ତାପରେ.... (ନିମାଇଁ ଆପେ ଆପେ ରହିଗଲା।)

ଏ.ଏସ୍.ଆଇ. : ହୁଁ .... ରହିଗଲୁ କାହିଁକି.... କହୁନୁ... କହ... ତା ପରେ....

ନିମାଇଁ : (ନିଜେ ଟୋପି ରଖିକି ଆସିଛି) ଭୁଲ୍ ହୋଇଗଲା ସାର୍...

ଏ.ଏସ୍.ଆଇ. : କଣଟା ଭୁଲ୍ ହୋଇଗଲା ?

ନିମାଇଁ : ତା ଘର ପଛପଟେ ଗଛବୃଛ କିଛି ନାହିଁ ସାର୍। ଆପଣ କହିଲେ ତ ଟିକେ ରଙ୍ଗଦେଇ କହିବା ପାଇଁ, ତେଣୁ କହୁ କହୁ କହିଦେଲି।

ଏ.ଏସ୍.ଆଇ : ଏମିତି ତ କହୁ କହୁ ସବୁ କହିଦେବୁ। କାମ ଶେଷ୍... ସେ ତୁଳସୀ ମାଳିଟା ଆଗେ ବେକରୁ ଓହ୍ଲା। ପୁଲିସ ହେଇକି ତୁଳସୀ ମାଳି ଲଗାଇଛି। ଓହ୍ଲା ତାକୁ। ନ ହେଲେ ଏମିତି କହୁଥିବୁ, ଆଉ ଏ ଅବସ୍ଥାରେ ରହିଥିବୁ। ତୋ ଚାକିରି ସରିଯିବ ପଛେ, ତୁ କନେଷ୍ଟବଲ୍‌ରୁ ହାବିଲ୍‌ଦାର ହେଇପାରିବୁନି କି ତୋ ସ୍ତ୍ରୀ ଆସି ତୋ ସହ, ତୋ କ୍ୱାର୍ଟର୍‌ରେ ରହିବନି। ତେଣୁ ମୁଁ ଯାହା କହିବି ତୁ ଖାଲି ମୁଣ୍ଡ ଟୁଙ୍ଗାରିବୁ। ହେଲା ? ମନେରଖ – ଖାଲି ପ୍ରମୋସନ୍ ନୁହଁ, ତୋତେ ସାହସିକତା ପାଇଁ ମଧ୍ୟ ପୁରସ୍କାର ମିଳିପାରେ। ମୁଁ ଆସୁଛି। ରାଜ୍ୟପାଳ ପୁରସ୍କାର। (ଏ.ଏସ୍.ଆଇ.ଙ୍କ ପ୍ରସ୍ଥାନ) (ଏହି ସମୟରେ ବିଗୁଲ୍ ସାଉଣ୍ଡ୍ ବାଜିଛି। ନିମାଇଁର ଭାବାନ୍ତର। ରାଜ୍ୟପାଳ ପୁରସ୍କାର ପାଇଁ ପ୍ରସ୍ତୁତ)

ନିମାଇଁ : (ସାବଧାନ ପୋଜିସନ୍‌ରେ) ଫେରାର୍ ମର୍ଡର ଆସାମୀ ସନାତନ ଓରଫ୍ ଟିଙ୍କୁ ଗିରଫ କରିଥିବାରୁ, ସାହସିକତା

ପାଇଁ କନେଷ୍ଟବଲ୍ ନିମାଇଁ ଚରଣ ଦାସଙ୍କୁ ରାଜ୍ୟପାଳ ପୁରସ୍କାରରେ ସମ୍ମାନିତ କରାଯାଉଛି ଏବଂ ତା ସହିତ କନେଷ୍ଟବଲ୍‌ରୁ ହାବିଲ୍‌ଦାରକୁ ପ୍ରମୋସନ୍ କରାଯାଉଛି। (ନିମାଇଁ ମାର୍ଚ୍ଚକରି ନିଜର ଛାତି ଦେଖେଇଛି, ସାଲୁଟ୍ ମାରି ପୁଣି ଫେରିଆସିଛି।) (ହସ) ହାବିଲ୍‌ଦାର ନିମାଇଁ ଚରଣ ଦାସ। ଚାକିରି କରିବ ପୁଲିସି, ମାଛ ଖାଇବ ଇଲିଶି। ଯାଏଁ ଆଗେ ଟିକେ ଗାଁ ଆଡୁ ବୁଲିଆସେ। ସ୍ତ୍ରୀ ପାଖରେ ଖବରଟା ପହଞ୍ଚାଇଦିଏ। (ଆଉ ଗୋଟାଏ ଜୋନ୍‌କୁ ଯାଇଛି) ପରେଡ୍ ଥମ୍.... (ହସ) ଚମକିପଡ଼ିଲ ନୁହେଁ? (ହସ) ହାବିଲ୍‌ଦାର ନିମାଇଁ ଚରଣ ଦାସ, ପ୍ରମୋସନ୍ ସହ ରାଜ୍ୟପାଳ ମେଡାଲ୍। (ସନାତନର - ଗାଁ...) ଉଁ, ଉଁ କଣ ହଉଛ? ଛିଗୁଲଉଚ? ଦେଖ, ଛାତିରେ କେଡ଼େ ବଡ଼ ମେଡାଲ୍। ଏବେ ତମେ ହଉଛ ରାଜ୍ୟପାଳ ପୁରସ୍କାରପ୍ରାପ୍ତ ହାବିଲ୍‌ଦାର ନିମାଇଁ ଚରଣ ଦାସଙ୍କର ସ୍ତ୍ରୀ। ହେଲା? (ପୁଣି ସନାତନର - ଗାଁ..) ପୁଣି କଣ ଉଁ .. ଉଁ ଉଁ କଣ ହଉଛ? ସିଧା ସିଧା କହିଦେଇଚି, ଆଉ କିଛି ବି ବାହାନା ମୁଁ ଶୁଣିବିନି। ତମ କଥା ଅନୁସାରେ, ଯୋଉଦିନ ମୁଁ ହାବିଲ୍‌ଦାର ପ୍ରମୋସନ୍ ପାଇବି, ତମେ ସେବେଠୁ ମୋ ସାଙ୍ଗରେ ମୋ କ୍ୱାର୍ଟର୍‌ରେ ରହିବ ବୋଲି କହିଥିଲ। ଏବେ ମୁଁ ହାବିଲ୍‌ଦାର। କିଛି ଶୁଣିବିନି। ବେଡିଙ୍ଗ୍‌ପତ୍ର ବାନ୍ଧି ରେଡିହୁଅ, ଆଜି ଚାରିଟାବେଳ ଗାଡ଼ିରେ ମୋ ସାଙ୍ଗରେ ଯିବା ପାଇଁ। (ସନାତନର ଗାଁ..) ଉଁ... କୁନ୍ଥଉଛ... ଯିବା ନାଁ ଶୁଣିକି କୁନ୍ଥା ରୋଗ ବାହାରୁଛି? କିଛି ଶୁଣିବିନି.. ମୁଁ ଗାଁ ଛକଆଡୁ ଟିକେ ମୋ ପ୍ରମୋସନ୍ ଖବରଟା ପ୍ରଚାର କରିଦେଇ ଆସୁଛି। ରେଡି ହେଇଯାଅ। (ନିମାଇଁ ଅନ୍ୟ ଜୋନ୍‌କୁ ଯାଇଛି। ସନାତନର ଗାଁ..) ଉଁ... କିଏ ଗୋଟେ ଗାଁ ଗାଁ ହଉଛି ନା କଣ (ସନା... ଗାଁ)? କିଏ

ବେ ତୁ ଗଁ ଗଁ ହେଇ ମୋ ସ୍ୱପ୍ନଟାକୁ ଭାଙ୍ଗିଦେଲୁ। ଓହୋ କି ସପନ ମ... ! ସପନଟା ସତରେ ଏଡ଼େ ମିଠାଳିଆ ? (ସନା .. ଗଁ) କିଏ ସତରେ ତ ଗୋଟେ ଗଁ ଗଁ ହଉଛି। ଆରେ କିଏ ଗଁ ଗଁ ହଉଛ ? (ଗଁ ଗଁ ଶବ୍ଦକୁ ବାରି ସନା ରହିଥିବା ଝରକା ପାଖକୁ ନିମାଇଁ ଯାଇଛି) ଆରେ ଆରେ, ତୁ ଗଁ ଗଁ କାହିଁକି ହଉଛୁ ? ତୋ ପାଟିରୁ କଣ ଲାଳ ଗଡୁଛି ? ଆରେ ଛାତି କାହିଁକି ସେମିତି ଆଉଁଶୁଛୁ ? ବିଷଫିଷ ପିଇଦେଇଛୁ କିରେ ? ଆରେ କଣ ହେଇଛି ତୋର କହୁନୁ କାହିଁକି ?

ସନାତନ : (ଝରକା ପାଖକୁ ମୁହଁ ଉଠାଇ) ସବୁ କହିବି। ଆଗେ ମତେ ଟୋପାଏ ଦିଅ, ନ ହେଲେ ମରିଯିବି।

ନିମାଇଁ : ହଉ ରହ ରହ, ମୁଁ ପାଣି ନେଇକି ଆସୁଛି।

ସନାତନ : ନା.. ନା.. ପାଣି ନୁହଁ....

ନିମାଇଁ : ଆଉ ?

ସନାତନ : ମଦ... ମଦ ଟୋପାଏ ଦିଅ।

ନିମାଇଁ : ମଦ ? ରାମ୍‌ବୋଲ୍। ଆରେ ମଦ ପିଇକି ଶୋଷ ମେଣ୍ଟେଇବୁ ? ତାଛଡ଼ା ଏ ଅବକାରୀ ଜିନିଷ ମୁଁ ଏଠି କୋଉଠୁ ପାଇବି ? ମୋର ସେ ଅଭ୍ୟାସ ନାହିଁରେ ବାପଧନ। ଯା, ତୁ ଚୁପ୍‌ଚାପ୍ ଶୋଇପଡ଼। ଆଉ ଝାମେଲା କରନା।

ସନାତନ : ଅଛି .... ବାସନା ହଉଛି।

ନିମାଇଁ : ଚୁପ୍... ଦେବି ଯେ କାନମୂଳିଆକୁ ଗୋଟେ, ଏକାବେଳେ ତୋର ହୋସ୍ ଉଡ଼ିଯିବ। ହଇରେ, ତୁ ହେଲୁ ଆସାମୀ, ଆଉ ମୁଁ ହେଲି ପୁଲିସ। ଆରେ ତୁ ସିନା ମୋ ଭଲମନ୍ଦ କଥା ବୁଝିବା କଥା ? ମତେ ତୁ କଣ ମଦ ମାଗୁଛୁ ବେ ? ଆଁ ? ହୁଁ, କି ବେଳ କାଳ ହେଲା ଦେଖ, ସରକାର ଫାଣ୍ଡିଟା ମରାମତି କରିପାରୁନେଇଁ, ଆସାମୀକୁ ଆଣି ପୁଲିସକୁ ତା କ୍ୱାର୍ଟର୍‌ରେ ରଖିବାକୁ ପଡୁଛି। ଧନ୍ୟ କହିବ ଆମ ସରକାରଙ୍କୁ! ଝଡ଼ ତୋଫାନରେ ଫାଣ୍ଡି ଘରର

କାନ୍ଥ ଭୁଶୁଡ଼ି ପଡ଼ିବା ପରେ, ସରକାରଙ୍କୁ ଦି ବର୍ଷ ହେଲା ଲେଖୁଛୁ କାନ୍ଥ ମରାମତି କର, ମରାମତି କର। ହେଲେ ଶୁଣିବାକୁ କେହି ନାହିଁ।

ସନାତନ : କନେଷ୍ଟବଲ୍ ବାବୁ! ମୋ କଥା ଟିକେ ଶୁଣ।

ନିମାଇଁ : ଆଉ ସେ ପେଖନା କାଢ଼ନା। ଚୁପ୍‌ଚାପ୍ ଶୋଇଯା। ସକାଳକୁ ତୋତେ ନେଇ କୋର୍ଟରେ ହାଜର କରିଦେଲେ ମୋ କାମ ସରିଲା।

ସନାତନ : ମୋ କଥା ଟିକେ ଶୁଣ, ମୋ କଥା ଶୁଣିଲେ ତୁମର ଲାଭ ବେଶୀ। ନ ହେଲେ ଗୋଟେ ବଡ଼ ଲୋକ୍‌ସାନ ହେବ।

ନିମାଇଁ : ରାତି ଅଧରେ ମୋତେ ଲାଭ କ୍ଷତିର ପାଠ ପଢ଼ାଉଛୁ। କଣଟା ମୋର ଲୋକସାନ୍ ହୋଇଯିବ ଶୁଣେ ?

ସନାତନ : ହଉ, ଆଗେ ଲାଭ କଥା ଶୁଣ- ମୁଁ ବଞ୍ଚିକି ରହିଲେ ତୁମର ତିନିଟା ଲାଭ ହେବ। ଏକ ନମ୍ବର ଲାଭ- ମୋତେ ଗିରଫ କରିଥିବାରୁ ତମର ପ୍ରମୋସନ୍ ହେବ। ଦୁଇ ନମ୍ବର ଲାଭ- ତମକୁ ସାହସିକତା ପାଇଁ ରାଜ୍ୟପାଳ ମେଡାଲ୍ ବି ମିଳିପାରେ। ତିନି ନମ୍ବର ଲାଭ- ତମ ସ୍ତ୍ରୀ ଆସି ତମସାଙ୍ଗରେ ତମ କ୍ୱାର୍ଟର୍‌ରେ ରହିବ। ଆଉ ଯଦି ମୁଁ ମରିଯାଏ ? .... ଚିନ୍ତା କର।

ନିମାଇଁ : ହେଲେ ତୁ ମରିବୁ କାହିଁକି ?

ସନାତନ : ମଦ ନ ପିଇଲେ ମୁଁ ମରିଯିବି।.... ଯାହା କରିବାର ଅଛି ଶୀଘ୍ର କର।

ନିମାଇଁ : ମଲା ଶଳା ମଣିଷ। ହଉ ରହ, ଆଣୁଛି। (ନିମାଇଁ ଗ୍ଲାସ୍‌ରେ ମଦ ଆଣି ଝରକାବାଟେ ସନାକୁ ଦେଉଛି।)

ସନାତନ : ନା.... ସେମିତି ପିଇବିନି।

ନିମାଇଁ : ଆଉ କେମିତି ପିଇବୁ ?

ସନାତନ : ମୋତେ ଟିକେ ବାହାରକୁ ନିଅ। ଏଇ ଘର ଭିତରଟାରେ ରୁନ୍ଧି ହୋଇ ଗଲିଣି।

ନିମାଇଁ : ହୁଁ! ତୁ ତ ମତେ ଭଲ ବ୍ଲାକ୍‌ମେଲ୍ କରିବା ଆରମ୍ଭ କରିଦେଲୁଣି।

ସନାତନ	:	ଏମିତିଆ ସୁଯୋଗ, ଆସାମୀ ଜୀବନରେ କେବେ କେମିତି ଆସେ । ଜଲ୍‌ଦି ବାହାରକୁ ନିଅ । ଓଃ ନ ହେଲେ ମରିଯିବି । .... ନିଷ୍ପତ୍ତି ତମ ହାତରେ ।
ନିମାଇଁ	:	ଓହୋଃ ଆରେ ରହ ରହ.. ଆରେ ସେମିତି କାହିଁକି ହଉଚୁ ? (ସନାତନକୁ ବାହାରକୁ ଆଣିଛି) (ସନାତନ ହାତରେ ହ୍ୟାଣ୍ଡ୍‌କପ୍, ସନାତନ ମଦଗ୍ଲାସ୍ ପାଖରେ ବସିଲା) ଏଥର ପି...
ସନାତନ	:	ନା ... ଏମିତି ପି ପାରିବିନି ।
ନିମାଇଁ	:	ଆରେ ଆଉ କେମିତି ପିଇବୁ ? ତୋତେ କଣ ସୋଡା, ବରଫ, ଚାଖଣା ମିଶେଇକି ଦେବି ? ପିଇବୁ ବୋଲେ ପି... ନ ହେଲେ ମରିବୁ ବୋଇଲେ ମର....
ସନାତନ	:	ଦେଖ, କନେଷ୍ଟବଲ୍ ବାବୁ, ମୁଁ ତୁମକୁ ତମର ତିନିଟା ଲାଭ କଥା କହିଛି । ହେଲେ ବଡ଼ ଲୋକସାନ୍ କଥାଟା କହିନି । ଲୋକସାନ୍ କଥାଟା କହିଲେ ତମେ ଦୋହଲିଯିବ ।
ନିମାଇଁ	:	ହଁ ତୁ ଗୋଟେ ଭୂମିକମ୍ପ ତ, ଥରେଇ ଦେବୁ ପୃଥିବୀକୁ । ଦୋହଲେଇ ଦେବୁ ମତେ ।
ସନାତନ	:	ଦେଖ ମତେ ବଞ୍ଚେଇକି ରଖିବା ହେଉଛି ତମର ଡ୍ୟୁଟି ।
ନିମାଇଁ	:	ଆଚ୍ଛା ? ମୋ ଡ୍ୟୁଟି ବିଷୟରେ ବି ତୁ ମୋତେ ପାଠ ପଢ଼େଇବୁ ? ଆସାମୀ ପୁଲିସକୁ ତା ଡ୍ୟୁଟି ବିଷୟରେ ପାଠ ପଢ଼ାଇବ । ତୁ ଆମ ପୁଲିସ ଏକାଡେମୀରେ ଯାଇକି ଜଏନ୍ କରୁନୁ । ହୁଁ କହିଲା ଡ୍ୟୁଟି ।
ସନାତନ	:	ଥରେ ଭାବିକି ଦେଖ । କାଲି କୋର୍ଟରେ ହାଜର ହେବା ଯାଏ, ଯଦି ମୁଁ ବଞ୍ଚିକି ନ ରହେ, ତାହେଲେ ?
ନିମାଇଁ	:	ତାହେଲେ.... ତାହେଲେ କଣଟା ହେଇଯିବ ? ତୁ ମରିଗଲେ କଣଟା ଢୋ ହୋଇଯିବ ଶୁଣେ ? ତୁ କଣ ଦେଶସେବୀ ନା ପଲ୍‌ଟିକାଲ୍ ଲିଡର ? ଆରେ ସବୁଦିନ ଦେଶରେ ଶହ ଶହ ଲୋକ ମରୁଛନ୍ତି । ଦେଶ କଣ ଭାସିଯାଉଛି ?

ସନାତନ : କିନ୍ତୁ ତମେ ଭାସିଯିବ.....

ନିମାଇଁ : ଭାସିଯିବି... କଣଟା ଭାସିଯିବି... ଆଁ ? ତୁ କଣ ସୁନାମୀ ? ମତେ ଭସାଇନେବୁ ? ନାଇଁ ନାଇଁ ତୁ କଣ ଭାବୁଛୁ- ତିନିଟା ଲାଭର ଲୋଭ ଦେଖେଇକି ମତେ ବ୍ଲାକ୍‌ମେଲ୍ କରିବୁ ? ଆରେ ମୁଁ ହେଲି ନିମାଇଁ ଚରଣ ଦାସ । ତୁଳସୀ ମାଳି ପିନ୍ଧା ପୁଲିସି । ମୋର ସେ ଲାଭ ଦରକାର ନାହିଁ। ତତେ ମୁଁ ଏବେ ଏ ମଦ ଦେବିନି । କଣ କରିବୁ କର ।

ସନାତନ : ଲାଭ ସିନା ଦରକାର ନାହିଁ । ହେଲେ ଯେଉଁ ଲୋକସାନ୍ ହେବ ।

ନିମାଇଁ : କି ଲୋକସାନ୍ ବେ ? କି ଲୋକସାନ୍ ?

ସନାତନ : ମୁଁ କିଏ ?

ନିମାଇଁ : ପଚାରିଲା ମୁଁ କିଏ ? ଆଜ୍ଞା, ଆପଣ ହେଉଛନ୍ତି, ଜଣେ ଫେରାର୍ ମର୍ଡର ଆସାମୀ । ଆପଣଙ୍କ ନାଁରେ ସରକାର ଲକ୍ଷେ ଟଙ୍କା ପୁରସ୍କାର ଘୋଷଣା କରିଛନ୍ତି ।

ସନାତନ : ବାସ୍ । ଯଦି ଗୋଟେ ଫେରାର୍ ମର୍ଡର ଆସାମୀ ହାଜତ୍‌ରେ ମରିଯାଏ, ତାହେଲେ କଣ ହେବ ?

ନିମାଇଁ : କଣଟା ହବବେ ? ଖବରକାଗଜରେ ବାହାରିବ... ଟିଭି ବାଲା ଲୋକମାନଙ୍କୁ ଡାକିକି ଚର୍ଚ୍ଚା କରିବେ... ମାନବ ଅଧିକାର କମିସନ୍‌ବାଲା ଆସିପାରନ୍ତି... ଏମିତିକି ଯେଉଁ ପୁଲିସ ଡ୍ୟୁଟିରେ ଥିବ ତାର ଚାକିରିଟା ଚାଲିଯାଇପାରେ । ଆଉ କଣଟା ହେଇଯିବ ?

ସନାତନ : ବାସ୍ ଯଦି ସେଇ ଆସାମୀ, କୋଉଁ ପୁଲିସ କନେଷ୍ଟବଲ୍ କ୍ୱାର୍ଟର୍‌ରେ ମରିଗଲା, ତେବେ ?

ନିମାଇଁ : ତୁ ନିଜକୁ କଣ ବୋଲି ଭାବୁଚୁ କି ? ତୁ ଓକିଲଙ୍କ ଭଳିଆ କଣ ପଚାରୁଛୁ ବେ ? ମତେ କଣ ମୂର୍ଖ ବୋଲି ଭାବୁଛୁ ? ଭାବୁଛୁ ମୁଁ ନିୟମକାନୁନ୍ କିଛି ଜାଣିନି । କୁଣ୍ଡାଖିଆ ପୁଲିସ । ଆବେ, ଫେରାର୍ ମର୍ଡର ଆସାମୀ କନେଷ୍ଟବଲ୍ କ୍ୱାର୍ଟର୍ସରେ ରହିବ କାହିଁକି ?

ସନାତନ : ତେବେ ମୁଁ ଏବେ କାହା କ୍ୱାର୍ଟର୍ସରେ ଅଛି ?

ନିମାଇଁ	:	ମୋ କ୍ୱାର୍ଟର୍ସରେ .... ମୋ କ୍ୱାର୍ଟର୍ସରେ।
ସନାତନ	:	ତେବେ ମୁଁ ମରିଗଲେ କିଏ ଭାସିଯିବ ?
ନିମାଇଁ	:	ମୁଁ.... ମୁଁ ଭାସିଯିବି। ହେଲେ ତୁ ଶଳାଟି ମରିବୁ କାହିଁକି ?
ସନାତନ	:	ଏ ହାତକଡ଼ିଟା ଖୋଲ.... ମୁଁ ଟିକେ ପିଏ, ନ ହେଲେ ମୁଁ ମରିଯିବି, ଆଉ ତମେ ଭାସିଯିବ।
ନିମାଇଁ	:	(ହାତକଡ଼ି ଖୋଲୁଛି) ଭଲ ଚାକିରି କଲା ମଣିଷ। ମନା କରୁଚି ବୋପାକୁ ମୁଁ ପୋଲିସ୍ ଚାକିରି କରିବିନି। କହିଲା କଣନା - ଚାକିରି କରିବୁ ପୁଲିସି ମାଛ ଖାଇବୁ ଇଲିଶି। ଖାଉଚି। ପୁଲିସ ହେଇ ଆସାମୀକୁ ରାତି ଅଧରେ ମଦ ପରଷୁଚି। ଛି.. ଛି.. ଧିକ୍ ଏ ଚାକିରିକୁ। (ସନାତନ ପିଇଚି। ଠିଆ ହେଇଚି) ହଉ, ଧନମଣି, ଏବେ ହାତ ଦେଖାଅ....। ହାତକଡ଼ିଟା ପିନ୍ଧ।
ସନା	:	ହାତକଡ଼ି। ଆଚ୍ଛା କନେଷ୍ଟବଲ୍ ତୁ କେବେ ହାତକଡ଼ି ପିନ୍ଧିଛୁ ?
ନିମାଇଁ	:	ଏଁ!!! କନେଷ୍ଟବଲ୍ ବାବୁରୁ କନେଷ୍ଟବଲ୍! ପୁଣି ଯିଏ ହାତକଡ଼ି ଅନ୍ୟକୁ ପିନ୍ଧାଏ, ତାକୁ ଇଏ ପଚାରିଲାଣି ହାତକଡ଼ି ପିନ୍ଧିବା କଥା। ଇଏ ସବୁ ଏଇ ମାଲ୍‌ର କରାମତି। ହଉ ବାପଧନ, ତୁ ହାତକଡ଼ିଟା ପିନ୍ଧିପକା। ତାପରେ ଘରସାରା ବୁଲ୍। ମୋର କିଛି କହିବାର ନାହିଁ।
ସନା	:	ଗୁହାଳ ଦେଖିଛୁ ?
ନିମାଇଁ	:	ଦେଖିଛି।
ସନା	:	ଓଲେଇ ଗାଈ ଦେଖିଛୁ ?
ନିମାଇଁ	:	ଦେଖିଛି।
ସନା	:	ଓଲେଇ ଗାଈ ଥରେ ଗୁହାଳରୁ ଫିଟିଗଲା ପରେ, ଏତେ ସହଜରେ କଣ ଧରାଦିଏ ?
ନିମାଇଁ	:	ମାନେ ?
ସନା	:	(ହସ) ନା ନା ମୁଁ ଯିବିନି। ତୁମେ ବ୍ୟସ୍ତ ହୁଅନି। ଯାଅ ସେ ବୋତଲଟା ପୂରା ନେଇଆସ। ଭଲ ମାଲ୍‌ଟା ହୋଇଛି।

ନିମାଇଁ : ପୁଣି ପିଇବୁ ? ତୋ ଗିଲାସରେ ପରା ଆହୁରି ଅଛି ।

ସନା : ମୁଁ ଘୋଡ଼ା ମଦୁଆ । ଯା, ବୋତଲଟା ନେଇଆ । (ହାତକୁ ମୁଠା ମୁଠା କରୁଚି)

ନିମାଇଁ : ଆରେ ସେମିତି କଣ କରୁଚୁ ?

ସନା : ବହୁତ ସମୟ ହେଲା ପିଇ ନ ଥିଲି ତ, ଦେହରୁ ମଦର ଲେଭ୍‌ଲଟା ପୂରା କମିଯାଇଥିଲା । ଏଇ ଟିକକ ପିଇବା ପରେ ଟିକେ ଦମ୍ଭ ଆସିଲା । ମଦଟା ଦେହରେ ଧୀରେ ଧୀରେ ଚରୁଚି । ସେଥିପାଇଁ ପରୀକ୍ଷା କରୁଥିଲି, ହାତ ଥରାଟା କମିଲାଣି କି ନାହିଁ । ଟିକିଏ କମିଲାଣି । ହାତ ମୁଠା ହେଲାଣି । ତଥାପି ମଦର ଲେବଲ୍‌ଟା... ଦେହରେ ବାଲାନ୍‌ସ ହେଇନି । ଆହୁରି ପିଇବାକୁ ପଡ଼ିବ । ଯା, ବୋତଲଟା ନେଇଆ ।

ନିମାଇଁ : ଶ୍ୟେଃ.. କି ନବରଙ୍ଗ ଲଗେଇଛି ଏ ଲୋକଟା, ମୁଁ ବୁଝିପାରୁନି ।

ସନା : ତୋ ବୁଝିବା ବେଳକୁ ଆଉ କିଛ ନ ଥିବ ବାପଧନ । ଯଦି ମୁଁ ମରିଯାଏ ତୋ ବୁଦ୍ଧି ହଜିଯିବ । ତାପରେ ବୁଝୁଥିବୁ ।

ନିମାଇଁ : ହେଲେ ତୁ ଯଦି ପୂରା ବୋତଲଟା ପିଇଦେବୁ, ସେ ଏ.ଏସ୍.ଆଇ. ଆସିଲେ କଣ ପିଇବ ? ସେ ଭାବିବ ମୁଁ ସବୁ ପିଇ ଦେଇଛି ବୋଲି ।

ସନା : ଭାବୁ । କଣ ହେଲା, ତୋର କଣ ପିଇବାର ଯୋଗ୍ୟତା ନାହିଁ ?

ନିମାଇଁ : ମାରିବି ଗୋଟେ କର୍ଣ୍ଣମୂଳିଆ ଯେ, ତୋ ନିଶା ଛଡ଼େଇ ଦେବି । ମୋ ଯୋଗ୍ୟତା କଥା ପଚାରୁଛୁ ? .... ଏଇ ଜିନିଷ ମୁଁ ଛୁଏଁନି । ଗଲା ମାସରେ ଏଇ ପାଖରେ ଗୋଟେ କାର୍ ଆକ୍‌ସିଡେଣ୍ଟ୍ ହେଇଥିଲା । ସେଥିରୁ ପେଟିଟେ ଉଠେଇ ଆଣି ଏ.ଏସ୍.ଆଇ. ମୋ ଘରେ ରଖିଥିଲା । ସେ ମଝିରେ ମଝିରେ ଆସି ପିଏ । ଏଇଟା ଶେଷ ବୋତଲ ।

ସନା	:	ତାହେଲେ ତୁ ହଉଛୁ ଠିକ୍ ତୁଳସୀ ମାଳି ପିନ୍ଧା ପୁଲିସ। ହଉ ବୋତଲଟା ଆଣ। ମୁଁ ଅଳ୍ପ ଟିକିଏ ଛାଡ଼ିଦେବି ତୋ ଏ.ଏସ୍.ଆଇ. ପାଇଁ।
ନିମାଇଁ	:	ହଉ ରହ। (ଉଠିଛି)
ସନା	:	ଶୁଣ୍.. ଥଣ୍ଡାପାଣି.. ସୋଡା... ଚାଖଣା କିଛି ନେଇଆସିବୁ।
ନିମାଇଁ	:	(ବସିପଡ଼ିଲା ଏବଂ ଆସାମୀ ମୁହଁକୁ ଅନାଇଲା)
ସନା	:	ବସିପଡ଼ିଲୁ କାହିଁକି ? ଯାଉନୁ।
ନିମାଇଁ	:	ନାଇ ଭାବୁଛି, ଯା ପରେ ଆପଣ ଆଉ କଣ କଣ କରିବାକୁ କହିବେ। ଛାଡ଼ ସବୁ ତ କର୍ମ ଦୋଷ।
ସନା	:	ହଁ ଠିକ୍ କହିଛୁ। କର୍ମ ଅନୁସାରେ ଫଳ। ଗୀତାରେ ଲେଖାଅଛି।
ନିମାଇଁ	:	ଆଚ୍ଛା ତୁ ମତେ ଗୀତା ବି ପଢ଼େଇବୁ ?
ସନା	:	ଯା ନେଇଆସ। ଗିଲାସ ଖାଲି ହୋଇଗଲା।
ନିମାଇଁ	:	(ସନାକୁ ଅନାଇ ଅନାଇ ଭିତରକୁ ଯାଇଛି, ମଦ ଓ ପାଣି ବୋତଲ ଆଣିଛି, ସନା ଗିଲାସ ଚାଟି ଚାଟି ପିଉଛି) ଏଟା ଶଳା ଘୋଡ଼ା ମଦୁଆ।
ସନା	:	ମୁଁ ତ ପ୍ରଥମରୁ କହିଛି। ସବୁ ଘୋଡ଼ା ମଦୁଆଙ୍କର ଦିହରୁ ମଦର ଲେବୁଲ୍ କମିଗଲେ ଦିହହାତ ଥରେ। ତୋଟି ଶୁଖିଯାଏ। ତେଣୁ ଦିହରେ ରକ୍ତ ଆଉ ମଦର ଗୋଟେ ବାଲାନ୍ସ କରିବାକୁ ପଡ଼ିବ। (ବୋତଲ ଖୋଲୁଛି, ହେଲେ ପାରୁନି)
ନିମାଇଁ	:	ହଁ, ତୁ ଏଇନା ମତେ କେତେ ପାଠ ପଢ଼େଇବୁ। ଏଇ ପାଣି ଦେହରେ ପଶିଲେ ତ ଜ୍ଞାନର ଭଣ୍ଡାର ଖୋଲିଦିଏ।
ସନା	:	ହଉ.. ଗୋଟେ ପେଗ୍ ବନା। (ନିମାଇଁ ଚାହିଁଛି)
ନିମାଇଁ	:	ସନା, ମୁଁ ହାତକଡ଼ିଟା ପକେଇ ଦେଉଛି, ତାପରେ ତୁ ଯାହା କହିବୁ ମୁଁ ଶୁଣିବି। ତୁ ବି ଘରସାରା ବୁଲିବୁ।
ସନା	:	ତମେ ଭାବିଛକି, ମୁଁ ଖସି ପଳେଇବି ବୋଲି ? ତମେ ତୁଳସୀ ମାଳି ପିନ୍ଧିଛ। ସତ କହିବ। ତମେ ମତେ ଧରିଛ ନା ମୁଁ ଧରା ଦେଇଛି ?

ନିମାଇଁ : ଚୁପ୍ ଚୁପ୍ ! ଏଠି କାନ୍ଥ ବାଡ଼ର ବି କାନ ଅଛି ।

ସନା : ଯିଏ ନିଜ ଇଚ୍ଛାରେ ଧରାଦେଇଛି ସେ ଖସି ପଳାଇବ କାହିଁକି ? ଢାଳ । (ନିମାଇଁ ମଦ ଢାଳିଛି) ଆଚ୍ଛା ତୋର ମୋବାଇଲ୍ ଅଛି ?

ନିମାଇଁ : ଅଛି ଯେ ହେଲେ ସଜାଡ଼ିବାକୁ ଦେଇଛି । ତୁ ମୋବାଇଲ୍‌ରେ କଣ କରିବୁ ? ସ୍ତ୍ରୀକୁ ଫୋନ୍ କରି କହିବୁ – ପୁଲିସ ମଦ ପରଷୁଛି ଆଉ ତୁ ପିଉଛୁ ?

ସନା : ନାଇ ମ । ଫଟ ଉଠେଇକି ଫେସ୍‌ବୁକ୍‌ରେ ଛାଡ଼ିଥାନ୍ତି ।

ନିମାଇଁ : ହଉ ହଉ ତୋ ବେଳ ପଡ଼ିଛି, କେତେ କଣ କହିବୁ । କହ କହ । କହିଚାଲ ।

ସନା : ତତେ ଦେଖିଲେ ଭାରି ଦୟା ଲାଗୁଛି ।

ନିମାଇଁ : ଆଚ୍ଛା, ଆଉ କଣ କଣ ଲାଗୁଛି ?

ସନା : ତୁ .... ଭାରି ଦୁଃଖୀ ଲୋକ । ମୋଠୁ ବି ଦୁଃଖୀ । ଆଚ୍ଛା ତୋ ସ୍ତ୍ରୀ କାହିଁକି ତୋ ସହ ତୋ କ୍ୱାର୍ଟର୍ସରେ ରହୁନାହିଁ ?

ନିମାଇଁ : (ସନାକୁ ଚାପୁଡ଼ା ମାରିଛି) ଚୋପ୍, ବେଶି ବଢ଼ି ବଢ଼ି କଥା କହୁଛୁ । ଯେତିକିର ଲୋକ ସେତିକିରେ ରହ । ସେସବୁ ମୋର ପର୍ସନାଲ୍ ମ୍ୟାଟର୍ । (ହାତକଡ଼ି ଉଠେଇ) ଆଉ ଥରେ ଯଦି ସେ ମାଇକିନା ବାବଦରେ ପଦିଏ ପଚାରିବୁ, ତୋ ମୁଣ୍ଡ ଏଇଥିରେ ଫଟେଇଦେବି । ନ ହେଲା ନାଇଁ ପଛେ ପ୍ରମୋସନ୍, ଆଗପଛ ଭାବିବି ନାହିଁ । ସେଟା କଣ ମଣିଷ ? ସେଟା ଗୋଟେ ଡାହାଣୀ । ମୋର ରକ୍ତ ଶୋଷିବ ଖାଲି । କହିଲା କଣ ନା ମୋ ବାପା କାଳେ ମତେ ହାବିଲ୍‌ଦାର କହି ତା ସହ ମୋ ବାହାଘର କରିଦେଇଥିଲା । ଯୋଉଦିନ ମୁଁ ହାବିଲ୍‌ଦାର ହେବି ସେଇଦିନ ସେ ଆସି ମୋ ପାଖରେ ରହିବ । ଶାଳୀ ମାସ ଶେଷକୁ ଆସେ, ଦରମା ଗଣ୍ଡାକୁ ନେଇ ପୁଣି ଗାଁକୁ ପଳାଏ ।

ସନା : ମୋର ଭୁଲ୍ ହୋଇଯାଇଛି, କନେଷ୍ଟବଲ୍ ବାବୁ । ତମ ସ୍ତ୍ରୀ କଥା ପଚାରିବାଟା ମୋର ଉଚିତ ହେଇନି ।

ନିମାଇଁ : ଆଚ୍ଛା ସନା, ଏଗୁଡ଼ା ପିଇଲେ କଣ ସତରେ ଦୁଃଖ ଦୂର ହୋଇଯାଏ ? ପୂରା ପଳାଇଯାଏ ।
(ନିମାଇଁ ଭିତରକୁ ଯାଇ ଆଉଗୋଟେ ଗିଲାସ ନେଇ ଆସିଛି । ମଦ ଢାଳିଛି)

ସନା : କଣ କରିବ ?

ନିମାଇଁ : ପିଇବି ।

ସନା : ଚୁପ୍ ... (ଗିଲାସ ଛଡ଼େଇ ନେଇଛି) । ଚୁପ୍ । ଯେତିକିର ଲୋକ ସେତିକିରେ ରୁହ । କହିଲା କଣନା ପିଇବି ? ପିଇବା ଆଗରୁ ତୋର ସେ ତୁଳସୀ ମାଳିଟା ବେକରୁ ଓହ୍ଲାଇପାରିବୁ ? ଓହ୍ଲା... ପାରିବୁ ? ପାରିବୁନି ନା... ? ହୁଁ... କହିଲା ମଦ ପିଇବି । ଆରେ ମଦ ପି ପି ମୁଁ ତ ମୋ ଜୀବନଟାକୁ ମାଟି କରିଦେଇଛି । ତୁ ବି ସେଇଆ କରିବୁ । ସଂସାରକୁ ଉଚ୍ଛନ୍ନ କରିବୁ ?

ନିମାଇଁ : ସନା !

ସନା : ଏଁ .... ଭୁଲ୍ ହୋଇଗଲା କନେଷ୍ଟବଲ୍ ବାବୁ । କହୁ କହୁ ତମକୁ କେତେ କଣ କହିପକେଇଲିଣି ।

ନିମାଇଁ : ତୋ ପରି ଘୋଡ଼ା ମଦୁଆ ଏକଥା କହୁଛି ? ଯିଏ ପ୍ରତି ଅଧଘଣ୍ଟାରେ ପାଟିରେ ମଦ ନ ଦେଲେ ରହିପାରୁନି, ସେ ପୁଣି ଅନ୍ୟକୁ ମଦ ପିଇବା ପାଇଁ ବାରଣ କରୁଛି ?

ସନା : ସେଟା ଗୋଟେ ଲମ୍ବା କାହାଣୀ କନେଷ୍ଟବଲ୍ ବାବୁ ।

ନିମାଇଁ : କଣ ସେ କାହାଣୀ ?

ସନା : ବହୁତ ଲମ୍ବା । ରାତି ପାହିଯିବ ।

ନିମାଇଁ : ପାହୁ ।

ସନା : ନା । ପୂରା କାହାଣୀଟା କହିବା ପାଇଁ ମୋର ଶକ୍ତି ନାହିଁ । ମୁଁ ପାରିବିନି । କେଇଟା ଘଟଣା ଖାଲି ତମକୁ ଶୁଣେଇବି ।

ସନା : ଘଟଣା ?

(ମଞ୍ଚ ଅନ୍ଧାର)

(ଫ୍ଲାସ୍ ବ୍ୟାକ୍ ଆରମ୍ଭ)

ଦ୍ୱିତୀୟ ଦୃଶ୍ୟ

(ସନାତନର ଘର ଓ ରାସ୍ତା । ସମୟ - ଅପରାହ୍ଣ)

(ରଜନୀ ଚଉଁରାରେ ଦୀପ ଦେଉଛି । ପାଣି ମାଠିଆ ନେଇ ପାଣି ପାଇଁ ବାହାରିଛି । ଠିକାଦାର ଓ ସାଥୀ ରାସ୍ତାରେ ଆସୁଛନ୍ତି । କୋରସ୍ ଗୀତ-

"ମୁଁ ଠିକାଦାର
ମାଟି ମୋର
ଭାଟି ମୋର
ଭୋଟ୍ ମୋର
ନୋଟ୍ ମୋର
ମୁଁ ଠିକାଦାର"

ରଜନୀ ସହ ଠିକାଦାରର ମୁହାଁମୁହିଁ ହୋଇଛି । ରଜନୀ ମୁଣ୍ଡରେ ଓଢ଼ଣା ଦେଇ ପାଣି ପାଇଁ ଚାଲିଯାଉଛି ।)

ରୁଦ୍ର : ଆରେ ଦୁଃଶା...

ଦୁଃଶା : ମଲା ମଲା .... ରଜନୀ ମ । ଆମ ସନାର ସ୍ତ୍ରୀ ।

ରୁଦ୍ର : ଆଃ... ଜହ୍ନ ପରିକା ଦିଶୁଛି ରେ... (କୋରସ୍ ଗୀତ ଗାଇ ଗାଇ ଠିକାଦାର ଓ ତାର ସାଥୀ ଚାଲିଯାଇଛନ୍ତି । ସନାତନ ଆସିଛି, ହାତରେ ଟନିକ୍ ଏବଂ କଞ୍ଚା କଇଁଆ । ରଜନୀକୁ ଖୋଜୁଛି । ରଜନୀ ପାଣି ମାଠିଆ ନେଇ ଆସୁଛି)

ସନାତନ : ତତେ କିଏ କହିଥିଲା ପାଣି ଆଣିବାକୁ ? ତତେ ପରା ବାର ବାର କହିଛି ତୋ ଦେହ ଖରାପ, ଏସବୁ ଓଜନିଆ ଜିନିଷ ଉଠେଇବୁନି ବୋଲି । (ଗରା ନିଜେ ନେଇଛି)

ନେ, ଏ ଟନିକ୍‌ଟା ଦିନକୁ ୨ ଚାମଚ ଲେଖାଏଁ ଦୁଇଥର ଖାଇବୁ। ... କଇଁଆ ଖାଇବାକୁ କହୁଥିଲୁ ପରା, ନେଇଆସିଛି, ନେ। (ରଜନୀ ମୁହଁ ପୋଛିଚି।) ଖଟି ଖଟି ତୋ ଦେହ କଳା ପଡ଼ିଗଲାଣି। କିନ୍ତୁ କଣ କରିବି ? ମୁଁ ଦିନରାତି ମହାପାତ୍ର ଭାଟିରେ ପଡ଼ିଲି। ଯାହା ଦରମା ଦେଉଥିଲା, ସେତକ କୁଳଉ ନ ଥିଲା। ତୁ କହିଲୁ ସେ କାମ ଛାଡ଼ିଦେ। ଛାଡ଼ିଦେଲି ସିନା, ହେଲେ ଏବେ ଚଳିବା କେମିତି ?

ରଜନୀ : ଯିଏ ଜନମ ଦେଇଛି, ସିଏ ଖୋରାକି ବ୍ୟବସ୍ଥା କରିବ। ଆମେ ଗାଁ-ରାସ୍ତା କାମ କରିବା। ବାକି ସମୟରେ ମୁଁ ଗାଁ ଝିଅଙ୍କ ସାୟା-ବ୍ଲାଉଜ୍ ସିଲେଇ କରିବି। ଚଳିବାରେ କିଛି ଅସୁବିଧା ହେବନି। ଦିଟା ବୋଲି ତ ପେଟ !

ସନାତନ : ଆଲୋ ଏବେ ସିନା ଦି'ଟା ଅଛି। ହେଲେ କାଲିକି ?

ରଜନୀ : ସେ ବେଳ ଆସୁ। ହେଲେ ତମେ ଯାହା କୁହ ପଛେ ସେ ମଦଭାଟି କାମ ଭାରି ଖରାପ। ଥରେ ତ ଧରା ପଡୁ ପଡୁ ବଞ୍ଚିଗଲ। ଆଉ ଥରେ ଧରାପଡ଼ିଲେ ତୁମକୁ ଜେଲ୍ ହେଇଯିବ। ମୁଁ ଏକାକୀ ମାଇପି ଲୋକଟା କୁଆଡ଼େ ଯିବି କହିଲ ? ନିଛାଟିଆ ନଈକୂଳ ପଲା ଘରଟା, ତମେ ନ ଥିଲା ବେଳେ ଖାଁ ଖାଁ ଗୋଡ଼ାଇ ଆସେ। ମୋ କଥା ଛାଡ଼, ତମେ ଆଗ ନିଜ ଦେହକୁ ଅନାଇଲ। କେମିତି କଳାକାଠ ପଡ଼ିଗଲଣି। ସବୁ ସେଇ ମଦ, ଗଞ୍ଜେଇ ଦୋଷ। ମୋ ମୁଣ୍ଡରେ ହାତରଖି କୁହ, ଆଉ ଦିନେ ସେସବୁ ଛୁଇଁବ ନାହିଁ। ନ ହେଲେ ସତ କହୁଛି, ମୁଁ ନଈକୁ ଡେଇଁପଡ଼ିବି। (ସନାର ହାତକୁ ନେଇ ନିଜ ମୁଣ୍ଡ ଉପରେ ରଖିଛି)

ସନାତନ : (ହାତ ଛଡ଼ାଇ ଆଣି) ଛି, ତୋ ମୁଣ୍ଡ ଛୁଇଁବି ନାହିଁ। ତୋର
ଯଦି କିଛି ହୋଇଯାଏ ?

ରଜନୀ : ତା ମାନେ ତମେ ସେ ନିଆଁଲଗା ଜିନିଷଗୁଡ଼ା ଛାଡ଼ିବ ନାହିଁ ?

ସନାତନ : ଆଲୋ ଛାଡ଼ିବିନି ନୁହେଁ, ଛାଡ଼ିଦେଇଛି। କିନ୍ତୁ ତୋ ମୁଣ୍ଡ ମୁଁ ଛୁଇଁବିନି। ମତେ ବିଶ୍ୱାସ କର।

ରଜନୀ : ଏ ଜାଣିଛ ... ଏଇ କିଛି ଦିନ ହେଲା ମୁଁ ସବୁଦିନ ରାତିରେ ଗୋଟେ ଭାରି ସୁନ୍ଦର ସ୍ୱପ୍ନଟେ ଦେଖୁଛି।

ସନାତନ : କି ସ୍ୱପ୍ନ ?

ରଜନୀ : ନା ନା ମୁଁ କହିବିନି ... ମତେ ଲାଜ ମାଡୁଛି।

ସନାତନ : ଆଲୋ ଏଠି କିଏ ପର ଅପର ଅଛନ୍ତି ନା କଣ ? ଆମେ ତ ଦି ପରାଣୀ।

ରଜନୀ : ରାତି ଆକାଶରେ ଜହ୍ନ ଉଇଁଛି। ଘର ଅଗଣାରେ ମୁଁ ବସିଛି। ମୋ ହାତରେ ଗୋଟେ ରୁପା ଆଙ୍କୁଡ଼ି। ସେଇଥିରେ ମୁଁ ଆକାଶରୁ କନକ ଚମ୍ପା ତୋଳୁଛି। ଆଉ ମୋ କୋଳରେ .... ନା ନା ମୁଁ ଆଉ କହିପାରିବିନି।

ସନାତନ : ଆଲୋ ତୋ କୋଳରେ କିଏ କହୁନୁ... ଲାଜ କଣ କରୁଛୁ...

ରଜନୀ : ମୋ କୋଳରେ ଆମ ପୁଅ ବସି ଖିଲି ଖିଲି ହୋଇ ହସୁଛି।

ସନାତନ : ଆଛା ! ତାହେଲେ ମୁଁ.... ମୁଁ କୋଉଠି ଅଛି ?

ରଜନୀ : ଛି। ସେ ଲାଜ କଥା ଆଉ ପଚାରନି।

ସନାତନ : ଆଲୋ ତୁ ହେଉଛୁ ମୋର ଜହ୍ନ। ତୁ ସବୁବେଳେ ଏମିତି ହସୁଥା। ତୋତେ କେତେଥର କହିଛି ସବୁବେଳେ ଜହ୍ନ ଭଳିଆ ହସିବାକୁ, ହେଲେ ତୋ ମୁଣ୍ଡଟାକୁ ଏମିତି ଆଲୁରା ବାଲୁରା କରିକି ରଖିଛୁ କାହିଁକି ? ଆ ... ଏଇଠି ବସ୍। ମୁଁ ତୋ ମୁଣ୍ଡଟା ଆଜି କୁଣ୍ଡେଇଦେବି।

(ସନା ରଜନୀର ମୁଣ୍ଡ କୁଣ୍ଡେଇ ଦେଉଛି ଏବଂ ଗାଉଛି "ଆକାଶର ବୁକୁଟିରି, ଜହ୍ନ ହସେ କିରିକିରି।" ଏଇ ସମୟରେ ରୁଦ୍ର ମହାପାତ୍ର ତା ସାଥୀମାନଙ୍କ ସହିତ ପ୍ରବେଶ କରିଛି। ରୁଦ୍ର ମହାପାତ୍ର ଚଉକି ଉପରେ ବସିଛି।)

ମ୍ୟାନେଜର : ସାର୍, ସନା।

ରୁଦ୍ର : ଆରେ ସନା ! ଏମାନେ କଣ କହୁଛନ୍ତି - ତୁ କୁଆଡ଼େ କାମକୁ ଆସିବୁନି ବୋଲି ମନା କରିଦେଇଛୁ ?

ସନାତନ : ନାଇଁ ବାବୁ, ମୁଁ ନୁହଁ। ଇଏ - ଇଏ.....

ରୁଦ୍ର : କିରେ ଇଏ - ଇଏ କଣ ହଉଛୁ। ସଫା ସଫା କହୁନୁ। କିଏ ରଜନୀ.... ରଜନୀ ମନା କରିଛି ?

ରଜନୀ : ହଁ ବାବୁ, ମୁଁ ତାଙ୍କୁ ମନା କରିଛି। ସେ ଆଉ ମଦଭାଟିରେ କାମ କରିବେନି। ରୋଜ୍ ରୋଜ୍ ସେ ନିଶାଗୁଡ଼ାକ ଖାଇ ବେମାରିଆ ହେଇଗଲେଣି। ଯାହା ତ ରୋଜଗାର କରୁଛନ୍ତି, ସବୁ ସେଇ ନିଶାପାଣି ଆଉ ଚାଖଣାରେ ସାରିଦେଉଛନ୍ତି। ଏଣୁ କାମ କରିକି ଲାଭ କଣ ?

ରୁଦ୍ର : ଠିକ୍ କହିଛୁ। ରଜନୀ ଗୋଟେ ବୁଦ୍ଧିମତୀ ଝିଅ .... ନା କଣରେ ଦୁଃଶା ?

ଦୁଃଶା : ମଲାମଲା...

ରୁଦ୍ର : ମଲାମଲା ... କଣ ମଲାମଲା... ତୋର ସବୁ କଥାରେ କଣ ଗୋଟେ ମଲାମଲା... ରଜନୀ କଣଟା ଭୁଲ୍ କହିଲା ? ଆରେ ସେ ତା ଗିରସ୍ତ କଥା, ତା ସଂସାର କଥା ଚିନ୍ତା କରିବନି, ବୁଝିବନି ତ, କଣ ତୁ ବୁଝିବୁ ? କହିଲା ମଲାମଲା। ... ତେବେ ସନା, ମୋତେ ତ ପୁଣି ଗୋଟେ ନୂଆ ଲୋକ ଯୋଗାଡ଼ କରିବା ପାଇଁ ଦି ତିନିମାସ ସମୟ ଲାଗିବ। ତାଛଡ଼ା........ ଆଚ୍ଛା ମ୍ୟାନେଜର୍, ସନାଠୁ ବୋଧେ ଆମର କିଛି ଟଙ୍କା ପାଇବାର ଅଛି ନା କଣ ?

ସନାତନ : ବାବୁ ଆପଣ ଜମା ବ୍ୟସ୍ତ ହୁଅନ୍ତୁନି। ନୂଆ ଲୋକ ଆସିବା ଯାଏ, ମୁଁ ଯେମିତି ହେଲେ କାମକୁ ଯିବି। ଆପଣ ଆମର କେଡ଼େ ଉପକାର କରିଛନ୍ତି। ମୁଁ କଣ ସେସବୁ ଭୁଲିଯିବି ?

ରୁଦ୍ର : ଆରେ ତମେ ଦିଟା କିଛି ବୁଝିପାରିଲ ?

ଠେଙ୍ଗାବାଲା-୧ ଓ ୨ : ଆମେ କିଛି ବୁଝିପାରିଲୁନି ସାର୍।

ରୁଦ୍ର : ତମେ ଦିଟା ଶଳା କିଛି ବି ବୁଝିପାରିବନି। ଆରେ ଏବେ ବାଟରେ ଆସିଲାବେଳେ ତମେ ସବୁ କହୁଥିଲ ପରା .... ଆଜ୍ଞା ସନାଟା ଆମ ସଂପର୍କକୁ ଭୁଲିଗଲା। କୋଉଠି ଭୁଲିଛି ବେ ? ଦେଖିଲ ତ ? ଆରେ ସନାଟା ଆମ

ସଂପର୍କକୁ ଭୁଲିନି କି ଭୁଲିପାରିବନି। ହଉ, ମୁଁ ଏବେ ଉଠେ। ସିଆଡ଼େ ପୁଣି ଢେର୍ କାମ। ଆରେ ସଂପର୍କର କଣ ଶେଷ ଅଛି ? ଏପଟେ ଭାଟି, ସେପଟେ ଭୋଟ୍। ଚାଲ୍ ଦୁଃଶା। ପଞ୍ଚାୟତ ଅଫିସ୍ ହେଇ ଯିବା। ଲୋକଗୁଡ଼ା ଅପେକ୍ଷା କରିଥିବେ। ଆଉ ସନା ତୁ ଶୁଣ୍, ଆଜିଠୁ ନାଗୁଣୀ ପୋଲ ମଦ ଦୋକାନର ବେପାର କଥା ତୁ ବୁଝିବୁ। ସେଠି କିଛି ବି ମାଲ୍ ନାହିଁ, ପୂରା ଚୋଚଲା ହେଇକି ପଡ଼ିଛି। ଯେତେ ଶୀଘ୍ର ପାରୁଛୁ ସେଠି ମାଲ୍ ପହଞ୍ଚେଇବା ଦରକାର। ଚାଲ .... ରଜନୀ ଗୋଟେ ବୁଦ୍ଧିମତୀ ଝିଅ ..... (ରୁଦ୍ର ଓ ତାର ସାଥୀ ପ୍ରସ୍ଥାନ)

ରଜନୀ : ଫେର୍ କାହିଁକି ସେ ନିଆଁଲଗା କାମକୁ ଯିବା ପାଇଁ କହିଲ - ଶୁଣେ ?

ସନାତନ : ତାଙ୍କ ନାଁ ଜାଣିଛୁ, ରୁଦ୍ର ମାଧବ ମହାପାତ୍ର। ଏ ପଞ୍ଚେଇତରେ ସବୁ ଗାଁରେ ତାଙ୍କର ଜମି, ଏ ଗାଁର ସବୁ କୋଠାଘରର ମାଲିକ ସିଏ। ଭଲମନ୍ଦରେ ସେଇ ଆମ ପିଠିରେ ପଡ଼ନ୍ତି। ନ ହେଲେ ବାପ ମା ଛେଉଣ୍ଡଟା ମୁଁ କୁଆଡ଼େ ଯାଇଥାଆନ୍ତି ? ଆଲୋ ତାଙ୍କରି ଦୟା ରହିଲେ ଆମକୁ ସରକାରୀ ଘର ଖଣ୍ଡେ ମିଳିବ। କାର୍ଡଟେ ମିଳିବ। ତାଙ୍କ କଥାରେ ଅବାଧ ହେବାକୁ ତୁ କହୁଛୁ। ଭଲ ବୁଦ୍ଧି ତ ତୋର।

ରଜନୀ : କିନ୍ତୁ ପୁଣି ସେଇ ମଦରୁ ପୁଳେ ପୁଳେ ପିଇବ ? ରାତି ଅଧରେ ଆସି ଏଠି କଳିକଜିଆ କରିବ। ଦି ବର୍ଷ ହେଲା ତାଙ୍କ ମଦଭାଟିରେ ଖଟିଲଣି, ଦିଟା ଟଙ୍କା ତମ ହାତରେ ଅଛି ନା ?

ସନାତନ : ହଉ ହେଲା ଏଣିକି କମେଇବି, ଆଉ ଜମା ପିଇବିନି। ତୁ ଏଇ ରାତିଟାରେ ମୋ ସାଙ୍ଗରେ ଆଉ ଝଗଡ଼ା କରନା। ତୁ ଯାଇ ତୋ କାମ କର। ମୁଁ ମଦ ଦୋକାନରେ ମଦ ପହଞ୍ଚେଇ ଦେଇ ପଳେଇ ଆସୁଛି। ଏଇ ଗଲି ଆଉ ଆସିଲି।

ରଜନୀ : ଶୀଘ୍ର ଆସିବ। ଏକୁଟିଆ ଏଇ ନିଛାଟିଆ ଘରେ ମୋତେ ଭାରି ଡର ଲାଗୁଛି। ପାଖରେ କେହି ବୋଲେ କେହି ନାହାଁନ୍ତି।

ସନାତନ : ଆଲୋ ତୋ ପାଖେ ପରା ତୋ କନକ ଚମ୍ପା ସପନ ଅଛି ... ଆକାଶର ବୁକୁଚିରି ଜହ୍ନ ହସେ କିରିକିରି ...

(ମଞ୍ଚ ଅନ୍ଧାର)

ତୃତୀୟ ଦୃଶ୍ୟ

(ରୁଦ୍ର ମହାପାତ୍ରର ଘର। ୧୧ଟା କଣ୍ଢେଇ ଝୁଲୁଛନ୍ତି। ଠେଙ୍ଗାବାଲା ଦୁଇଜଣ ଦିଟା ଠେଙ୍ଗାରେ ଦୁଆର ବନ୍ଦ କରି ଛିଡ଼ା ହେଇଛନ୍ତି। ଝରକା ପାଖରେ ରୁଦ୍ର ମହାପାତ୍ରର ସ୍ତ୍ରୀ ଗୋଟେ ମୂର୍ତ୍ତି ଭଳି ବସି ଗୁମୁରି ଗୁମୁରି କାନ୍ଦୁଛି। ସମୟ ସନ୍ଧ୍ୟା। ରୁଦ୍ର ମହାପାତ୍ର ଗାଇଛି,

"୧, ୨, ୩ , ୪
୫, ୬, ୭, ୮
୯, ୧୦, ୧୧,
ମୁଁ ଠିକାଦାର.... ମୁଁ ଠିକାଦାର....
ଇଲାକାର ସବୁ ଧନ ମୋର
ରାଇଜର ଯେତେ ମନ ମୋର
ଏ ଜହ୍ନ ଗୁଡ଼ା ବି ମୋର
ମୁଁ ଠିକାଦାର........
ଜଗତ ଯାକର ଯୌବନ ମୋର
ମାଟିର ଫସଲ, ପତ୍ର-ଫଳ-ଫୁଲ
ସବୁ ମୋର... ସବୁ ମୋର... ସବୁ ମୋର...
ମୁଁ ଠିକାଦାର ....)

ରୁଦ୍ର : (ଠେଙ୍ଗାବାଲା ୧ ଓ ୨) ଆବେ ତମେ ଦିଟା କିଛି ବୁଝିଲ ?

ଠେଙ୍ଗାବାଲା-୧ ଓ ୨ : ଆମେ କିଛି ବୁଝିପାରିଲୁନି ସାର୍।

ରୁଦ୍ର : ତମେ ଦି'ଟା କିଛି ବି ବୁଝି ପାରିବନି। ତମକୁ ଯେତିକି

କହିଛି ସେତିକି କର। ସେ ଦୁଆର ବନ୍ଧଟା ଠିକ୍‌ରେ ଜଗିକି ଠିଆ ହେଇଥା। (ଦୁଃଶା ଓ ମ୍ୟାନେଜର୍‌କୁ) ଆରେ କହିଲି, ତମମାନଙ୍କର ମୁଣ୍ଡରେ କିଛି ପଶିଲା ନା ନାହିଁ?

ମ୍ୟାନେଜର : ସାର୍ ସନାଟା ଭାରି ରାଗୀ ଲୋକ। ତାର ଭଲମନ୍ଦ ବିଚାର କରିବା କ୍ଷମତା ନାହିଁ। କେତେବେଳେ କଣ କରିବସିବ?

ରୁଦ୍ର : ଚୁପ୍ ବେ। ଶଳା ସେ ସ୍ତ୍ରୀ ଲୋକଟାକୁ ଦେଖିବାବେଳୁ ମୋ ଦେହ କଣ ବୋଲେ କଣ ହୋଇଯାଉଛି। ତାକୁ ଯେମିତି ହେଲେ ପାନେ ଦେବାକୁ ପଡ଼ିବ। ଶାଳୀ ମୋ ବେପାରରେ ମୁଣ୍ଡ ପୂରାଉଛି। ଆଜି ତା ସ୍ୱାମୀକୁ ମଦଭାଟିକୁ ଯିବାକୁ ମନାକଲା। କାଲି ଆଉ ଜଣକୁ ମନା କରିବ। କାଲିକୁ ଏଠା ସ୍ତ୍ରୀଲୋକମାନଙ୍କୁ ମେଳିକରି ମୋ ମଦ ଦୋକାନ ଭାଙ୍ଗିବ.... ମଦଭାଟି ଭାଙ୍ଗିବ... ଆଉ ମୁଁ ଏଠି ଚୁପ୍‌ହେଇ ବସିଥିବି? ... ଏଠି ମୋ ଛଡ଼ା ଆଉ କାହାର ମାମଲାତି ଚଳିବ ନାହିଁ।

ମ୍ୟାନେଜର : କିନ୍ତୁ ସାର୍ ଏ କାମଲାଗି ଧୈର୍ଯ୍ୟ ଦରକାର।

ଠେଙ୍ଗାବାଲା- ୧ : ବିନା ଧୈର୍ଯ୍ୟରେ କିଛି ହେବ ନାହିଁ ଆଜ୍ଞା।

ଠେଙ୍ଗାବାଲା- ୨ : ଆପଣ ଜମା ବ୍ୟସ୍ତ ହୁଅନ୍ତୁନି ଆଜ୍ଞା। ଠିକ୍ ସମୟ ଦେଖି ଆମେ ତାକୁ ସାବାଡ଼ କରିଦେବୁ।

ଦୁଃଶାସନ : ଆପଣ ବନିଶୀ ପକେଇ ଜାଣନ୍ତି। ଧୈର୍ଯ୍ୟ ନ ଧରିଲେ ମାଛଟା କଣ ଧରାପଡ଼ିବ? ଓଲଟି ଜିଅଳ ଧରି ଖସି ପଳେଇବ।

ରୁଦ୍ର : ହଉ, ହଉ ମତେ ଆଉସବୁ ଭାଗବତ ଶୁଣାଅନି। ସନାଟାକୁ ଯେମିତି ବି ହେଉ ମାଙ୍କଡ଼ କରିବାକୁ ପଡ଼ିବ। ସନାଟା ମାଙ୍କଡ଼ ହେଲେ ଯାଇ, ମୁଁ ରଜନୀକୁ ନଚେଇ ପାରିବି।

ଦୁଃଶାସନ : ମଲା ମଲା ମାଙ୍କଡ଼? ସନାଟା ପରା ମଣିଷ, ସେ ମାଙ୍କଡ଼ ହେବ କେମିତି?

ରୁଦ୍ର : ମୟୂରଭଞ୍ଜ ଆଡ଼େ ଲୋକେ ମାଙ୍କଡ଼ ପାଳନ୍ତି। ସେ ମାଙ୍କଡ଼ ଘଡ଼ି ଦେଖି ଠିକ୍ ୨୪ ଘଣ୍ଟା ପରେ ଆସି ମାଲିକକୁ ସଲାମ୍ ଠୁଙ୍କେ।

ମ୍ୟାନେଜର : ମାଙ୍କଡ଼ କଣ ହାତରେ ଘଡ଼ି ପିନ୍ଧିଥାଏ ନା କଣ ?

ରୁଦ୍ର : ଅଫିମ।

ଠେଙ୍ଗାବାଲା-୧ ଏବଂ ୨: ଅଫିମ ?

ରୁଦ୍ର : ହଁ ଅଫିମ, ମାଙ୍କଡ଼ ଆସିବାକ୍ଷଣି ତା ମାଲିକ ତାକୁ ଟିକେ ଅଫିମ ଚଟେଇଦିଏ। ସେତକ ଖାଇ ମାଙ୍କଡ଼ ପଳାଏ। ଫେର୍ ୨୪ ଘଣ୍ଟା ପରେ ତା ପାଟି ଖୋଜେ ଅଫିମ। ସେ ଆଉ ଯିବ କୁଆଡ଼େ ?

ଦୁଃଶାସନ : ବୁଝିଗଲି। ବୁଝିଗଲି।

କୋରସ୍ : ଆମେ ବି ବୁଝିଗଲୁ।

ରୁଦ୍ର : ତେଣୁ ଯେମିତି ବି ହେଉ ସନାଟାକୁ ମଦୁଆ, ଗଞ୍ଜୋଡ଼ ଓ ଅଫିମିଆ କରିବାକୁ ପଡ଼ିବ। ଦିନରାତି ତା ପାଖରେ ମଦ ଖଞ୍ଜିଦେବା କାମ ତମମାନଙ୍କର।

ଠେଙ୍ଗାବାଲା-୧ ଏବଂ ୨: ବୁଝିପାରିଲୁନି ଆଜ୍ଞା।

ରୁଦ୍ର : ଆବେ ତମେ ଦି'ଟା ବୁଝିବ କେମିତି ? ତମ ମୁଣ୍ଡରେ କଣ କିଛି ଅଛି ଯେ ବୁଝିବ ! ତମେ ତ ମହାଭାରତର ଦୁଃଶାସନ ଭଳିଆ ଖାଲି ଧ କହିଲେ ବାନ୍ଧି ଆଣିବା କାମ ଜାଣିଛ। କହିଲ ଦେଖି ମହାଭାରତର ଦୁଃଶାସନ କାହିଁକି ଦ୍ରୌପଦୀର ଶାଢ଼ି ଫିଟାଇ ପାରିଲାନି ?

ଠେଙ୍ଗାବାଲା-୧ ଏବଂ ୨ : ତାକୁ ପରା ଶ୍ରୀକୃଷ୍ଣ ଗୋଟାଏ ପରେ ଗୋଟାଏ ଶାଢ଼ି ଯୋଗାଇ ଦେଉଥିଲେ।

ରୁଦ୍ର : ଧେତ୍, ପାଦରୁ ମହୁ ଝରିବା କଥା କହୁଛି।

କୋରସ୍ : ତେବେ।

ରୁଦ୍ର : ଭାବ ଭାବ। ସବୁ ହଉଛି ନିଶାର କରାମତି।

କୋରସ୍ : ନିଶା ?

ରୁଦ୍ର : ହଁ ନିଶା। ମହାଭାରତର ପଶାଖେଳ ସଞ୍ଜ ପହରୁ ଆରମ୍ଭ ହୋଇ ତା ପରଦିନ ସକାଳ ଯାଏ ଚାଲିଥିଲା। ପଶାଖେଳ ସାଙ୍ଗରେ କଣ କଣ ସବୁ ବ୍ୟବସ୍ଥା ହେଇଥାଏ କହିଲ ?

ଠେଙ୍ଗାବାଲା-୧ : ମୁଢ଼ି, ଚନାଚୁର, ଚାହା ....

ରୁଦ୍ର : ଚୁପ୍ ବେ ଶଳା କହିଲା ମୁଢ଼ି, ଚନାଚୁର୍। ଆବେ

ପଶାଖେଳ ସାଙ୍ଗରେ ମଦ, ଭାଙ୍ଗ ଓ ଗଞ୍ଜେଇର ବ୍ୟବସ୍ଥା ହେଇଥିଲା। ଗୋଟାଏ ବାଜି ଜିଣିଲା ମାତ୍ରେ ଦୁଃଶାସନ ଯାଇ ଗୋଟାଏ ମାଠିଆ ତେଣ୍ଡି ଦେଉଥିଲା। ତା ସାଙ୍ଗକୁ ଭାଙ୍ଗ, ଗଞ୍ଜେଇ ସବୁ ପ୍ରକାରର ଅବକାରୀ ମାଲ୍। ଏଣୁ ଦ୍ରୌପଦୀକୁ ଆଣିଲା ବେଳକୁ ଦୁଃଶାସନର ବାଲାନ୍ସ ନ ଥିଲା। ସିଏ ଠିଆହେଇ ପାରୁ ନ ଥିଲା। ଶାଢ଼ି ଖୋଲିଥାନ୍ତା କେମିତି ?

କୋରସ୍ : ତଥାପି ବୁଝିପାରିଲୁନି ଆଜ୍ଞା।

ରୁଦ୍ର : ତମେ କିଛି ବି ବୁଝିପାରିବନି। ତମକୁ ଯେତିକି କହିଲି ସେତିକି କର।

(ସନାତନ ଆସିଛି, ୧୧୧୦୦ ଟଙ୍କା ମ୍ୟାନେଜରକୁ ଦେଇଛି)

ମ୍ୟାନେଜର : ସାର୍ ୧୧୧୦୦। ନାଗୁଣୀ ପୋଲତଳ ମଦ ଦୋକାନଟା ସନା ହାତକୁ ଗଲା ପରଠୁ ବେପାରଟା ବହୁତ ବଢ଼ିଯାଇଛି।

ରୁଦ୍ର : ସନାଟା ହେଉଛି ମୋର ଲକ୍ଷ୍ମୀ। ଦୁଃଶା, ସନାକୁ ଟିକେ ଦେ। (ଦୁଃଶା ସନାକୁ ମଦ ଦେଇଛି) ମ୍ୟାନେଜର, ସନାକୁ ୧୦୦୦ ଟଙ୍କା ବକ୍ସିସ୍ ଦେ। (ସନା ପିଇବା ପାଇଁ ମନା କରୁଛି) ଆରେ ପିଇ... ନା.... ପିଇ... ପିଇ....।

ସନାତନ : ନାଇଁ ବାବୁ। ରଜନୀ ରାଣ ନିୟମ ପକେଇଛି। ମୁଁ ଆଉ ଜମା ପିଇବିନି।

କୋରସ୍ : (ହସ)

ରୁଦ୍ର : ଆରେ ସନା। ଲକ୍ଷ୍ମଣରେଖା ଟାଣିବାର ଅଧିକାର କେବଳ ପୁରୁଷମାନଙ୍କର ହିଁ ଅଛି। ତେଣୁ ପୁରୁଷ କେବଳ ଟାଣିପାରେ ସ୍ତ୍ରୀ ପାଇଁ ଲକ୍ଷ୍ମଣରେଖାର ଗାର। ଆଉ ସ୍ତ୍ରୀର ଯେତେ ରାଣ ନିୟମ, ସେସବୁ ହେଉଛି ପୁରୁଷ ପାଇଁ ଖାଲି ପାଣିର ଗାର। ଆରେ ପିଇ.... ରଜନୀ ଗୋଟେ ବୁଦ୍ଧିମତୀ ଝିଅ।

(ମଞ୍ଚ ଅନ୍ଧାର)

ଚତୁର୍ଥ ଦୃଶ୍ୟ

(ରାତି। ରଜନୀ ଶୋଇଛି। ପେଟେ ମଦ ପିଇ ଫେରିଛି ସନା। ପାଦ ଟଳମଳ। ହାତରେ ଦିଇଟି କୁକୁଡ଼ା ଅଣ୍ଡା ଆଣିଛି। କବାଟ ଖଡ଼ଖଡ଼ କରୁଛି)

ସନା : ରଜନୀ ଗୋଟେ ବୁଦ୍ଧିମତୀ ଝିଅ। ରଜନୀ, ର-ଜ-ନୀ ବା, କୁଆଡ଼େ ଗଲୁ ?

ରଜନୀ : (ନିଦ ମଳମଳ ଆଖିରେ କବାଟ ଖୋଲିଛି) ଛି, ଛି, ଫେର୍ ସେଇ ନିଆଁଲଗା ମଦରୁ ପେଟେ ପିଇକି ଚାଲିଆସିଲ ? ତମକୁ ପରା ଏତେକରି କହିଥିଲି। ରାଣ ନିୟମ ପକେଇଥିଲି।

ସନା : ଧେତ୍, ସେ ରାଣ ନିୟମ। ସେ ବେକାର କଥାଗୁଡ଼ାକ କହନା। ମଣିଷ ଘରେ ପାଦ ଦେଲା କି ନାହିଁ ଏ ମାଇକିନାର ଲେକ୍‌ଚର ଆରମ୍ଭ ହେଇଗଲା।

ରଜନୀ : କଅଣ କହିଲ ? ମୁଁ ଲେକ୍‌ଚର ଦଉଛି। ଆଉ ତମେ ସବୁଦିନ ରାତି ଅଧରେ ପେଟେଲେଖା ମଦ ପିଇଦେଇ ଆସି ସୁଆଙ୍ଗ କରୁଛ, ଏଇଟା ଭଲ ହେଉଛି ? ଆଁ ?

ସନା : (ରଜନୀକୁ ଠେଲିଦେଇଛି) ଖବରଦାର। ମୋ ସାଙ୍ଗରେ ସେମିତି ଝଗଡ଼ା ଲଗାନା। ବୁଝିଲୁ ? ଦେଖ୍ ହଜାରେ ଟଙ୍କା। କେବେ ଦେଖିଥିଲୁ ? (ଅଣ୍ଡା ଥିବା ପଲିଥିନ୍ ବଢ଼େଇ)- ଏଇ ନେ। ଆଜି ପାଗଟା କେମିତି ଶୀତୁଳିଆ ନାଗୁଛି। ୟାକୁ ଭାଜିକି ଆଣ୍। ମୁଁ ଖାଇବି।

ରଜନୀ : ରାତି ଅଧରେ ତମଲାଗି ଅଣ୍ଡା ଭାଜିବି ? ତୁମ ମୁଣ୍ଡଫୁଣ୍ଡ

ଖରାପ ହେଲାଣି କି ? ଯାଅ ଚୁପ୍‌ଚାପ୍ ଶୋଇପଡ଼ । କାଲି ସକାଳେ ଖାଇବ ।

ସନା : (ଘର ଭିତରକୁ ଯାଇ ଠଣା ଅଣ୍ଡାଳିଛି, ଯୋଉଠି ସେ ତା ମଦ ବୋତଲ ଛାଡ଼ିକି ଯାଇଥିଲା । ଦେଖୁଛି, ସେଠି ବୋତଲ ନାଇଁ) ଆରେ, ମୋ ମାଲ୍ ଏଠୁ କିଏ ନେଲା ? ଆଁ, ମୋ ମାଲ୍ କାଇଁ ? (ବ୍ୟସ୍ତ ହେଇପଡ଼ିଛି) କିଏ ନେଲା ମୋ ମାଲ୍ ? କୁଆଡ଼େ ଗଲା ମୋ ମାଲ୍ ? (ରଜନୀକୁ) ଏ-ଇ, ମୋ ମାଲ୍ କୁଆଡ଼େ ଗଲା ?

ରଜନୀ : (ନ ଶୁଣିଲା ପରି) କଅଣ କହୁଛ ?

ସନା : ଆବେ, ସେତିକିବେଳୁ ଖୋଜୁଛି, ଜାଣିପାରୁନୁ । କହୁଛି କଅଣ ନା - କଅଣ କହୁଛ ? ମୋ ବୋତଲ ମୁଁ ଏଇଠି ରଖିଥିଲି କିଏ ନେଲା ? କିଏ ନେଲା କହ ?

ରଜନୀ : ମୁଁ ଜାଣିନି ।

ସନା : (ରାଗିକି ହାତ ଉଠେଇଛି) ଖବରଦାର୍ । ମୋ ସାଙ୍ଗେ ସେ ଚଲାଖି ଚଳିବ ନାହିଁ । ମୋ ମାଲ୍ କୋଉଠି ଲୁଚେଇଛୁ ଆଣିକି ଦେ ।

ରଜନୀ : ନ ହେଲେ ?

ସନା : ନ ହେଲେ ତୋର ଦିନେକୁ ମୋର ଦିନେ । ଶଳାଃ, ମୁଁ ସିଆଡ୍ରୁ ଭାବିକି ଆସିଛି ଅଣ୍ଡା ଭଜା ସାଙ୍ଗେ ମାଲ୍ ପିଇବି । ଏ ମାଇକିନା ମୋ ପାଟିରୁ ଆହାର ଛଡ଼େଇ ନେଇ କହୁଛି, ମୁଁ ଜାଣିନି । ଏଇ - ବାହାର କର୍ ମୋ ମାଲ୍ ।

ରଜନୀ : କହିଲି ପରା ଜାଣିନି ।

ସନା : (ନିର୍ଘାତ ଚାପୁଡ଼ା ଦେଇଛି । ଅଣ୍ଡା ଦିଇଟା ଛିଟିକି ପଡ଼ିଛି) ଶାଳୀ, ବଜ୍ଜାତ୍ ମାଇକିନା ମୋ ସାଙ୍ଗେ ଖେଳୁଛୁ ? ମାଲ୍ ବହାର କର । ନ ହେଲେ ତୋତେ (ରଜନୀର ଚୁଟି ଝିଙ୍କି ଧରିଛି) କହ, କହ, କୁଆଡ଼େ ଗଲା ମୋ ମାଲ୍ - କହ, ନିଜେ ପିଇଦେଇଛୁ ନା ଫୋପାଡ଼ିଦେଇଛୁ ।

ରଜନୀ : (ମୁଣ୍ଡ ଛଡ଼େଇ ନେଇ) ହଁ, ମୁଁ ଫୋପାଡ଼ି ଦେଇଛି । ସେଇ ମଦ ମୋ ସଂସାରକୁ ଉଚ୍ଛନ୍ନ କରିଦେଲାଣି । ନା

ଭଲକି ଗଣ୍ଡେ ଖାଇବାକୁ ପାଉଛି ନା ଖଣ୍ଡେ ପିନ୍ଧିବାକୁ ପାଉଛି। ସେଇ ମଦ ପିଛା ତମେ ସବୁ ସାରି ସର୍ବସ୍ୱାନ୍ତ ହେଲଣି। ଫେର୍ ସେଇ ମଦ ପାଇଁ ବାଇଆ ହେଉଛ। ପେଟେ ପରା ସେଥିରୁ ପିଇକି ଆସିଛ, ଭଣଭଣ ଗନ୍ଧରେ ରହିହେଉ ନାହିଁ। ତମ ଗୋଡ଼ହାତ ଠିକ୍ ଜାଗାରେ ପଡୁ ନାହିଁ। ଫେର୍ ମାଗୁଛ ମଦ।

ସନା : (ହାତ ଉଠେଇ) ଶାଳୀ, ତୋର ଏତେ ସାହସ ? ମୋ ଉପରେ ହାକିମାତି କରିବୁ ?

ରଜନୀ : (ସନାର ହାତ ଧରିପକେଇଛି)

ସନା : (ରାଗରେ ଗଁ ଗଁ ହେଉଛି। ଆଶ୍ଚର୍ଯ୍ୟ ବି ହଉଛି)

ରଜନୀ : (ହାତ ଛାଡ଼ିଦେଇଛି) ମୁଁ ବି ତମକୁ ସଫା ସଫା କହିଦଉଛି। ମଦ ଛାଡ଼ିବ ତ ଭଲକଥା। ନ ହେଲେ ତମକୁ ଏଇ ଘରେ ଚାବି ଦେଇ ମୁଁ କାମକୁ ପଳେଇବି। ଦେଖିବି, ତମକୁ କିଏ ଆଣି ମଦ ପିଆଇବ !

ସନା : କଅଣ କହିଲୁ ?

ରଜନୀ : ଯାହା ତୁମେ ଶୁଣିଲ। ଯାଅ, ଚୁପ୍‌ଚାପ୍ ଶୋଇଯାଅ, ଯାଅ।

ସନା : ଧେତ୍ ! ଏ ଘରେ ମଣିଷ ରହନ୍ତି ? ଯାଏ, ଭାଟି ଖୋଲା ଥିବ କି ନାହିଁ ଦେଖେ। ଶାଳୀ ମୋ ମିଜାଜ୍ ବିଗାଡ଼ି ଦେଲା ! (ଯିବାକୁ ବାହାରିଛି। ରଜନୀ ବାଟ ଓଗାଳିଛି। ଆଖି ବଡ଼ ବଡ଼ କରି ହାତ ଇସାରାରେ କହିଚି)

ରଜନୀ : (ହାତରେ ଦାଆ) ପଛକୁ, ପଛକୁ ଯାଅ। ଖବରଦାର୍, ତମର ଦିନେକୁ ମୋର ଦିନେ। ଚୁପ୍‌ଚାପ୍ ଯାଇ ଶୁଅ। ନ ହେଲେ ସତ କହୁଛି, ତୁମକୁ ଏଇ ଘରେ ଚାବି ପକେଇ ମୁଁ ମୋ ରାସ୍ତାରେ ଚାଲିଯିବି। (ସନା ଆଶ୍ଚର୍ଯ୍ୟ ହେଇ ରଜନୀକୁ ଚାହୁଁଛି। ଏ ରୂପ ତା ପାଇଁ ଯେମିତି ନୂଆ) ଆଉ ସେତେବେଳେ ବୁଝିବ - ରଜନୀ ଗୋଟେ ବୁଦ୍ଧିମତୀ ଝିଅ ....।

(ମଞ୍ଚ ଅନ୍ଧାର)

ପଞ୍ଚମ ଦୃଶ୍ୟ

(ରାସ୍ତା)

(ରଜନୀ ହାତରେ ଟଙ୍କା। ରୁଦ୍ର ଓ ତା ସାଥୀ ପ୍ରବେଶ କରିଛନ୍ତି। ସମୟ ସନ୍ଧ୍ୟା)

ରଜନୀ : (ଓଢ଼ଣା ଟାଣିଦେଇଛି) ବାବୁ ନମସ୍କାର।

ରୁଦ୍ର : ରଜନୀ ଗୋଟେ ବୁଦ୍ଧିମତୀ ଝିଅ, ନା କଣରେ ଦୁଃଶା ?

ଦୁଃଶା : ମଲାମଲା...

ରୁଦ୍ର : ଦେଖୁନୁ ଏପଟେ ମୁଣ୍ଡରେ ଓଢ଼ଣା ଟାଣି ସରୁ ନମସ୍କାର ହଉଚି। ଆଉ ସେପଟେ ମୋ ବେପାର ବୁଡ଼ାଉଚି।

ରଜନୀ : ମୁଁ କିଛି ବୁଝିପାରିଲିନି ବାବୁ।

ଠେଙ୍ଗାବାଲା-୧ : କିଲୋ, ତୁ ଏତେ ବୁଦ୍ଧିମତୀ ସ୍ତ୍ରୀ ଲୋକଟା, ବାବୁଙ୍କ କଥାଟା ବୁଝିପାରୁନୁ ?

ଠେଙ୍ଗାବାଲା-୨ : ତୁ ସନାକୁ ଘରେ ଚାବିଦେଇ ଅଟକାଇନୁ ?

ମ୍ୟାନେଜର : ସେ ତିନି ଦିନ ହେଲାଣି କାମକୁ ଆସିନି।

ରଜନୀ : ଆସିକି ଲାଭ କଣ ବାବୁ ? ଘରକୁ ତ ଗୋଟାଏ ପଇସା ଦେଉନି। ଆମେ ଚଳିବୁ କେମିତି ? ତା ସାଙ୍ଗକୁ ଔଷଧ ପଥୀ। ଆମେ ସର୍ବସ୍ୱାନ୍ତ ହୋଇଗଲୁଣି।

ରୁଦ୍ର : ଆଲୋ କିଛି ସର୍ବସ୍ୱାନ୍ତ ନ ହେଲେ ଆଉ କିଛି ଲୋକଙ୍କ ଧନସମ୍ପତ୍ତି ବଢ଼ିବ କେମିତି ? (ସ୍ୱର ବଦଳେଇ) ତୁ ଭାବୁଥିବୁ, ମୁଁ ଏଇଆ କହିବି। ନା, ନା, ତୁ ଯେମିତି ଭାବୁଛୁ ମୁଁ ସେମିତି ନୁହେଁ। ଆଲୋ ତୋ ଘରେ ଯଦି କିଛି ନ ଥିଲା, ମୋତେ କହିଲୁନି ?

ରଜନୀ : ନାଇଁ ବାବୁ, ହାତଗୋଡ଼ ଚଳୁଥିବା ଯାଏ ଖଟିବୁ, ଖାଇବୁ। ନ ଚଳିଲେ ପୁରଷ୍ତମ ପଳେଇ ଭିକ ମାଗିବୁ।

ରୁଦ୍ର : ଆରେ ରଜନୀ ତ ସତରେ ଗୋଟେ ବୁଦ୍ଧିମତୀ ଝିଅ ନା କଣରେ ଦୁଃଶା ! ସେ ଭାବୁଛି ରାସ୍ତା କାମରେ ଖଟି, ପଇସା ରୋଜଗାର କରି, ସେଇ ପଇସାରେ ଅଟା ଚାଉଳ ତେଲ ଲୁଣ କିଣିବ, ତା ସଂସାର ଚଳାଇବ। କେଡ଼େ ସହଜରେ କହିଦେଲା କିରେ ! ଆଲୋ ଏ ସଂସାରର ପାଣି କେତେ ଶେଣାରେ ଉଠେ ତୁ କଣ ବୁଝିଲୁଣି ? ଆଲୋ ତୁ ଟଙ୍କା ରୋଜଗାର କରିବୁ ଆଉ ସେଇ ଟଙ୍କାରେ ଖାଲି ତୁ ଏକା ଚଳିବୁ ? ଆଉ ସବୁ କେମିତି ଚଳିବେ ? ବୁଝିପାରିଲୁନି ? ହଉ ସରଳରେ ବୁଝେଇ ଦେଉଛି। ଆଲୋ ତୁ ଯେଉଁ ରାସ୍ତା କାମରେ ଖଟି ପଇସା ରୋଜଗାର କରୁଛୁ, ସେ ରାସ୍ତା କାମର ନିଲାମୀ ନେଇଛି ମୁଁ। ତୋ ହାତରେ ଯେଉଁ ଟଙ୍କା ଅଛି, ତାକୁ ମଜୁରି ଆକାରରେ ତତେ ଦେଇଛି ମୁଁ। ସେ ଟଙ୍କାକୁ ତୋଠୁ ବୁଲେଇବାଲେଇ ନେବି ମଧ ମୁଁ। ବୁଝିପାରିଲୁନି। ଶୁଣ୍। ଆହୁରି ସରଳ ଭାବରେ କହିଦେଉଛି। ତୁ ଯାଇ ଦୁଆର ମୁହଁରେ ଏବେ ପହଞ୍ଚିଲା ବେଳକୁ ସେପଟେ ସନା ଅନିଶା କରି ଠିଆ ହୋଇଥିବ। ହେଲେ ତତେ ନୁହେଁ, ତୋ ଟଙ୍କାକୁ ଅନିଶା କରି ଠିଆହୋଇଥିବ। ତୋରି ମଜୁରି ଛଡ଼େଇଆଣି ସିଧା ଆସିବ ଭାଟିକୁ। ତୁ ଦିନସାରା ଯାହା ଅର୍ଜିଥିବୁ ସେ ସଞ୍ଜବୁଡ଼େ ତାହା ଦେଇକି ଯିବ ମୋ ଭାଟିରେ। ତତେ ଯାହା ମୁଁ ଦେଇଛି ମଜୁରିରେ, ତାକୁ ନେଇଯିବି ତାଠୁ ମଦରେ।

ରଜନୀ : ସେମିତି କୁହନା ବାବୁ !

ରୁଦ୍ର : ମୁଁ ନ କହିଲେ କଣ ସତଟା ମିଛ ହୋଇଯିବ ? ଆଲୋ ପଞ୍ଚେଇତିର ସବୁ ଭୋଟ୍ ମୋର। ସବୁ ଭାଟି ବି ମୋର। ତୁ ଯୁଆଡ଼େ ଗଲେ ବି ବୁଲିବାଲି ଆସି ମୋରି ଜାଲରେ ପଡ଼ିବାଟା ନିଧାର୍ଯ୍ୟ। ତୁ କଣ ସେ କଥା ବୁଝିପାରୁନୁ ?

ରଜନୀ : କାହିଁକି ଏମିତି ଜାଲପାତି ଆମ ଗରିବାଗୁରୁବାଗୁଡ଼ାକୁ କଲବଲ କରୁଛ ବାବୁ ?

ରୁଦ୍ର : ହେଃ, ବନ୍ଦ କର ସେ ବାଜେ କଥା । ମୋ କଥା ମାନ । କାଲିଠୁ ସନାକୁ କାମକୁ ପଠା । ଆଉ ତୋର ଯଦି ନିହାତି କାମ କରିବା ଦରକାର, ତାହେଲେ ଖରାଟାରେ ରାସ୍ତା କାମ ନ କରି, ତୁ କାଲିଠୁ ଯାଇ ଆମ ଘରେ କାମ କର । ତୋ ମଜୁରି ତୋତେ ମିଳିଯିବ । ମିଛଟାରେ ଖରାତରାରେ କାମକରି, ତୋର ରୂପ ଯୌବନକୁ ଖତ କରୁଛୁ କାହିଁକି ? ନା କଣରେ ଦୁଃଶା ।

ଦୁଃଶା : ମଲାମଲା...

ରଜନୀ : ବାବୁ ।

ମ୍ୟାନେଜର : ଯାହା ସତ ସାର୍ ତ ସେଇଆ କହିଲେ ।

ଠେଙ୍ଗାବାଲା-୧ : ତୁ ଚାହିଁଲେ ତୋ ସଂସାର ହସିବ ।

ଠେଙ୍ଗାବାଲା-୨ : ତୁ ଯଦି ନ ଚାହିଁବୁ ତାହେଲେ ତୋ ସଂସାର ଭାସିଯିବ ।

ରୁଦ୍ର : ଶୁଣ୍, ସନାକୁ ମଝିରେ ମଝିରେ ଅଟକାଇ ତୁ ମୋର ବହୁତ ଲୋକସାନି କଲୁଣି । ମୋର ବି ସହିବାର ସୀମା ଅଛି । ଏକଥା ବି ମନେରଖ ।

(ଗୀତ – ମୁଁ ଠିକାଦାର,
ମୁଁ ସାହୁକାର, ମୁଁ ସରକାର
ମୁଁ ଓକିଲ, ମୁଁ ଡାକ୍ତର
ମୁଁ ଡାହାଣୀ, ମୁଁ ଗୁଣିଆ
ମୋ ହାତରୁ ନାହିଁ ନିସ୍ତାର
ମୁଁ ଠିକାଦାର, ମୁଁ ଠିକାଦାର)

ଦୁଃଶାସନ : ମଲା ମଲା ସେ ସବୁ ବୁଝି ଗଲାଣି ମ । ରଜନୀ ପରା ଗୋଟେ ବୁଦ୍ଧିମତୀ ଝିଅ ।

(ମଞ୍ଚ ଅନ୍ଧାର)

ଷଷ୍ଠ ଦୃଶ୍ୟ

(ସନାତନର ଘର। ଚଉଁରା ପାଖରେ ସନାତନ ଓ ତାର ସାଥୀ ବସି ମଦ ପିଉଛନ୍ତି। ଗାମୁଛାରେ ଢଳା ହୋଇଛି ମୁଢ଼ି ଓ ଚେନାଚୁର। ସମସ୍ତଙ୍କ ହାତରେ ପ୍ଲାଷ୍ଟିକ୍ ଗ୍ଲାସ୍‌ରେ ମଦ। ସମୟ ସନ୍ଧ୍ୟା)

ଦୁଃଶା : ସତରେ ସନାଭାଇ, ତୋ ପରିକା ପିଇଲାବାଲା ଏ ଖଣ୍ଡମଣ୍ଡଳରେ କେହି ନାହାନ୍ତି।

ଠେଙ୍ଗାବାଲା-୧ : ତାର ସେମିତିକା କଲିଜା ଅଛି ବୋଲି ନା...... !

ଠେଙ୍ଗାବାଲା-୨ : ସମସ୍ତେ କଣ ପିଇ ପାରିବେ ?

ମ୍ୟାନେଜର : ଆଚ୍ଛା ସନା, ତିନିଦିନ ହେଲା ତୁ କୁଆଡ଼େ ଯାଇଥିଲୁ ? ତୋର ପରା ନାଗୁଣୀ ପୋଲ ପାଖ ସାଇଟ୍‌କୁ ଯିବା କଥା।

ସନା : ଆଃ, ସେକଥା କହନା। ତୋ ଭାଉଜ ପରା ମୋତେ ଘରେ ତାଲା ପକାଇ ପଳାଉଥିଲା। ଆଜି ବଡ଼ କଷ୍ଟରେ ନେହୁରା ହେବାରୁ ମତେ ଛାଡ଼ିଲା। ଶଳା ସବୁଦିନ ସକାଳୁ ଘଡ଼ିଏ, ଫେରେ ସଞ୍ଜକୁ ଘଡ଼ିଏ ପ୍ରବଚନ ଶୁଣି ଶୁଣି ମୋ ମୁଣ୍ଡ ଖରାପ ହୋଇଗଲାଣି।

ଦୁଃଶା : ମଲାମଲା ପ୍ରବଚନ। କି ପ୍ରବଚନ ବା !

ସନା : ନିଶା ପାଣିଗୁଡ଼ା ଛୁଅଁନା.... ମୋ ପେଟରେ ବଢୁଥିବା ତମ ପିଲାଟାକୁ ଟିକେ ଦେଖ। ଏମିତି କେତେ କଣ ପ୍ରବଚନ। ଧେତ୍ ଶଳା ତା କଥା ମନେପଡ଼ି ସବୁଯାକ ନିଶା ଓହ୍ଲେଇଗଲା। ଦେ, ଆଉ ଟିକେ ଢାଳ।

ଦୁଃଶା : ମଲାମଲା ସ୍ତ୍ରୀ ଲୋକ ସିନା ରୋଷେଇବାସ, ଘରକରଣା

କାମରେ ମନଦେବା କଥା। ସିଏ କାହିଁକି ପ୍ରବଚନ ଦେଉଛନ୍ତି ବା ?

ଠେଙ୍ଗାବାଲା-୧ : ଶୁଣ୍ ସନା ଭାଇ। ତୁ ଏକଥା ଆମକୁ କହିଲୁ କହିଲୁ। ହେଲେ ଆଉ କାହାକୁ କହିବୁନି।

ଠେଙ୍ଗାବାଲା-୨ : କାହିଁକି ନା ଯିଏ ଶୁଣିବ ସିଏ ହସିବ।

ଦୁଃଶା : ମଲାମଲା ଖାଲି କଣ ସେତିକି। କହିବୁଲିବ ସନାଟା ସତରେ ଏଡ଼େ ମାଇପ ବୋଲକରା !

ସନା : ଚୁପ୍ ବେ, ମୁଁ ସେମିତିକା ଲୋକ ନୁହଁ।

ମ୍ୟାନେଜର : ଆଚ୍ଛା କହିଲୁ ଦେଖି, ତୁ ଦିନରାତି ଖଟିକି ରୋଜଗାର କରୁଛୁ। ଘର ଚଳଉଛୁ। ତୋ ସ୍ତ୍ରୀ କାହିଁକି ତୋ ଉପରେ ହାକିମାତି କରିବ ?

ଠେଙ୍ଗାବାଲା-୧ : ତୁ ରୋଜଗାର କଲୁ .. ମାଲ୍ ପିଇଲୁ....

ଠେଙ୍ଗାବାଲା-୨ : ଠିକ୍ କଥା ତ। ତାର କଣ ଅଛି। ସିଏ କାହିଁକି ପ୍ରବଚନ ଦେବ ?

ଦୁଃଶା : ବୁଝିଲ ସନାଭାଇ, ତମେ ଖାଲି ଶାନ୍ତଶିଷ୍ଟ ଲୋକ ବୋଲି ସମ୍ଭାଳିଛ। ମୁଁ ହେଇଥିଲେ ହାତ ଉଠାଇ ଦିଅନ୍ତି।

ଠେଙ୍ଗାବାଲା-୧ : କଣ କହିଲୁ। ତୁ ହାତ ଉଠେଇ ଦିଅନ୍ତୁ ?

ଦୁଃଶା : ହଁ।

ଠେଙ୍ଗାବାଲା-୨ : କାହା ଉପରେ ?

ଦୁଃଶା : ମଲାମଲା.. ମୋ ସ୍ତ୍ରୀ ଉପରେ।

ଠେଙ୍ଗାବାଲା-୧ : ତୋ ସ୍ତ୍ରୀ ଉପରେ .... ?

ଠେଙ୍ଗାବାଲା-୨ : ଆଲୋ ତୁ ପରା ନିଜେ ଗୋଟେ ସ୍ତ୍ରୀ !

ଦୁଃଶା : ମଲାମଲା... ସେମିତି କଥାବାର୍ତ୍ତା କରନି କହିଦେଉଛି। ମୁଁ ରାଗିଗଲେ ମତେ ସମ୍ଭାଳି ପାରିବନି।

ମ୍ୟାନେଜର : ଚୁପ୍। ପଏଣ୍ଟକୁ ଆସ। ଦେଖ୍ ସନା, ପୁରୁଷ ସବୁବେଳେ ପୁରୁଷ ଭଳିଆ ରହିବା ଦରକାର।

ଦୁଃଶାସନ : ଏମିତି ମାଇପ ବୋଲକରା ହେଇକି ରହିବା ଉଚିତ ନୁହଁ।

ଠେଙ୍ଗାବାଲା-୧ ଏବଂ ୨ : ଠିକ୍ କହିଛୁ।

ସନା : (ରାଗିକି) ତମେ ସବୁ ଭାବୁଛ ମୁଁ ତାହେଲେ ମାଇପ ବୋଲକରା।

ଦୁଃଶା : ମଲାମଲା, ତମକୁ ସେକଥା କହିବାକୁ ପଞ୍ଚେଇତରେ କାହା ଜିଭରେ ହାଡ଼ ଅଛି ? ଆମେ ଗୋଟେ ଉଦାହରଣ ଦେଇକି କହୁଥିଲୁ ନା।

ସନା : ହଉ ଠିକ୍ ଅଛି। ମ୍ୟାନେଜର, ମୋତେ ୧୦୦ଟା ଟଙ୍କା ଦେଲ। ଘରେ ଚାଉଳ ପତ୍ର କିଛି ନ ଥିଲା।

ମ୍ୟାନେଜର : ଆରେ ମୋତେ ଆଗରୁ କହିଲୁନି କାହିଁକି ? ୧୦୦ କଣ ୨୦୦ ଆଣିକି ଦେଇଥାନ୍ତି। କିନ୍ତୁ ଏବେ ମୋ ପାଖରେ ୧୦ ଟଙ୍କା ବି ନାହିଁ। ଯାହା ଥିଲା ସବୁ ପୋଛିପାଛି ଏଇ ବିଦେଶୀ ମଦ ବୋତଲଟା ଧରି ଆସିଲି।

ସନା : ସତରେ ବିଲ୍‌କୁଲ୍ ନାଇଁ ?

ମ୍ୟାନେଜର : ଦେଖୁନୁ, ତତେ କଣ ମୁଁ ମିଛ କହୁଛି ?

ସନା : ସେ ଶାଳୀ ମାଇକିନା ଆସିଲେ ଏଇନା ମତେ ଏଣୁତେଣୁ କହିବ। ଗଲାବେଳେ ମତେ ୧୦୦ ଟଙ୍କା ଦେଇକି ଯାଇଥିଲା ଚାଉଳପତ୍ର ଆଉ କଣ ସବୁ ଆଣିବା ପାଇଁ। ହେଲେ ତିନିଦିନ ହେଲା ପିଇ ନ ଥିଲି ତ, ପାଟିଟା ଟକ୍ ଟକ୍ ହେଉଥିଲା। ସେଇ ଟଙ୍କାରେ ପିଇଦେଲି।

ଦୁଃଶା : ମଲାମଲା ଆଜିକ କେମିତି ହେଲେ ଚଳେଇ ଦିଅ।

ମ୍ୟାନେଜର : ତୋର ପରା ଆଜି ରାତିରେ ମାଲ୍ ନେଇ ଯିବାର ଅଛି। ତୁ ଯା, କାଲି ସକାଳକୁ ମୁଁ ତତେ ଯୋଗାଡ଼ କରିକି ଦେଉଛି।

ଦୁଃଶା : ଆଚ୍ଛା ସନା ଭାଇ, ଗୋଟେ କଥା କହିବି ଖରାପ ଭାବିବନି ତ ?

ସନା : ନା ନା ଖରାପ ଭାବିବି କାହିଁକି ? କହୁନୁ କହ।

ଦୁଃଶା : ନାଇଁ ନାଇଁ ତମେ ଯେମିତି ରାଗୀ ଲୋକ ମୋତେ ଭାରି ଡର ମାଡୁଛି।

ସନା : ଯଦି ନ କହିବୁ ନାଇ। ଗିଲାସ ଖାଲି ହେଲାଣି ଆଉ ଟିକେ ଢାଳ।

ଦୁଃଶା : ଆଉ କଣ ଅଛି ? ସରିଲାଣି ପରା। ଏଇ ଠୋପେ ଦି ଠୋପା ଅଛି, ନିଅ। ଆଉ ମାଗିବନି।

ସନା : ହଉ ଏବେ କହ କଣ କହୁଥିଲୁ .... ଆବେ କହୁନୁ .... ?

ଦୁଃଶା : କଣ କହୁଥିଲି କି ଭାଉଜ ଖରାତରାରେ ରାସ୍ତାକାମ କରି କେତେ ପଇସା ରୋଜଗାର କରିବ ? ସେଇଥିପାଇଁ ଠିକାଦାର ବାବୁ କହୁଥିଲେ, ଭାଉଜ ଯଦି ଯାଇ ତାଙ୍କ ଘରେ ମାଡାମ୍‌ଙ୍କ ସାଙ୍ଗରେ ଟିକେ ରୋଷେଇବାସରେ ହାତ ବଢ଼େଇବ ସିଏ ଭାଉଜକୁ ମାସକୁ ୪ ହଜାର ଟଙ୍କା ଦେବେ।

ସନା : ଠିକ୍ କହିଛୁ। ଠିକାଦାର ବାବୁ ଆମର ବାପ ମା। ମୁଁ ଆଜି ରଜନୀକୁ କହୁଛି। ସେ ନିଶ୍ଚେ ଯିବ। ହେଲେ ମ୍ୟାନେଜର ଟଙ୍କାଟା ଯେମିତି ତା ହାତକୁ ନ ଯାଇ ମୋ ହାତକୁ ଆସେ ସେ ବ୍ୟବସ୍ଥା ତୁ କରିବୁ। ତା ନ ହେଲେ ସେ ପରା ମତେ ପଇସା ଛୁଇଁବାକୁ ଦେବନି। ବୁଝିଲୁ ନା ନାହିଁ ?

ମ୍ୟାନେଜର : ବୁଝିଗଲି। ସେଇଟା ଆମ ଭିତରର ଅଣ୍ଡରଷ୍ଟାଣ୍ଡିଙ୍ଗ୍। ତୁ ବ୍ୟସ୍ତ ହଅନି।

ଦୁଃଶା : ତୁ ଖାଲି ଭାଉଜକୁ ଠିକାଦାର ବାବୁଙ୍କ ଘରକୁ ପଠେଇବାର ବନ୍ଦୋବସ୍ତ କର।

ମ୍ୟାନେଜର : ସନା, ଆମେ ଏଥର ଉଠୁଛୁ। ତତେ ପୁଣି ମାଲ୍ ନେଇ ନାଗୁଣୀ ପୋଲ ପାଖକୁ ଯିବାକୁ ହେବ।

ସନା : ବସିବେ, ବସ। ଏ ଦୁଃଶା, ଆଉ ଟିକେ ଦେ। ଭାରି ଭଲ ଜିନିଷଟା।

ଦୁଃଶା : ମଲାମଲା। ଆଉ କଣ ଅଛି ଯେ ଦେବି। (ଏଇ ସମୟରେ ରଜନୀ ହାତରେ କଫ୍ ସିରପ୍ ନେଇ କାଶି କାଶି ପ୍ରବେଶ କରିଛି)

ରଜନୀ : କଣ ହେଉଛି ଏଠି ?

ସନା : ଧେତ୍, ଘରେ ପହଞ୍ଚୁ ପହଞ୍ଚୁ ଯାର ଆରମ୍ଭ ହେଇଗଲା ପ୍ରବଚନ।

ଦୁଃଶା : ସନାଭାଇ ! ଆମେ ଆସୁଛୁ।

ସନା	:	ବସବେ, ବସ।
ରଜନୀ	:	ଘର ସଉଦା ଆଣିଛ ? (ସନା ନିରବ)
ରଜନୀ	:	ଆଣିନ, ତମକୁ ପରା ସକାଳେ ଟଙ୍କା ଦେଇକି ଯାଇଥିଲି। କଣ କଲ ସେ ଟଙ୍କା ? ମୁଁ ପରା ପଚାରୁଛି କଣ କଲ ସେ ଟଙ୍କା ?
ସନା	:	(ଖାଲି ମଦ ବୋତଲଟାକୁ ଦେଖାଇ) ନେ, ତୋ ଘର ସଉଦା। ତୁ ଆଗେ କହ ତୁ ଏତେବେଳଯାଏ କଣ କରୁଥିଲୁ ?
ରଜନୀ	:	ମୋର କାଶ ହେଉଛି ବୋଲି ଓଷଦ ଆଣିବାକୁ ଦିଦିଙ୍କ ପାଖକୁ ଯାଇଥିଲି। ଏଇ ସିରପଟା ଆଣିବାକୁ।
ସନା	:	ସିରପ୍, କଫ୍ ସିରପ୍ (କଫ୍ ସିରପ୍ ବୋତଲଟା ରଜନୀ ହାତରୁ ନେଇଛି) ଆରେ କଫ୍ ସିରପ୍‌ଟା ବି କୁଆଡ଼େ ପରା ମଦ ଭଳିଆ କାମ କରେ। (ଠିପି ଖୋଲିଛି)
ରଜନୀ	:	ତମେ ସେଟା ପିଅନି। ମୋର ବହୁତ କାଶ ହଉଛି.... ମୋ କଥା ନ ହେଲେ ନାଇଁ... ମୋ ପେଟରେ ବଢୁଥିବା ତମ ପିଲାଟା କଥା ଟିକେ ଚିନ୍ତା କର। ତମେ ପିଅନି.... ସେଟା ମତେ ଦେଇଦିଅ... (ସନା ପିଇଦେଇଛି)
ଦୁଃଶା	:	ସନାଭାଇ, ଆମେ ଆସୁଛୁ।
ସନା	:	ବସବେ ବସ ...
ରଜନୀ	:	ତମେ ପରା ମୋ ମୁଣ୍ଡଛୁଇଁ ନିୟମ କରିଥିଲ, ଆଉ ସେ ବିଷଗୁଡ଼ାକ ଛୁଇଁବନି ବୋଲି।
ସନା	:	ଶୁଣବେ, କହିଲା ବିଷ। ଶାଳୀ ଅମୃତକୁ କହୁଛି ବିଷ। ଏଟା ମଣିଷ ନା ଘୁଷୁରି ବେ ? ହଉ ହେଲା ଏବେ ବିଷ, ମୁଁ ହକ୍ ମୋ ରୋଜଗାର ପଇସାରେ ପିଉଛି। ତୋ ବୋପା ପଇସାରେ ନୁହେଁ।
ରଜନୀ	:	ଫେରେ ମୋ ବାପା ନାଁ ଧରିଲ।
ସନା	:	ହଁ ଧରିଲି ତ ଧରିଲି। କଣ ହେଲା ସେଥୁ ? ଭାସିଗଲା। ଶାଳୀ ବେଶି କଥା କହୁଛି। ଧେତ୍ (ରଜନୀକୁ ଠେଲିଦେଇଛି, ରଜନୀ ତଳେ ପଡ଼ିଯାଇଛି, ରଜନୀ ଯନ୍ତ୍ରଣାରେ କାନ୍ଦୁଛି)

ସନା : ସେ ପେଖନା ଛାଡ୍। କାଲିଠୁ ଠିକାଦାରଙ୍କ ଘରକୁ ଯାଇ ରୋଷେଇ କାମ କରିବୁ। ମୁଁ ତାଙ୍କୁ କଥା ଦେଇଛି। ଆଉ ଆଜିଠୁ ମତେ ପ୍ରବଚନ ଦେବା ବନ୍ଦ କର।

ରଜନୀ : ତମେ ଆଉ ମଣିଷ ହେଇକି ନାହଁ। ସେ ଠିକାଦାର ତମକୁ ମଦ ପିଏଇ ପିଏଇ ପଶୁ କରିଦେଲାଣି। ତମେ କଣ ତା ଚକ୍ରାନ୍ତ ବୁଝିପାରୁନ? ଫେର୍ ମୋତେ କହୁଛ ମୁଁ ତା ଘରକୁ କାମ କରିବାକୁ ଯିବି ବୋଲି।

ସନା : ତୁ ଯିବୁ, ଅଲ୍‌ବତ୍ ଯିବୁ। କାଲି ସକାଳେ ତୋ ବେକରେ ଦଉଡ଼ି ବାନ୍ଧି ଏଇ ଗାଁ ରାସ୍ତାରେ ଘୋଷାଡ଼ି ଘୋଷାଡ଼ି ନେଇ ମୁଁ ତତେ ଛାଡ଼ିକି ଆସିବି। ମୁଁ ନାଗୁଣୀ ପୋଲ ପାଖରୁ ଆସେ, ତା ପରେ ତୋର ମୋର କଥାବାର୍ତ୍ତା। (ସାଥୀଙ୍କୁ) ଆସ। (ସନା ଓ ତା ସାଥୀ ପଳେଇଛନ୍ତି, ରଜନୀ କାନ୍ଦୁଛି)

(ମଞ୍ଚ ଅନ୍ଧାର)

ସପ୍ତମ ଦୃଶ୍ୟ

(ସନାତନର ଘର। ବାହାରେ ପୁଲିସ ଜିପ୍‌ର ଶବ୍ଦ, ସାଇରନ୍। ରଜନୀ ଶୋଇଛି। ଦୁଃଶା ଓ ମ୍ୟାନେଜର ପ୍ରବେଶ କଲେ)

ଦୁଃଶା : ଭାଉଜ ... ଏ ଭାଉଜ... ଭାଉଜ ... ଏ ଭାଉଜ...

ରଜନୀ : କିଏ ?

ଦୁଃଶା : ଭାଉଜ, ବଡ଼ ଝାମେଲା ହୋଇଗଲା। ସନାଭାଇଙ୍କୁ ପୁଲିସ ଧରିନେଲା।

ରଜନୀ : କାହିଁକି ? ସେ କାହାର କଣ କରିଥିଲେ ? ଏଇ ତ ଟିକିଏ ଆଗରୁ ସେ ଏଇଠୁ ଗଲେ।

ମ୍ୟାନେଜର : ସେସବୁ କଥା ପରେ। ଚୋରାମଦ ଚାଲାଣ ମାମଲାରେ ପୁଲିସ ତାଙ୍କୁ ଧରିନେଇଛି।

ରଜନୀ : ଚୋରାମଦ ?

ଦୁଃଶା : ମଲାମଲା ତମେ କଣ ଜାଣିନ ? ସନାଭାଇ ପରା ଦିନେ ଛଡ଼ା ଦିନେ ଚୋରାମଦ ନେଇ ନାଗୁଣୀ ପୋଲ ତଳକୁ ଯାଆନ୍ତି।

ମ୍ୟାନେଜର : ଆଜିବି ଯାଉଥିଲା। ହେଲେ ପୁଲିସକୁ କିଏ ଗୋଟେ ଖବର ଦେଇଥିଲା କି କଣ ? ସେମାନେ ଆମ ଗାଁ ଗୋହିରି ପାଖରେ ଛପିକି ବସିଥିଲେ।

ରଜନୀ : ହେ ଭଗବାନ। ମୁଁ ଏବେ କଣ କରିବି ? ବୁଦ୍ଧିବାଟ କିଛି ଦିଶୁନି।

ମ୍ୟାନେଜର : ତୁମେ ବ୍ୟସ୍ତ ହୁଅନି। ଠିକାଦାର ବାବୁ କହିଛନ୍ତି, ସେ ଜାମିନିରେ ସନାକୁ ମୁକୁଳେଇବେ।

ଦୁଃଶା : ହେଲେ ତମକୁ ଯାଇ ଠିକାଦାରବାବୁଙ୍କୁ କହିବାକୁ ପଡ଼ିବ।

ରଜନୀ : ହଁ ହଁ ମୁଁ ନିଶ୍ଚେ ଯିବି। ସିଏ ହିଁ କେବଳ ଏତେବେଳେ ଆମର ସାହା ହେଇପାରିବେ। ତାଛଡ଼ା ତାଙ୍କରି କାମ ତ ସେ କରୁଥିଲେ। ସେ ଯଦି ସାହା ନ ହେବେ ତାହେଲେ ଆଉ କିଏ ହବ ? ନ ହେଲେ ମୋ ସଂସାର ଭାସିଯିବ।

ମ୍ୟାନେଜର : ତମେ ଜମା ବ୍ୟସ୍ତ ହୁଅନି। ଠିକାଦାରବାବୁ ସବୁ ଠିକ୍ କରିଦେବେ। କିଛି ନା କିଛି ଗୋଟେ ବାଟ କାଢ଼ିବେ।

ଦୁଃଶା : ମାତ୍ର ତମର ସନା ଭାଇକୁ ଟିକେ ଜଗିବାର ଥିଲା ଭାଉଜ।

ରଜନୀ : ଯାହାର ଭାଗ୍ୟ ପୋଡ଼ିଯାଇଛି, ସେ ଆଉ କାହାକୁ କେମିତି ଜଗିବ ?

(ମଞ୍ଚ ଅନ୍ଧାର)

ଅଷ୍ଟମ ଦୃଶ୍ୟ

(ରୁଦ୍ର ସାମନ୍ତରାୟ ଘର। ଦୁଆର ପାଖରେ ଠେଙ୍ଗାବାଲା। ଠିକାଦାରର ସ୍ତ୍ରୀ ଗୁମୁରି ଗୁମୁରି କାନ୍ଦୁଛି। ପ୍ରବେଶ କରିଛି ରଜନୀ)

ରଜନୀ : ବାବୁ ଆମକୁ ବଞ୍ଚାନ୍ତୁ।

ରୁଦ୍ର : ଆ, ରଜନୀ ଆ। ଯେମିତି ଶୁଣିଲି, ସନାକୁ ପୁଲିସ କାଲି ରାତିରେ ଧରିନେଇଛି ବୋଲି, ସେମିତି ଓକିଲ ବାବୁଙ୍କୁ ମୁଁ ଏଠିକୁ ଡକାଇଛି।

ରଜନୀ : ମୋର ସବୁ ସରିଗଲା ବାବୁ। ମୁଁ ଏବେ କଣ କରିବି? ମତେ ବୁଦ୍ଧିବାଟ କିଛି ଦିଶୁନି। ହାତରେ ଗୋଟିଏ ବୋଲି ଗୋଟିଏ ପଇସା ନାହିଁ। ଏଣେ ପୁଲିସ ତାଙ୍କୁ ଧରିନେଲାଣି। ମୁଁ ଏବେ କଣ କରିବି?

ରୁଦ୍ର : ଆଃ! ଆଲୋ ତୁ ବ୍ୟସ୍ତ କାହିଁକି ହଉଛୁ? ମୁଁ ଥିବାଯାଏ ତୋର କିଛି ବି ଅସୁବିଧା ହବନି।

ରଜନୀ : ତାଙ୍କୁ ଆପଣ ଯେମିତି ହେଲେ ପୁଲିସ କବଳରୁ ଉଦ୍ଧାର କରନ୍ତୁ ବାବୁ।

ରୁଦ୍ର : ମୁଁ କହିଲି ପରା ତୁ ବ୍ୟସ୍ତ ହଅନା। ମ୍ୟାନେଜର, ରଜନୀକୁ କିଛି ଟଙ୍କା ଦିଅ। (ମ୍ୟାନେଜର ଟଙ୍କା ଦେଇଛି), ନେ ରଖ। ଘର ଖର୍ଚ୍ଚ ବୁଝିବୁ। ସଉଦାପତ୍ର କିଣିବୁ। ତୋ ନିଜ ଦେହର ଟିକେ ଯତ୍ନ ନବୁ। ଜମା ବ୍ୟସ୍ତ ହଅନା, ମୁଁ ଓକିଲଙ୍କୁ ଡକାଇଛି।

ରଜନୀ : (କାନ୍ଦୁଛି)

ରୁଦ୍ର : ତୁ ଜମା କାନ୍ଦନା, ଘରକୁ ଯା। ମୁଁ ବାରମ୍ବାର ସନାକୁ ମନା କରିଥିଲି, ତୋର ଯେତିକି ମାଲ ନବାକଥା ସେତିକି ନେ। କିନ୍ତୁ ମୁଁ ଜାଣି ନ ଥିଲି ଯେ ମୋ ମାଲ୍ ସାଙ୍ଗରେ ସେ ଗୁଡ଼ାଏ ଚୋରା ଜିନିଷ ବି ଚାଲାଣ କରୁଥିଲା। କିଏ ନିଶ୍ଚେ ଗୋଟେ ପୁଲିସରେ ଫୋଡ଼ି ଦେଇଛି। ହଉ କଣ କରିବା ? ଏଇଟା ପୁଲିସ କେସ୍। ମୁକୁଳିବାକୁ ଟିକେ ଟାଇମ୍ ଲାଗିବ। ହେଲେ ତୋର ଜମା ବ୍ୟସ୍ତ ହେବା ଦରକାର ନାହିଁ। ସେଥିପାଇଁ ମୁଁ ଅଛି। ତେବେ ତାର ନିଶା ଅଭ୍ୟାସଟା ଅତ୍ୟଧିକ ହୋଇଯାଇଛି। ମଦ ନ ପିଇଲେ ସେ ଘଣ୍ଟାଏ ସ୍ଥିର ହେଇ ରହିପାରୁନି।

ରଜନୀ : ସେ ଆଗରୁ ସେମିତି ନ ଥିଲେ ବାବୁ, ଆପଣଙ୍କର ମଦ ଦୋକାନ କଥା ବୁଝିବା ପରଠୁ ଏମିତି ହେଇଗଲେ।

ରୁଦ୍ର : ତା ମାନେ ତୁ କହୁଛୁ ମୁଁ ତାକୁ ମଦୁଆ କରିଦେଲି ? ଶେଷରେ ତୁ ମତେ ଏଇଆ କହିଲୁ। ଆଚ୍ଛା ତୁ ନିଜେ କହିଲୁ, ମୋ ନିଜର ଭାଟି ଅଛି.... ଦେଶୀ, ବିଦେଶୀ ସବୁ ମଦ ଦୋକାନ ମୋର। କାଇଁ, ମୁଁ ତ ମଦୁଆ ହେଇଯାଇନି। ନା କଣରେ ଦୁଃଶା ?

ଦୁଃଶା : ମଲାମଲା।

ରଜନୀ : ସବୁ ଆମର ଭାଗ୍ୟ ଦୋଷ। ଆମେ ଗରିବ, ସବୁଦିନ ଏମିତି ଗରିବ ହେଇ ରହିଥିବୁ। କେତେବେଳେ ଭୋକ ତ ଆଉ କେତେବେଳେ ନିଶାପାଣି - ଯାରି ଭିତରେ ଆମ ଜୀବନ ଛନ୍ଦା ହୋଇଛି।

ରୁଦ୍ର : ହଉ। ତୁ ଜମା ବ୍ୟସ୍ତ ହଅନା, ମୁଁ କିଛି ଗୋଟେ ଉପାୟ ଭାବିବି। ତୁ କାଲି ସନ୍ଧ୍ୟାବେଳକୁ ଆସ୍। ଯା ଭିତରେ ମୁଁ ଓକିଲ ବାବୁଙ୍କ ସହିତ ପରାମର୍ଶ କରି ସବୁକିଛି ଠିକ୍ କରିଥିବି। ସନା ଜେଲ୍‌ରୁ ବାହାରିବା ପର୍ଯ୍ୟନ୍ତ ତୋର ସବୁ ସୁବିଧା ଅସୁବିଧା ହେଉଛି ମୋର ଦାୟିତ୍ୱ।

ରଜନୀ : ମୁଁ ଆସୁଛି ବାବୁ। (ରଜନୀର ପ୍ରସ୍ଥାନ)

ରୁଦ୍ର : ରଜନୀ ଗୋଟେ..... ବୁଦ୍ଧିମତୀ ଝିଅ। ନା କଣରେ

ଦୁଃଶା ? ମାଇକିନା ଖଣ୍ଡକ ଗେରସ୍ତକୁ ବୁଦ୍ଧି ଦେଉଥିଲା ମୋ ଭାଟିରେ କାମ କରିବନି। ମୋ ମଦ ଦୋକାନରେ କାମ କରିବନି। ରାସ୍ତା କାମ କରିବ। କଲାନି, କିଏ ମନା କରୁଥିଲା ତାକୁ ? ତା ଗେରସ୍ତକୁ ଦେଶୀ ବିଦେଶୀ ପିଆଇ ଏମିତି କରିଦେଇଛି ଯେ, ଶଳା ପ୍ରତି ୨ ଘଣ୍ଟାରେ ବୋତଲ ଖୋଜିବ। ବୁଝିଲୁ ଦୁଃଶା, ସ୍ତ୍ରୀକୁ ଜବତ କରିବାକୁ ହେଲେ ଆଗ ତା ସ୍ୱାମୀଟାକୁ ବରବାଦ କରିବାକୁ ହେବ। ମ୍ୟାନେଜର, ୧ ୨ ନମ୍ବର କଣ୍ଟେଇଟା ତିଆରି କରିବାକୁ ବଇନା ଦେଇଦେ। କାଲି ସଞ୍ଜବେଳକୁ ରଜନୀ ଆସିବ। ୧ ୨ ନମ୍ବର କଣ୍ଟେଇ। ....

ପାହାଡ଼ ଝରଣା ନଈ ମୋର
ଇଟା, ବାଲି, ଗୋଡ଼ି, ପଥର ମୋର
କୁଲି ଯାକ ମୋର, ରେଜା ଯାକ ମୋର
ଓଭରସିଅର ଇଂଜିନିୟର,
ସବୁ ମୋର, ସବୁ ମୋର
ମୁଁ ଠିକାଦାର।

ପିଆଦା ଦାରୋଗା ଥାନାଦାର
ମହୁଲି, ସ୍ପିରିଟ୍ ଦମ୍‌ଦାର
ଭାଙ୍ଗ ଗଞ୍ଜେଇ, ଚରସ୍, ହାସିସ୍
ସବୁ ମାଲ୍‌ରେ ମୁଁ ମାଲାମାଲ
ମାଲାମାଲ ମୁଁ ମାଲାମାଲ
ଠିକାଦାର ମୁଁ ଠିକାଦାର।

(ମଞ୍ଚ ଅନ୍ଧାର)

ନବମ ଦୃଶ୍ୟ

(ଠିକାଦାର ଘର, ଦୁଆର ପାଖରେ ଠେଙ୍ଗାବାଲା, ଦୁଃଶା ଠିକାଦାରକୁ ମଦ ଦେଉଛି, ଝରକା ପାଖରେ ଠିକାଦାରର ସ୍ତ୍ରୀ ଗୁମୁରି ଗୁମୁରି କାନ୍ଦୁଛି ।)

ରୁଦ୍ର : ଢାଳ.. ଢାଳ ଦୁଃଶା ଢାଳ..। ଦୁଃଶା, ପଞ୍ଚାଏ ସ୍ତ୍ରୀ ଲୋକଙ୍କର କାନ୍ଦଣା ଶୁଣି ପାରୁଛୁ ?

ଦୁଃଶା : ମଲାମଲା । କାଇଁ ମ କୋଉଠି.. କିଛି ଶୁଭୁନି ତ ?

ରୁଦ୍ର : ତତେ ଶୁଭିବନି । ହେଲେ ବେଳେ ବେଳେ ମତେ ଶୁଭେ । ଏଇ ୧୧ଟା କଣ୍ଢେଇଙ୍କର କାନ୍ଦଣା.... କାନ୍ଦବେ.... କାନ୍ଦ.... ତମ କାନ୍ଦଣା ଶୁଣିଲେ ମୋତେ ବହୁତ ଭଲ ଲାଗେ.... ଆଜି ତମର ଆଉ ଗୋଟେ ସାଥୀ ଆସୁଛି... ୧୨ ନମ୍ବର କଣ୍ଢେଇ... ଏଥର ଆହୁରି ଜୋର୍‌ରେ କାନ୍ଦିବ... ଢାଳ... ଦୁଃଶା... ଢାଳ... ଦୁଃଶା....। ବୁଝିଲୁ ଦୁଃଶା ସମାଜଟାକୁ ଧ୍ୱଂସ କରିବାକୁ ହେଲେ, ଆଗେ ପରିବାରଟାକୁ ଭାଙ୍ଗିବାକୁ ପଡ଼ିବ । ଆଉ ପରିବାରର ଅସଲ ଶକ୍ତି ହେଲା ନାରୀର ଇଜ୍ଜତ । ସେହି ଇଜ୍ଜତଟାକୁ ନିଲାମୀ ଧରିଲେ ଯାଇ ସମାଜ ଭୁଶୁଡ଼ିବ, ଆଉ ଆମ ବେପାର ବଢ଼ିଚାଲିବ । ସବୁ ସନାତନମାନଙ୍କ ଦେହରେ ରକ୍ତ ବଦଳରେ ମଦ, ଗଞ୍ଜେଇ, ଚରସ ଦଉଡ଼ିବ । ବୁଝିପାରିଲୁ ତ ?

ଦୁଃଶା : ମଲାମଲା... ବୁଝି ପାରିବିନି କେମିତି ମ ? ଆପଣ ପା ସବୁବେଳେ ମାତୃଭାଷାରେ ବୁଝାନ୍ତି ।

ମ୍ୟାନେଜର : (ବ୍ୟସ୍ତ ଭାବରେ ଆସିଛି) ସାର୍, ଲାଟେଷ୍ଟ୍ ନ୍ୟୁଜ୍ ....

ଦୁଃଶା : ମଲାମଲା... ମାତୃଭାଷାରେ ବୁଝାଉନ।

ମ୍ୟାନେଜର : ସାର୍, ସନାଟା ଗାରଦରୁ ଖସି ପଳେଇ ଆସିଛି। ଯେକୌଣସି ମୁହୂର୍ତ୍ତରେ ସେ ଏଠିକି ଆସିପାରେ।

ରୁଦ୍ର : ଏଁ?

ଦୁଃଶା : ମଲାମଲା, ସେ ଏଠିକି କାହିଁକି ଆସିବ ମ? ତା ଘରକୁ ଯିବନା।

ରୁଦ୍ର : ହଁ, ଠିକ୍ ତ କହୁଛି।

ମ୍ୟାନେଜର : ନାଇଁ ସାର୍, ତାକୁ ପୋଲିସ୍ ଗିରଫ କରି ନେଲାବେଳେ, ସେ କହୁଥିଲା- ଠିକାଦାରକୁ ଭରସା କରିଥିଲି, ହେଲେ ସେ ମୋତେ ଫସେଇଦେଲା।

ରୁଦ୍ର : ଆବେ ଖାଲି ଫସେଇନି, ତା ପରିବାରଟାକୁ ବି ଭସେଇବି। ସେ କଣ ବୁଝି ନ ଥିଲା, ସନାତନମାନଙ୍କର ପରିବାର ଭାସିଲେ ଯାଇ ରୁଦ୍ର ମହାପାତ୍ର ହସିବ? ଦୁଃଶା, ଅମୃତାଞ୍ଜନଟା ଦେଲୁ, (ମୁଣ୍ଡରେ ଅମୃତାଞ୍ଜନ ମାରି) ଗାରଦ ପାଚେରି ଡେଇଁବାଟା ସହଜ ହୋଇପାରେ, ହେଲେ ରୁଦ୍ର ମହାପାତ୍ର ଘରର ପାଚେରି ଡେଇଁବାଟା ଏତେ ସହଜ ନୁହେଁ। ସନା ମୋ ପାଚେରି ଡେଇଁବା ଆଗରୁ, ମୁଁ ତା ସ୍ତ୍ରୀକୁ ଏଠି ୧୨ ନମ୍ବର କଣ୍ଟେଇ କରି ଟାଙ୍ଗି ଦେଇଥିବି। ଏ ମ୍ୟାନେଜର, ତୁ ଯା। ସନାର ଟିକିନିଖି ଖବର ରଖ।

ମ୍ୟାନେଜର : ସାର୍, ସାର୍, ବାହାରେ ରଜନୀ ଅପେକ୍ଷା କରିଛି।

ରୁଦ୍ର : ଏ ମାଛଗୁଡ଼ାକ ବି ବେଳେ ବେଳେ ଜାଲକୁ ଅନିଶା କରିକି ଠିଆ ହୋଇଥାନ୍ତି। ନା କଣରେ ଦୁଃଶା?

ଦୁଃଶା : ମଲାମଲା।

ରୁଦ୍ର : ମ୍ୟାନେଜର ତୁ ଯା। (ମ୍ୟାନେଜରର ପ୍ରସ୍ଥାନ) (ଠେଙ୍ଗାବାଲାଙ୍କୁ) ଏ ତମେ ଦି'ଟା ଶୁଣ। ରଜନୀ ଘରକୁ ଆସିବା ପରେ ତମେ ଦି'ଟା ବାହାରୁ କବାଟ ବନ୍ଦ କରି ମୋ ପାଚେରି ଚାରିପଟେ ପହରା ଦେବ। ସନା ଯେମିତି ମୋ ହତା ଭିତରେ ପଶି ନ ପାରେ।

ଠେଙ୍ଗାବାଲା-୧ ଏବଂ ୨ : ସାର୍।

ରୁଦ୍ର : ଦୁଃଶା, ରଜନୀକି ଏଠି ଛାଡ଼ିଦେଇ ତୁ ଦୁଆର ବନ୍ଧ ସେପଟେ ଅପେକ୍ଷା କରିବୁ। (ଦୁଃଶାକୁ ପ୍ରୋଟ୍ରେଟ୍ ଦେହରୁ ଛୁରିଟା କାଢ଼ିକି ଦେଇଛି।) ଏଇଟାକୁ ରଖ, ସନାକୁ ଅଟକାଇବାରେ କାମ ଦେବ। ଯା, ରଜନୀକୁ ନେଇଆ। (ରଜନୀକୁ ଘର ଭିତରେ ଛାଡ଼ିଦେଇ ଦୁଃଶା ଦୁଆର ବନ୍ଧ ସେପଟେ ଛିଡ଼ା ହୋଇଛି, ଠେଙ୍ଗାବାଲା- ୧ ଏବଂ ୨ କବାଟ ବନ୍ଦ କରି ଚାଲିଯାଇଛନ୍ତି, ଦୁଃଶା କବାଟରେ କାନେଇକି ଶୁଣୁଛି, ହାତରେ ଛୁରୀ)

ରଜନୀ : ବାବୁ ନମସ୍କାର।

ରୁଦ୍ର : ରଜନୀ... ଆ.... ମୁଁ ଓକିଲଙ୍କ ସହ ସବୁକଥା ହେଇସାରିଛି। ତାଙ୍କୁ ପଇସାପତ୍ର ବି ଦେଇସାରିଛି କାଗଜପତ୍ର କରିବା ପାଇଁ। ..... ଆଲୋ ସେଠି କାହିଁକି ଠିଆ ହେଇଛୁ? ଏ ଚୌକିରେ ବସ୍।

ରଜନୀ : ନାଇଁ ବାବୁ ଆମେ ଯେତିକିର ଲୋକ, ସେତିକିରେ ରହିବୁ।

ରୁଦ୍ର : ସେତିକିରେ ରହିବୁ? ହେଲେ ତୁ ଚାହିଁଲେ ବି ଆଉ ସେତିକିରେ ରହିପାରିବୁନି ଲୋ। ଏଇ ଦେଖୁଛୁ, ୧୧ଟା କଣ୍ଢେଇ। ଏମାନେ ବି ଦିନେ ତୋରି ଭଳି କହୁଥିଲେ - ଆମେ ଯେତିକିର ଲୋକ ସେତିକିରେ ରହିବୁ ବାବୁ। ହେଲେ କଣ ରହିପାରିଲେ... ଏଇ ଚୌକିରେ ବସିଲେ... ମୁଁ ତାଙ୍କ ଇଜ୍ଜତର ନିଲାମି ଧରିଲି। ଆଉ ଏଠି କଣ୍ଢେଇ କରି ଟାଙ୍ଗିଦେଲି। ତୁ ହେଉଛୁ ମୋର ୧୨ ନମ୍ବର କଣ୍ଢେଇ। ଆ, ଚୌକି ଉପରେ ବସିଯା।

ରଜନୀ : ନାଇଁ ବାବୁ ସେମିତି କରନ୍ତୁନି। (ରଜନୀ ଦୁଆର ପାଖକୁ ଦୌଡ଼ିଛି)

ରୁଦ୍ର : କବାଟଟା ବାହାରପଟୁ ବନ୍ଦ ଅଛି। ଦୌଡ଼ାଦୌଡ଼ି କରି କାହିଁକି ଦେହକୁ କଷ୍ଟ ଦଉଛୁ? ଆ, ଆ, ଏ ଚୌକି ଉପରେ ବସିଯା।

ରଜନୀ : ସେମିତି କୁହନ୍ତୁନି ବାବୁ, ମତେ ଛାଡ଼ିଦିଅନ୍ତୁ। ଇଜ୍ଜତଟି ଛଡ଼ା ଆମ ଗରିବ ଲୋକଙ୍କ ପାଖରେ ଆଉ କଣ ଅଛି ? ଟଙ୍କା, ପଇସା, ସୁନା, ରୁପା ସବୁ ଆପଣମାନଙ୍କ ଭଳି ବଡ଼ଲୋକମାନେ ନେଇଗଲେ। ଏଇ ଇଜ୍ଜତଟିକୁ କାହିଁକି ଦିନ ଦିପହରେ ନିଲାମ କରିବାକୁ କହୁଛ ବାବୁ ?

ରୁଦ୍ର : ଆଲୋ ମୁଁ ହେଲି ଠିକାଦାର। ଶିକ୍ଷା, ଦୀକ୍ଷା, ସେବା, ଶାସନ ମୁଁ ସବୁ ଠିକାରେ ନେଇଛି। ନିଲାମ ଧରିବା ତ ମୋର କାମ। ଯାହାର ଯୋଉଟା ମୂଲ୍ୟବାନ ସମ୍ପତ୍ତି, ସେଇଟାକୁ ମୁଁ ନିଲାମୀ ଧରେ। ତମ ଗରିବମାନଙ୍କର ମୂଲ୍ୟବାନ ସମ୍ପତ୍ତି ହେଲା ଇଜ୍ଜତ। ସେଇଟାକୁ ମୁଁ ନିଲାମି ଧରିବିନି ତ ଆଉ କିଏ ଧରିବ ? (ଆଗକୁ ବଢ଼ିଛି) ଆ, ଆ, ଏ ଚୌକି ଉପରେ ବସିଯା।

ରଜନୀ : ତମେ ସେମିତି କରିପାରିବନି। ମୋ ଇଜ୍ଜତ ବଞ୍ଚେଇବାକୁ ଯାଇ ମୁଁ କିଛି ବି କରିପାରେ।

ରୁଦ୍ର : ବେଶୀ ଫୁଟାଣି ଦେଖାନା। ଜାଣୁ, ତୋରି ଏଇ ଫୁଟାଣି, ତୋରି ସର୍ବନାଶ କରିଛି। ମୋ ଭାଟିରେ କାମ କରିବାକୁ ତୋ ଗେରସ୍ତକୁ ମନାକଲୁ। ହେଲେ କଣ ହେଲା ? ଏକା ଥରକେ ଶଳାକୁ ଜେଲ୍ ପଠେଇଦେଲି।

ରଜନୀ : ତମେ !

ରୁଦ୍ର : ହଁ ମୁଁ। ମତେ ନ ପଚାରି ଏ ଇଲାକାର ଗଛ, ପତ୍ର ବି ହଲେନି। ଫାଣ୍ଡି, ପୁଲିସ, ଶାସନ, ପ୍ରଶାସନ କିଏ ବେ ? ଆ, ଆ, ଏ ଚୌକି ଉପରେ ବସିଯା। (ଦୁଆର ବନ୍ଧ ସେପଟେ ସନା ଆସି ଶୁଣୁଛି। ଦୁଃଶାକୁ କବ୍‌ଜାକୁ ନେଇ ତା ହାତରୁ ଛୁରୀଟା ଛଡ଼େଇ ନେଇଛି।)

ରଜନୀ : ତମେ ମଣିଷ ନା ପଶୁ ?

ରୁଦ୍ର : ପଶୁ... ପଶୁ.... ପଶୁ.... ମଣିଷ ବି ଗୋଟେ ପଶୁ। ମୁଁ ଟିକିଏ ଆଗରୁ ମଣିଷ ଥିଲି। ହେଲେ ତୁ ମତେ ଗୃହପାଳିତ ପଶୁ କରିଦେଇଛୁ। ଆଉ ତୁ ଯଦି ଭଲରେ ଭଲରେ ମୋ କଥା ନ ମାନୁ, ତାହେଲେ ମୁଁ ଏକ୍‌ଦମ୍ ଜଙ୍ଗଲୀ

ପଶୁ ବି ହୋଇପାରେ। ତୋର କଣ ପସନ୍ଦ କହୁନୁ, ସେଇଆ ହେଇଯିବି।

ରଜନୀ : ମତେ ଦୟା କରନ୍ତୁ ବାବୁ। ମୁଁ ମା ହବାକୁ ଯାଉଛି। ମତେ ଛାଡ଼ିଦିଅନ୍ତୁ। ମୁଁ ବଞ୍ଚିଥିବା ଯାଏ ତମ ଘରେ ବାସନ ମାଜିବି, ଘର ଓଳେଇବି, ଲୁଗା ଶୁଖେଇବି, ବାଡ଼ି ବଗିଚା କାମ କରିବି।

ରୁଦ୍ର : ଖାଲି ସେତିକି କରିବୁ ?...... (ରୁଦ୍ର ପୋଟ୍ରେଟ୍‌ରେ ଥିବା ଚୁନିଟାକୁ ଟାଣିଧରିଛି, ରଜନୀ ହଠାତ୍ ରହିଯାଇଛି, ଯେମିତି ତା ଲୁଗା କାନିକୁ ରୁଦ୍ର ଟାଣିଧରିଛି, ରୁଦ୍ର ଧୀରେ ଧୀରେ ପୋଟ୍ରେଟ୍‌ରୁ ଚୁନିକୁ ଭିଡୁଛି।) ଘର ଓଳେଇବୁ... ବାସନ ମାଜିବୁ.... ଲୁଗା ଶୁଖେଇବୁ..... ବାଡ଼ି ବଗିଚା କାମ କରିବୁ.... (ପୋଟ୍ରେଟ୍‌ରୁ ଚୁନି ଖସିବା ସହିତ ରଜନୀର ଦେହରୁ ଧୀରେ ଧୀରେ ଲୁଗା ଖସୁଛି। ଏହି ସମୟରେ ସନା କବାଟ ଖୋଲି ଦୁଃଶାକୁ କବ୍‌ଜାରେ ନେଇ ଭିତରକୁ ଆସିଛି ଏବଂ ରୁଦ୍ରକୁ ଛୁରୀରେ ଭୁସି ଚେଆର୍ ଉପରେ ପକେଇଦେଇଛି। ରଜନୀ ଅସଜଡ଼ା ଲୁଗାକୁ ସଜାଡ଼ି ନେଉଛି।)

ଦୁଃଶା : ମାରିଦେଲାରେ ମାରିଦେଲା, ଆମ ଠିକାଦାର ବାବୁଙ୍କୁ ସନା ମାରିଦେଲା। ଦୌଡ଼ିଆସ, କିଏ କୋଉଠି ଅଛ। (ଦୁଃଶା ଦୌଡ଼ି ଦୌଡ଼ି ବାହାରକୁ ପଳେଇଛି)

ରଜନୀ : ତମେ...... ତମେ ମଣିଷ ମାରିଲ ?

ସନା : ମରିଗଲା, ଭଲ ହେଲା।

ରଜନୀ : ପଳେଇଯାଅ। ପଳେଇଚାଲ। (ରଜନୀ ଓ ସନା ପଳେଇ ଯାଇଛନ୍ତି। ଠିକାଦାରର ସ୍ତ୍ରୀ ଭାନୁମତୀ ଦେବୀ ଝରକା ପାଖରୁ ଆସି ରୁଦ୍ର ଛାତିରୁ ଛୁରୀଟିକୁ କାଢ଼ିଛି ଏବଂ କାନ୍ଦିଛି।)

(ମଞ୍ଚ ଅନ୍ଧାର)

ଦଶମ ଦୃଶ୍ୟ

(ପୁଲିସ୍ ସାଇରନ୍, ଧାଁ ଧଉଡ଼, ଟ୍ରେନ୍ ଯିବାର ଶବ୍ଦ। ସନା ଫେରାର୍। ରଜନୀକୁ ପୁଲିସ ଓ ଠିକାଦାରର ଲୋକମାନେ ପଚରାଉଚୁରା କରିବାର ଦୃଶ୍ୟ)

ଏକାଦଶ ଦୃଶ୍ୟ

(ଦୃଶ୍ୟାନ୍ତର)

(କନେଷ୍ଟବଲ୍ ନିମାଇଁ ଚରଣ ଦାସର କ୍ୱାର୍ଟର୍ସ, ସନାତନ ଓ ନିମାଇଁ ଆଖିରେ ଲୁହ)

ସନାତନ : ପୁଲିସ ମତେ ଗୋଡ଼େଇଲା। ମୁଁ ଟ୍ରେନ୍‌ରେ ସୁରତ ପଳେଇଲି। ଚାରି ବର୍ଷକାଳ ସେଠି କାମ କଲି। କିନ୍ତୁ ଗୋଟେ ଟଙ୍କା ମୁଁ ସଞ୍ଚି ପାରିଲି ନାହିଁ। ଏଇ ନିଶା ମତେ ବରବାଦ କରିଦେଲା।

ନିମାଇଁ : ତୋ ସ୍ତ୍ରୀ କଥା ତୋର ମନେ ପଡେନି ?

ସନାତନ : କୋଉଦିନ ତାକୁ ଭୁଲିଥିଲି ଯେ ମନେପକେଇବା ଯାଏ କଥା ଯିବ ? ସବୁଦିନ ଭାବେ ପଳେଇ ଆସିବି। ମାତ୍ର ପୁଲିସ ଡରରେ ଆସିପାରେନି। (ସନା ମଦ ପିଇବାକୁ ଚାହିଁଛି)

ନିମାଇଁ : ନ ପିଇଲେ ଚଳନ୍ତାନି ?

ସନା : ରହି ହଉନି।

ନିମାଇଁ : ହଉ ପିଇ, (ସନା ପିଇଛି) ତାପରେ କଣ ହେଲା ?

ସନା : ଗଲା ମାସ ଆମ ଗାଁ ନକୁଳଠୁ ଖବର ପାଇଲି - ମୋ ପୁଅ ବଡ଼ ହେଇ ଚାଲିଲାଣି। ସେତେବେଳେ ମୋର ସବୁ ପଛକଥା ଗୁଡ଼େଇ ତୁଡ଼େଇ ମନେପଡ଼ିଲା। ମୁଁ ରହିପାରିଲି ନାହିଁ, ପଳେଇ ଆସିଲି।

ନିମାଇଁ : ପୁଅକୁ ଦେଖିଲୁ ?

ସନା : ମୋର ଫେରିବାରେ ବହୁତ ଡେରି ହେଇଗଲା ବାବୁ।

ଗାଁ ଲୋକଙ୍କ ବାରକଥା ଶୁଣି ଶୁଣି ରଜନୀ ଏକ ପ୍ରକାରେ ପାଗଳୀ ହେଇଯାଇଥିଲା। ନିଜ ଦେହପାର ଯତ୍ନ ନେଉ ନ ଥିଲା କି ପୁଅର। ଦିନେ ମୋ ପୁଅକୁ ଜ୍ୱର ହେଲା। ରଜନୀ ପାଖରେ ଟଙ୍କା ପଇସା କିଛି ନ ଥିଲା। ଜ୍ୱର ତାତିରେ ମୋ ପୁଅ ବାଉଳା ଚାଉଳା ହେଇ ମରିଗଲା ବାବୁ। ରଜନୀ ପୁଅକୁ ନେଇ ମଶାଣିରେ ପୋଡ଼ିଦେଇ ଆଉ ଘରକୁ ଫେରିଲାନି। ସେ ବି ନାଗୁଣୀ ନଈକୁ ଡେଇଁପଡ଼ି ମରିଗଲା।

ନିମାଇଁ : ଓଃ ଖୁବ୍ ଦୁଃଖ କାହାଣୀ।

ସନା : କେତେ ଆଶାକରି, ଜେଲ୍ ଆଉ ପୁଲିସକୁ ଖାତିରି ନ କରି ଧାଇଁ ଆସିଥିଲି ମୋ ପୁଅକୁ ଟିକିଏ ଦେଖିବି ବୋଲି। ତାକୁ ଏଇ ହାତରେ ଧରିଥାନ୍ତି। ଛାତିରେ ଲଗେଇ କୋଳ କରିଥାନ୍ତି। ତା ମୁହଁକୁ ଚାହିଁ ଦେଖିଥାନ୍ତି - କାହାପରି ତା ମୁହଁ ଦିଶୁଛି ? ତା ମା ପରି ନା ମୋ ପରି। ମାତ୍ର ସେ ଟୋକାଟା ଅପେକ୍ଷା କଲାନି। ତା ମୁହଁ ତ ଦୂରର କଥା, ସେ ପୋଡ଼ା ହୋଇଥିବା ମଶାଣିର ସେଇ ଜାଗା ଅରାକକୁ ବି ଦେଖିପାରିଲି ନାହିଁ। ବଢ଼ିପାଣି ସବୁ ଧୋଇନେଇଛି.... ସବୁ ଲିଭେଇ ଦେଇଛି।

ନିମାଇଁ : ସେଇଥିପାଇଁ ତାହେଲେ ତୁ ଜାଣି ଜାଣି ଧରାଦେଇଛୁ।

ସନା : ନା କନେଷ୍ଟବଲ୍ ବାବୁ। ଆପଣ ମତେ ଧରିଛନ୍ତି। ଆଣନ୍ତୁ, ହାତକଡ଼ିଟା ପକେଇ ଦିଅନ୍ତୁ। ଏ.ଏସ୍.ଆଇ. ବାବୁ ଆସିଯାଇପାରନ୍ତି।

ନିମାଇଁ : ସତଟା କଣ ତୁ ଜାଣିଛୁ, ମୁଁ ଜାଣିଛି।

ସନା : ଏ ଜୀବନରେ ଆଉ କଣ ଅଛି ? ସେଇ ପଲା ଘରେ ତିନିଦିନ, ତିନିରାତି ବସି ଭାବିଲି। ସବୁ ଦୋଷ ମୋର। ଏଇ ନିଶାପାଣି ଅଭ୍ୟାସର। କିନ୍ତୁ କଣ କରିବି, ନ ପିଇଲେ ମୋ ଦେହହାତ ଥରେ। ତୋଟି ଶୁଖିଯାଏ। ଆଖି ନାକରୁ ପାଣି ନିଗିଡ଼େ। ମୁଁ ଥୟ ଧରି ରହିପାରେନି। ସେଇଠୁ ଭାବିଲି, ମୁଁ ମରିବି, ମୁଁ ମଲେ ଯାଇ ମୋର ଏଇ ଅଭ୍ୟାସ

ସରିବ। (ହାତ ବଢ଼େଇଛି) ନିଅନ୍ତୁ କନେଷ୍ଟବଲ୍ ବାବୁ, ମତେ ହାତକଡ଼ି ପିନ୍ଧେଇ ଦିଅନ୍ତୁ।

ନିମାଇଁ : ତୋତେ ଗୋଟେ କଥା କହିବି ସନାତନ। ତତେ ଧରିବା ବେଳେ ମୁଁ ଗୋଟେ ବଡ଼ ସ୍ୱପ୍ନ ଦେଖିଥିଲି। ଏମିତି ତ ମୋ କ୍ୟାରିଅର ଇନିସ୍‌ପେକ୍ଟରର ଭାଷାରେ ଗୋଟେ ଅଦରକାରୀ କାଗଜ। ପ୍ରମୋସନ୍ ନାହିଁ ବୋଲି, ମୋ ସ୍ତ୍ରୀ ମତେ ପାଖ ପୂରାଏ ନାହିଁ। ଡିପାର୍ଟମେଣ୍ଟ୍‌ରେ ସମସ୍ତେ ମତେ ଥଟ୍ଟା କରନ୍ତି। ଭାବିଥିଲି, ତତେ ଧରିଲା ପରେ ମୋର ସେ କ୍ୟାରିଅର୍‌ର ଅଦରକାରୀ କାଗଜଟା ଦରକାରୀ ହେଇ ଚକଚକ କରିବ। ମୋର ପ୍ରମୋସନ୍ ହେବ। ମୋ ସ୍ତ୍ରୀ ଆଖିରେ ମୋର ଖାତିର ବଢ଼ିଯିବ। ମୋତେ ମେଡାଲ୍ ମିଳିବ। କିନ୍ତୁ ତୋ କଥା ଶୁଣି ଲାଗୁଛି ତୁ ଅପରାଧୀ ନୁହଁ, ତୋ ହାତରେ ମୁଁ କେମିତି ହାତକଡ଼ା ପକାଇବି ? ଗୋଟେ କାମ କର। ମୋ କଥା ମାନ। ମୋର ଯାହା ହବାର ହବ, ତୁ ଏଠୁ ପଳା- ପଳା ତୁ।

ସନା : (ହସିଛି) ପଳେଇବାର ଥିଲେ ଧରା ଦେଇଥାନ୍ତି କାହିଁକି ? ଯୁଆଡ଼େ ଗଲେ ମତେ ମୋ ନିଶା ଅଭ୍ୟାସ ଗୋଡ଼ାଇବ। ନିଶା ଛାଡ଼ିଗଲେ ମୋ ସ୍ତ୍ରୀ ପୁଅ କଥା ଗୁଡ଼େଇତୁଡ଼େଇ ମନେପଡ଼ିବ। ତାଠୁ ଭଲ ଫାଶୀ ଖୁଣ୍ଟରେ ଝୁଲିପଡ଼ିବା। ଆସନ୍ତୁ। (ହାତ ବଢ଼େଇଛି)

ନିମାଇଁ : ନା ତୁ ପଳା।

ସନା : (ହସିଛି) ଜାଣନ୍ତି କନେଷ୍ଟବଲ୍ ବାବୁ, ମୁଁ ବହୁତ ଥର ଚେଷ୍ଟା କରିଛି ଆତ୍ମହତ୍ୟା କରିବା ପାଇଁ, ହେଲେ ପାରିନି। ଆଉ ସବୁଥର ଭାବେ - ଏଇ ଉପରବାଲାଟା କାହିଁକି ମତେ ବଞ୍ଚେଇକି ରଖିଛି ? କଣ ପାଇଁ ? .. ଗୋଟେ ଲୋକର ଜୀବନ ଦେଶ କାମରେ ଲାଗେ... ନ ହେଲେ ତା ପରିବାର କାମରେ ଲାଗେ.... କିଛି ନ ହେଲେ ବି ତା ନିଜ କାମରେ ଲାଗେ। ହେଲେ ମୋ ଜୀବନଟା ତ କୋଉ କାମରେ ଲାଗି ପାରିଲା ନାହିଁ। ତଥାପି ଏଇ

ଉପରବାଲାଟା କାହିଁକି ମତେ ବଞ୍ଚେଇକି ରଖିଛି ? (ହସ) ହେଲେ ଆଜି ବୁଝୁଛି - ସେ ଗୋଟେ ଭଲ କାମରେ ମୋ ଜୀବନଟାକୁ ଲଗାଇବ ବୋଲି, ମତେ ବଞ୍ଚେଇକି ରଖିଥିଲା ।

ନିମାଇଁ : ଭଲ କାମ... କୋଉ ଭଲ କାମ ?

ସନା : ମତେ ଗିରଫ କରିଥିବାରୁ ତମର ପ୍ରମୋସନ୍ ହେଲେ ତମ ସ୍ତ୍ରୀ ଆସି ତମ ସହ ଏକାଠି ରହିବ । ତମ ପରିବାର ଖୁସିରେ ରହିବ । ୟାଠୁ ବଳି ଭଲ କାମ ଆଉ କଣ ଅଛି ?

ନିମାଇଁ : ତାହେଲେ ତୁ ଯିବୁନି ?

ସନା : ନା, (ନିମାଇଁ ସନାକୁ ହାତକଡ଼ି ପିନ୍ଧାଇ ଘର ଭିତରକୁ ନେଇଛି । ପୁଣି ଝରକା ପାଖକୁ ଆସିଛି)

ନିମାଇଁ : ସନା ତୁ ହଉଚୁ ଆସାମୀ,.... ଆଉ ମୁଁ ହଉଛି ପୁଲିସ । ମନେରଖ ବାପଧନ, ଆସାମୀ କେବେ ବି ପୁଲିସକୁ ଜିଣିପାରିବନି ।

ସନା : ହଉ ଦେଖିବା .... କିଏ କାହାକୁ ଜିଣୁଛି । (ସନା ଓ ଆସାମୀ ଜୋର୍‌ରେ ହସି ଉଠନ୍ତି)

(ମଞ୍ଚ ଅନ୍ଧାର)

ଦ୍ୱାଦଶ ଦୃଶ୍ୟ

(କୋର୍ଟ, ଓକିଲ ଆସୁଛନ୍ତି, କାଠଗଡ଼ାରେ ସନା)

ନିମାଇଁ : (ସାମ୍‌ନା ଜୋନ୍) ସନାତନର ସବୁ କଥା ତ ଆପଣମାନେ ଶୁଣିଲେ। ତାକୁ ତ କହିଲି, ଏତେ କରି ବୁଝେଇଲି - ତୁ ପଳା। ଆରେ ମତେ ସଭିଏଁ ସବୁଦିନେ ଅପଦାର୍ଥ, ୟୁସ୍‌ଲେସ୍ କହନ୍ତି। ଆଜି ବି କହିବେ। ମାତ୍ର ସେ ମୋ କଥା ଶୁଣିଲାନି। ତେବେ ଆପଣମାନେ କୁହନ୍ତୁ ମୁଁ କଣ ଏମିତି ଚୁପ୍‌ହେଇ ବସିଯିବି ? ନା, ମୋ ମନ କହୁଛି କିଛି ଗୋଟେ କରିବାକୁ ପଡ଼ିବ। ଠିକ୍ ଅଛି, ସେ ତା କାମ କଲା, ମୁଁ ବି ମୋ କାମ କରିବି। ସେ ମତେ ଚିହ୍ନିନି - ମୁଁ ହେଉଛି ନିମାଇଁ ଚରଣ ଦାସ, ତୁଳସୀ ମାଳି ପିନ୍ଧା ପୁଲିସ। (ନିମାଇଁ କାଠଗଡ଼ା ଭିତରକୁ ଯାଇଛି, ଜଜ୍ ଆସି ବସିଛନ୍ତି)

ଜଜ୍ : ଅର୍ଡର୍ ଅର୍ଡର୍ ଅର୍ଡର୍।

ନିମାଇଁ : ମୁଁ ଯାହା କହିବି ସତ କହିବି। ସତ ଛଡ଼ା ମିଛ କହିବି ନାହିଁ। ମୁଁ କନେଷ୍ଟବଲ୍ ନିମାଇଁ ଚରଣ ଦାସ। ସନାତନ ଠାରୁ ତାର ସବୁକଥା ଟିକିନିଖି ଶୁଣିବା ପରେ ମୋର ହୃଦ୍‌ବୋଧ ହେଲା ଯେ, ସେ ଅପରାଧୀ ନୁହେଁ। ତେଣୁ ତା ତରଫରୁ ପିଟିସନ୍ ଦାୟର କରିବା ପାଇଁ ମୁଁ ନିଷ୍ପତ୍ତି ନେଲି। ସତକଥା ହେଉଛି, ମୁଁ ଏବଂ ମୋର ଏ.ଏସ୍.ଆଇ. ସନାତନକୁ ଧରିନାହୁଁ। ସେ ନିଜେ

ଧରାଦେଇଛି। ମୋର ୩୦ ବର୍ଷ ଚାକିରିକାଳ ଭିତରେ ମୁଁ ଏମିତି ଅପରାଧୀ ଦେଖିନାହିଁ, ଯିଏ ପୁଲିସକୁ ଦେଖି ଦୌଡ଼ି ପଳାଇ ନ ଯାଇ ନିଜେ ଧରାଦେବ।

ସନାତନ : କନେଷ୍ଟବଲ୍ ବାବୁ ମିଛ କହୁଛନ୍ତି। ସେମାନେ ମତେ ଧରିଛନ୍ତି। ମୁଁ ଧରାଦେଇନି। ଚୋରା ଦେଶୀ ମଦ କାରବାରରେ ଧରାପଡ଼ି ମୁଁ ଜେଲ୍ ଯାଇଥିଲି। ଜେଲ୍ ପାଚେରି ଡେଇଁ ଠିକାଦାର ରୁଦ୍ର ମହାପାତ୍ରଙ୍କୁ ତାଙ୍କ ଘରେ, ଛୁରୀ ଭୁସି ମୁଁ ହତ୍ୟା କରିଛି।

ଭାନୁମତୀ (ପ୍ରବେଶ) : ନା।

ଜଜ୍ : ଆପଣ କିଏ ?

ଭାନୁମତୀ : ମୁଁ ଭାନୁମତୀ ଦେବୀ। ମୃତ ଠିକାଦାର ରୁଦ୍ର ମାଧବ ମହାପାତ୍ରଙ୍କ ବିଧବା ସ୍ତ୍ରୀ।

ଜଜ୍ : ଆପଣଙ୍କର ଯାହା କହିବାର ଅଛି କାଠଗଡ଼ାକୁ ଆସି କୁହନ୍ତୁ।

(ନିମାଇଁ କାଠଗଡ଼ାରୁ ବାହାରି ଆସିଛି ଏବଂ ଭାନୁମତୀ କାଠଗଡ଼ା ଭିତରକୁ ଯାଇଛି।)

ଭାନୁମତୀ : ମୁଁ ଯାହା କହିବି ସତ କହିବି। ସତ ଛଡ଼ା ମିଛ କହିବି ନାହିଁ। ମୁଁ ଭାନୁମତୀ ଦେବୀ, ମୃତ ଠିକାଦାର ରୁଦ୍ର ମାଧବ ମହାପାତ୍ରଙ୍କର ମୁଁ ହେଉଛି ବିଧବା ସ୍ତ୍ରୀ। ଧର୍ମାବତାର, ମୋ ମତରେ ସନାତନ ଅପରାଧୀ ନୁହନ୍ତି। କାରଣ ନିଜ ସ୍ତ୍ରୀର ଇଜ୍ଜତ ବଞ୍ଚାଇବାକୁ ଯାଇ, ଗୋଟେ ଅପରାଧୀକୁ ହତ୍ୟା କରିବା ମୋ ମତରେ ଅପରାଧ ନୁହେଁ। ଦେଖିବାକୁ ଚାହାନ୍ତି, ମୋ ସ୍ୱାମୀଙ୍କର ସେହି କୁତ୍ସିତ କଦାକାର ରୂପ ? ଦେଖନ୍ତୁ...... ବ୍ଲାକ୍ କଟନ୍ ଖୋଲିଯାଇଛି, ୧୧ଟା କଣ୍ଢେଇ ଦେଖାଯାଉଛନ୍ତି। ଇଏ ହେଉଛି ମୋ ସ୍ୱାମୀଙ୍କର ପୁରୁଷପଣିଆର ପରିଚୟ। ଝରକା ସେପାଖରେ ଥାଇ ଏଇ ୧୧ ଜଣ ସ୍ତ୍ରୀ ଲୋକଙ୍କର ଇଜ୍ଜତ ନିଲାମ ହେବାର ଦୃଶ୍ୟ ମୁଁ ମୋ ନିଜ ଆଖିରେ ଦେଖିଛି। ରଜନୀ ୧୨ ନମ୍ବର କଣ୍ଢେଇ ହୋଇ ଝୁଲିବା ଆଗରୁ ରକ୍ଷା

ପାଇଯାଇଛି। (ବ୍ଲାକ୍ କଟନ୍ ପଡ଼ିଛି) କେବଳ ସେତିକି ନୁହେଁ। ସନାତନ ଭଳି ଶହ ଶହ ଲୋକଙ୍କୁ ହାତବାରିସି କରି, ମୋ ଠିକାଦାର ସ୍ୱାମୀ ତାଙ୍କର ଚୋରାମଦ କାରବାର ବେଶ୍ ଆରାମରେ କରୁଥିଲେ। ଲକ୍ଷ ଲକ୍ଷ ପରିବାରକୁ ମଦ ନିଶାରେ ବରବାଦ୍ କରି, ତାଙ୍କର ସୁଖର ସଂସାରକୁ ଛାରଖାର କରିବାରେ ଲାଗିଥିଲେ। ତେଣୁ ଏହିଭଳି ଏକ ଅପରାଧୀକୁ ହତ୍ୟାକରି ସନାତନ କିଛି ଭୁଲ୍ କରିନାହାନ୍ତି। ସବୁକିଛି ଦେଖି ମୁଁ ଚୁପ୍ ରହିଥିଲି। ଏ କନେଷ୍ଟବଲ୍ ବାବୁ ମୋତେ ଏଠିକି ଆସିବାକୁ ସାହସ ଦେଲେ। ତେଣୁ ଧର୍ମାବତାରଙ୍କୁ ମୁଁ ଅନୁରୋଧ କରିବି ଯେ ସନାତନକୁ ଉଚିତ ନ୍ୟାୟ ଦିଅନ୍ତୁ।

ଜଜ୍ : କନେଷ୍ଟବଲ୍ ନିମାଇଁ ଚରଣ ଦାସଙ୍କର ବୟାନ୍, ଆସାମୀର ବ୍ୟବହାର ଏବଂ ବିଶେଷ କରି ଭାନୁମତୀ ଦେବୀଙ୍କ ବୟାନ୍ ଶୁଣିବା ପରେ ମାନ୍ୟବର କୋର୍ଟଙ୍କ ରାୟ ହେଉଛି ଯେ - ମୃତ ରୁଦ୍ର ମାଧବ ମହାପାତ୍ର ଜଣେ ଦୁଶ୍ଚରିତ୍ର ଏବଂ ଖଳ ପ୍ରକୃତିର ବ୍ୟକ୍ତି ଥିଲେ। ସନାତନର ଦାରିଦ୍ର୍ୟର ସୁଯୋଗ ନେଇ ସେ ତା ମାଧ୍ୟମରେ ଚୋରା ମଦ କାରବାର କରାଉଥିଲେ ଏବଂ ସେଥିରେ ସନାତନକୁ ଫସେଇଥିଲେ। ଆସାମୀ ସନାତନକୁ ମଦ୍ୟପ ଓ ନିଶାଗ୍ରସ୍ତ କରିବା ପଛରେ ରୁଦ୍ର ମହାପାତ୍ରର ଅଭିସନ୍ଧି ଥିଲା। ଅନ୍ୟପକ୍ଷେ ନିଜର ପତ୍ନୀର ସମ୍ମାନ ବଞ୍ଚେଇବାକୁ ଯାଇ ସନାତନ ରୁଦ୍ର ମାଧବ ମହାପାତ୍ରଙ୍କୁ ଆକ୍ରମଣ କରିଥିଲା। ସେହି ପରିସ୍ଥିତିରେ କୌଣସି ସ୍ୱାମୀ ନିଜ ଉପରେ ନିୟନ୍ତ୍ରଣ ରଖିପାରି ନ ଥାନ୍ତା। ଏଥିପାଇଁ ଆସାମୀ ସନାତନକୁ ମୃତ୍ୟୁଦଣ୍ଡ ବଦଳରେ ଭାରତୀୟ ପିଙ୍ଗଳ କୋର୍ଟର ଧାରା ୧୦୦ ଏବଂ ୩୦୪, ଉଭୟକୁ ଦୃଷ୍ଟିରେ ରଖି ୫ ବର୍ଷ ଜେଲ୍ ଆଦେଶ ଦିଆଗଲା। ଅନ୍ୟପକ୍ଷରେ ସନାତନ ସମ୍ପୂର୍ଣ୍ଣ ନିଶାଗ୍ରସ୍ତ ଓ ନିଶାନିର୍ଭରଶୀଳ ହୋଇପଡ଼ିଥିବାରୁ ତାଙ୍କୁ ନିଶାମୁକ୍ତ କରିବା ପାଇଁ

ସରକାରଙ୍କୁ ସ୍ୱତନ୍ତ୍ର ଭାବେ ପରାମର୍ଶ ଦିଆଗଲା। ଭାନୁମତୀ ଦେବୀଙ୍କ ପରି ଜଣେ ନାରୀଙ୍କ ମହତ ପଣିଆକୁ ନ୍ୟାୟାଳୟ ସ୍ୱତନ୍ତ୍ର ଭାବେ ଉଲ୍ଲେଖ କରୁଛନ୍ତି। ସ୍ୱାମୀଙ୍କ ଅପରାଧ ଲାଗି ପତ୍ନୀ ପ୍ରାୟଶ୍ଚିତ୍ତ କରିବା ଘଟଣା ଆମ ଦେଶରେ ବିରଳ। କୋର୍ଟ ତାହାକୁ ସମ୍ମାନ ଜଣାଉଛନ୍ତି। ଦ କୋର୍ଟ ଇଜ୍ ଆଡ୍‌ଜର୍ନଡ୍।

(କୋର୍ଟ ସରିଛି, ସନାକୁ ନିମାଇଁ ନେଇ ଥାନାରେ ରଖୁଚି, ଦୁଇଜଣ ଠେଙ୍ଗାବାଲା ସାମ୍ନା ଜୋନ୍‌କୁ ଆସୁଛନ୍ତି। ନିମାଇଁ ସନାତନକୁ ଜେଲ୍‌ରେ ରଖି ଫେରୁଛି)

ଠେଙ୍ଗାବାଲା-୧ : ଏବେ ଯାହାସବୁ ଘଟିଗଲା, ତୁ କିଛି ବୁଝିଲୁ ?

ଠେଙ୍ଗାବାଲା-୨ : ମୁଁ କିଛି ବୁଝିପାରୁନି।

ଠେଙ୍ଗାବାଲା-୧ : ମୁଁ ବି କିଛି ବୁଝିପାରୁନି।

ନିମାଇଁ : (ପୋଟ୍ରେଟ୍‌କୁ ପଚାରିଛି) ଆଉ ଆପଣ ?

ପୋଟ୍ରେଟ୍ : (ଠେଙ୍ଗାବାଲା-୧ ଏବଂ ଠେଙ୍ଗାବାଲା-୨ ମଝିରେ ଠିଆହୋଇ) କୋଉ ଯୁଗରୁ ମୁଁ ସବୁ ଦେଖୁଚି..... ସବୁ ଶୁଣୁଚି..... ସବୁ ବୁଝୁଚି....... ସବୁ ଭୋଗୁଚି...... ହେଲେ ?

- ନାଟକ ଶେଷ -

ନୂଆ ଠିକଣା

ନାଟକ 'ନୂଆ ଠିକଣା'ର ଗୋଟିଏ ଦୃଶ୍ୟ

ନାଟକ 'ନୂଆ ଠିକଣା'ର ଗୋଟିଏ ଦୃଶ୍ୟ

ନାଟକ 'ନୂଆ ଠିକଣା'ର ଗୋଟିଏ ଦୃଶ୍ୟ

ନାଟକ ସଂପର୍କରେ

ଦାରିଦ୍ର୍ୟ କବଳରୁ ମୁକ୍ତି ଲୋଡୁଥିଲା ମେଲେଛା, ବନ୍ଧ୍ୟାତ୍ୱ ଅପବାଦରୁ ମୁକ୍ତି ଚାହୁଁଥିଲା ତାର ପତ୍ନୀ ଗୁରୁବାରୀ। ଏ ଦୁଇଟି ସେ ଦିହିଙ୍କ ପାଇଁ ଅଭିଶାପ ପାଲଟିଯାଇଥିଲା। ସେଥିପାଇଁ ସେମାନେ ନିଜ ରକ୍ତକୁ ପାଣି କରି ପରିଶ୍ରମ କରୁଥିଲେ। ମାତ୍ର ବଜାର ପ୍ରତିଯୋଗିତାରେ ହାରିଯାଏ ମେଲେଛା, ଗୁରୁବାରୀ ମଧ୍ୟ ସଂଚୟ କରିପାରେନି ସନ୍ତାନ ଧାରଣର ସାମର୍ଥ୍ୟ। ଏଭଳି ସମୟରେ ସରକାରଙ୍କ ଦାରିଦ୍ର୍ୟ ଦୂରୀକରଣ କାର୍ଯ୍ୟକ୍ରମରେ ଅନ୍ତର୍ଗତ ଘୁଷୁରି ପାଳନ ଯୋଜନା ନୂଆ ସ୍ୱପ୍ନ ନେଇ ସେମାନଙ୍କ ପାଖକୁ ଆସେ। ସେ ସ୍ୱପ୍ନ କୁଆଁ ମେଲାଏ ଏହି ଦରିଦ୍ର ଦମ୍ପତିଙ୍କ ମନ ଅଗଣାରେ। ସେମାନେ ଗାଁ ମାମଲତକାରଠାରୁ ଆରମ୍ଭ କରି ବ୍ଲକ୍ ଓ ବ୍ୟାଙ୍କ୍ ଅଫିସର ସମସ୍ତଙ୍କ ପାଖକୁ ଧାଆଁନ୍ତି, ଗୁହାରି ହୁଅନ୍ତି; କାରଣ ସରକାରଙ୍କ ତରଫରୁ ପାଳିବା ଲାଗି ଯୋଡ଼ିଏ ଘୁଷୁରି ମିଳିଗଲେ ତାଙ୍କର ଅଭାବ ଘୁଞ୍ଚିଯିବ।

ସରକାରୀ ଯୋଜନାର ନାଲିଫିତା, ପ୍ରତିଶ୍ରୁତିର ପାହାଡ଼ ଓ ସ୍ୱପ୍ନର ମରୀଚିକା ଭିତରେ ମେଲେଛା ଛନ୍ଦିମନ୍ଦି ହୋଇଯାଏ। ଶେଷକୁ ତାର ଭାଗ୍ୟ ତାକୁ ନେଇ ପହଞ୍ଚାଏ ଏକ ନୂଆ ଠିକଣାରେ। କ'ଣ ସେ ନୂଆ ଠିକଣା ? ତାହା ହିଁ କ'ଣ ଏ ଦେଶର ଦରିଦ୍ର, ଅସହାୟ ଓ ନିର୍ଯ୍ୟାତିତମାନଙ୍କର ଶେଷ ଠିକଣା ?

ଏସବୁ ପ୍ରଶ୍ନର ଉତ୍ତର ମିଳିବ ନାଟକ 'ନୂଆ ଠିକଣା'ରୁ।

ପ୍ରଥମ ମଞ୍ଚାୟନର ଶିଳ୍ପୀ ଓ ବ୍ୟବସ୍ଥାପକ

ଚରିତ୍ର ମଣ୍ଡଳୀ

ମେଲେଛା	:	ରୂପସାଗର
ଗୁରୁବାରୀ	:	ସୁଜାତା (ବେବି)
ରାଜୁ	:	ରଘୁ
ପ୍ଲାଷ୍ଟିକ୍ ଜିନିଷ ବିକାଳି/ ଡାକ୍ତର	:	ବାପି
ଅଫିସର	:	ରାଜା
ଡ୍ରାଇଭର	:	ମନୋଜ
ଗଂଜା	:	ରାକେଶ
କୁକୁଡ଼ା	:	ମାନିନୀ
ଡାକ୍ତର	:	ବାପି
ଲେଖକ/ଗଛ	:	ତୁଷାରରଂଜନ
ଦଳୀୟ ଅଭିନେତା	:	ଦୀପୁ, ମାନବ, ରାଜା

ମଞ୍ଚ ପଛରେ

ସଂଗୀତ	:	ରାଜା (ବଂଶୀ), ରାକେଶ (ବାଦ୍ୟ)
ଗୀତ ରଚନା	:	ଗୌରୀଶଙ୍କର
ମଞ୍ଚ ପରିଚାଳନା	:	ରାକେଶ
ପୋଷାକ, ମୁଖସଜ୍ଜା	:	ମାନିନୀ
ହସ୍ତ ଉପକରଣ	:	ରାଜା
ମଞ୍ଚସଜ୍ଜା	:	ରଘୁ
ପ୍ରଦର୍ଶନୀ ଓ ପ୍ରମାଣ	:	ରୂପସାଗର
ଲୋକସମ୍ପର୍କ	:	ଲିପି
ସହ ନିର୍ଦ୍ଦେଶନା	:	ବିପ୍ଳବ
ରଚନା	:	ଗୌରହରି ଦାସ
ନିର୍ଦ୍ଦେଶନା	:	ସୁବୋଧ ପଟ୍ଟନାୟକ
ପ୍ରଯୋଜନା	:	ନାଟ୍ୟଚେତନା, ଭୁବନେଶ୍ୱର
ସ୍ଥାନ	:	ମଦନପୁର ରାମପୁର, କଳାହାଣ୍ଡି
ତାରିଖ	:	୦୫/୦୬/୨୦୧୭

ପ୍ରଥମ ଦୃଶ୍ୟ

(ନାଟକ ଆରମ୍ଭରେ ଜଣେ ଜଣେ ହୋଇ ଅଭିନେତା ଓ ଅଭିନେତ୍ରୀ ମଞ୍ଚକୁ ଆସିଲେ ଓ ଗୋଟିଏ ଦିଗକୁ ଅନେଇ, କାହାକୁ ଦେଖି ଡରିଗଲା ପରି, ଯିଏ ଯେଉଁଠି ଥିଲେ ସେଇଠି ବସି ପଡ଼ିଲେ। ତାପରେ ଦେଖାଗଲା - ଜଣେ ମିଲିଟାରୀ ପୋଷାକ ପିନ୍ଧା ଯୁବକ ପ୍ରବେଶ କରି କିଛି ଖୋଜିଲା ଖୋଜିଲା ଆଖିରେ ବୁଲି ଚାଲିଗଲା। ପୁଣି ସମସ୍ତେ ଟିକେ ଆଶ୍ୱସ୍ତ ଅନୁଭବ କଲା ବେଳକୁ ଜଣକୁ ଦୂରରୁ ଦେଖି ଡରିଗଲେ ଓ ଏକାଠି ହୋଇ ଲୁଚିବାକୁ ଚେଷ୍ଟା କଲେ। ଦେଖାଗଲା - ଜଣେ ମିଲିଟାରୀ ପୋଷାକ ପିନ୍ଧିଥିବା ଲୋକ, ଯିଏ ମାଓବାଦୀ ପରି ଦେଖାଯିବ, ପ୍ରବେଶ କରି ଖୋଜିଲା ଖୋଜିଲା ଆଖିରେ ଅନେଇ ଜଣକୁ ଚିହ୍ନଟ କରି ଚାଲିଗଲା। ତାପରେ ସମସ୍ତେ ନେପଥ୍ୟକୁ ଚାଲିଗଲେ। ତାପରେ-

ପାହାଡ଼ିଆ ଅଞ୍ଚଳ ବସ୍ତିର ଶେଷମୁଣ୍ଡ ଘର। ଘର ନୁହେଁ ତ ପଲାଟାଏ। ସମୟ ଉତ୍ତୀର୍ଣ୍ଣ ଅପରାହ୍ଣ। ନାଟକ ଆରମ୍ଭରେ ଗଞ୍ଜା ଓ ମାଈ-କୁକୁଡ଼ା ଦୁହେଁ ନାଚି ନାଚି ପ୍ରବେଶ କଲେ ଓ ନୃତ୍ୟ ଭଂଗୀରେ ବୁଲିଲେ। ଦୁହିଁଙ୍କ ଭିତରେ ପ୍ରେମ ଭାବର ଦୃଶ୍ୟ। ଏହାକୁ ଦେଖିବାକୁ ଆଗ୍ରହୀ ହୋଇ ମେଳେଛା ଓ ଗୁରୁବାରୀ ପ୍ରବେଶ କଲେ ଓ ଦୂରରୁ ଥାଇ ଦେଖିଲେ। ଶୃଙ୍ଗାର ରସର ନୃତ୍ୟ ଦେଖି ସେମାନେ ବି ପରସ୍ପର ପ୍ରତି ଆକର୍ଷିତ ହେଲେ। ନୃତ୍ୟ ଶେଷରେ ଗଞ୍ଜା-କୁକୁଡ଼ା ଦୁହେଁ ଚାଲିଗଲେ, ମେଳେଛା-ଗୁରୁବାରୀ କିନ୍ତୁ ନାଚୁଥିଲେ।

ତାପରେ ଗୋଟେ ଅଣ୍ଡା ଧରି ଗଞ୍ଜା-କୁକୁଡ଼ା ଖୁସିରେ ନାଚି ନାଚି ଆସିଲେ। ଗୋଟିଏ ଦିଗରୁ ନାଚି ନାଚି ପ୍ରବେଶ କଲେ ଓ ଗୁରୁବାରୀ ଅଣ୍ଡାଟିକୁ ଧରିବାରୁ ସେମାନେ ଅନ୍ୟ ଦିଗରେ ଚାଲିଗଲେ। କିନ୍ତୁ ଗୁରୁବାରୀ ହାତରୁ ଅଜାଣତରେ ଅଣ୍ଡାଟି ପଡ଼ିଗଲା ଓ ଫାଟିଗଲା। ଏହା ଦେଖି ଗୁରୁବାରୀ ନିଜ ପେଟକୁ ଧରି ନିଜ ଅବସ୍ଥା ମନେ ପକାଇଲା।

ଗୋଟିଏ ଦିଗରୁ ମଶାରି କନା ଭିତରେ ଅବିକଶିତ ଭ୍ରୂଣ (ନବଜାତ ଶିଶୁର ପୂର୍ବ ଅବସ୍ଥା) ଗଡ଼ି ଗଡ଼ି ଆସିଲା ଓ ଅନ୍ୟ ଦିଗରେ ଚାଲିଗଲା। ମେଳେଛା ଦୁଃଖରେ ଅଣ୍ଡା ଖୋଳକୁ ନେପଥ୍ୟକୁ ନେଇ ଫୋପାଡ଼ିଦେଲା। ଗୁରୁବାରୀ ନିଜ ପେଟକୁ ରାଗରେ ବାଡ଼େଇ ପକଉଥାଏ। ମେଳେଛା ଅଟକେଇଲା। ଗୁରୁବାରୀକୁ ସାନ୍ତ୍ୱନା ଦେଇ ମେଳେଛା କହିଲା-)

ମେଳେଛା : ଛୁଆର କୁଆଁ କୁଆଁ ଡାକ ଆମ ଲାଗି ସବୁଦିନ ଗୋଟେ ନୂଆ ଶବଦ ହେଇ ରହିଯିବ ଦେଖୁଛି।

ଗୁରୁବାରୀ : ତୁ ଦଉଥିବା ମଞ୍ଜିରୁ ଗଛ ଉତାରି ପାରୁନି ମୁଁ। ମୋର ଦୋଷ। ତୁ କାହିଁକି ଦୁଃଖ କରୁଚୁ? ଡାକତର କହିଲା ପରା ମୋ ଗରଭକୁ ଜୋର୍ ପାଉନି ବିଲି ଆମର ଛୁଆ ରହୁନି।

ମେଳେଛା : ସେଇ କଥା ତ! ତୋର ଜୋର ପାଉନି କାହିଁକି? ମୁଁ ତୋ ଦିହର ଯତନ କରିବାକୁ ଯାହା ଖାଇବାକୁ ଲୋଡ଼ା, ଦେଇପାରୁନି। ଛୁଆ ହବ କିମିତି? ଦେଖିଚୁ, ଗଞ୍ଜା ତା ପେଣ୍ଠୀ ଲାଗି ଖାଇବା ଯୋଗାଡ଼କରି, କେମିତି ଶରଧାରେ ସାଙ୍ଗ ହେଇ ଖାଇବାକୁ ଡାକେ! ମୋର ସେ ପୁରୁଷପଣିଆ କାହିଁ?

ଗୁରୁବାରୀ : ଏ, ତୁ ସେମିତି କହନାହିଁ। ରୋଜଗାର କରିପାରୁନୁ ବୋଲି ତ ଖାଇବା କମୁଛି। କୁଳ ବୁରୁତି ଛାଡ଼ି ଆଉ କଣ କରିବା? (ଗୁରୁବାରୀ ଭିତରକୁ ଗଲା ଓ ଅଧା ଗଢ଼ା ବାଉଁଶ କାମ ଧରି ଆଣିଲା।) ଜାଣିପାରୁନି, ଆଉ କେତେ ବାଉଁଶକାମ ତିଆରି କଲେ ଆମ ପେଟ ଉପାସ ରହିବନି। ମୋ ଦିହରେ କେବେ ବଳ ହବ, ଆଉ ଆମର ନୂଆ ସଂସାର ଆସିବ। (କାନ୍ଦ କାନ୍ଦ ହେଇଗଲା)

ମେଳେଛା : (ଗୁରୁବାରୀ ଆଖି ଲୁହ ପୋଛିଦେଇ) ନୂଆ? ଛୁଆ ଗୋଟେ ପାଇବାର ସପନ ଆଉ ନୂଆ ହେଇ ନାହିଁ ଲୋ, ପୁରୁଣା ହେଇସାରିଲାଣି।

ମେଳେଛା : ଛାଡ୍ ସେକଥା! ଦେ, ଯାହା କରିଚୁ ଦେ, ହାଟରେ ବିକିଦେଇ ଆସେ।

ଗୁରୁବାରୀ : ନୂଆ ଜିନିଷ ନଉଚୁ, ନୂଆ ନୋଟ୍ ଆଣିଲେ, ନୂଆ ସଂସାର ଆସିବ। ତତେ ଗଞ୍ଜା ପରି ହବାକୁ ପଡ଼ିବ। ଯାଃ ! (ମେଲେଛା ଜିନିଷ ଧରି ବଜାରକୁ ଚାଲିଗଲା ଆଉ ଗୁରୁବାରୀ ଅନ୍ୟ ଦିଗରେ ଘର ଭିତରକୁ ଚାଲିଗଲା।)

(ମଞ୍ଚ ଅନ୍ଧାର)

ଦ୍ୱିତୀୟ ଦୃଶ୍ୟ

(ଗାଁ ହାଟ। ଗୋଟିଏ ଦିଗରୁ ମେଳେଛା ବିଭିନ୍ନ ବାଉଁଶ ତିଆରି ଜିନିଷ ଧରି ପାରମ୍ପରିକ ଗୀତ ବୋଲି ବୋଲି ଆସିଲା ଓ ତଳେ ରଖିଦେଇ ଗରାଖଙ୍କୁ ଡାକିବାକୁ ଆରମ୍ଭ କଲା। ତାପରେ ଅନ୍ୟ ଦିଗରୁ ଜଣେ ପ୍ଲାଷ୍ଟିକ୍ ଜିନିଷ ବିକିବାବାଲା କିଛି ପ୍ଲାଷ୍ଟିକ୍ ଜିନିଷ ଧରି ହିନ୍ଦୀ ସିନେମା ଗୀତ ବୋଲି ବୋଲି ପ୍ରବେଶ କଲା। ଦି ଜଣ ଯାକ ଜଣେ ଗରାଖଙ୍କୁ ଟଣାଓଟରା କରିବାରେ ଲାଗିଲେ। ଗ୍ରାହକଟି ଶେଷରେ ଗୁଡ଼ିଏ ପ୍ଲାଷ୍ଟିକ୍ ଜିନିଷ ଧରି ଚାଲିଗଲା। ମେଳେଛା ତା ବାଉଁଶ ଜିନିଷ ଧରି ସେମିତି ବସିରହିଥିଲା। ଦେଖିଲା, ପ୍ଲାଷ୍ଟିକ୍‌ବାଲାର ଶେଷ ଚାଙ୍ଗୁଡ଼ିଟି ଅଛି। ମେଳେଛା ତାର ନିଜ ବାଉଁଶ ପାଛିଆରୁ ଗୋଟିଏ ଧରି ପ୍ଲାଷ୍ଟିକ୍‌ବାଲା ପାଖେ ପହଞ୍ଚିଲା।)

ମେଳେଛା : ଏ ଭାଇ, ମତେ ତୋ ପାଛିଆଟା ଦେ। ତା ବଦଳରେ ତୁ ମୋ ପାଛିଆ ଗୋଟେ ନେ। (ପ୍ଲାଷ୍ଟିକ୍‌ବାଲା ଆଶ୍ଚର୍ଯ୍ୟହେଇ ଅନେଇବାରୁ)। ଆରେ ଦେ, ହାତରେ ପଇସା ଥିଲେ କିଣି ନେଇଥାନ୍ତି।

ପ୍ଲାଷ୍ଟିକ୍‌ବାଲା : (କିଛି ଭାବିଲା) ହଉ ନେ! (ବାଉଁଶ ପାଛିଆ ଦେଖି) ମୁଁ ବି ଚମକିଯାଉଛି, ମୋ ପ୍ଲାଷ୍ଟିକ୍‌ରେ କଣ ଅଛି ଯେ ଯାକୁ ଛାଡ଼ି ସମସ୍ତେ ମୋ ଜିନିଷ ନେଇଯାଉଛନ୍ତି!

ମେଳେଛା : ତୋର ଭାଗ୍ୟ! ଆମର ଏ ହାତକାମ ମୂଲ୍ୟ କିଏ ବୁଝିବ?

ପ୍ଲାଷ୍ଟିକ୍‌ବାଲା : ଏ ଭାଇ! ମୋର ସବୁ ଜିନିଷ ବିକ୍ରୀ ହବା ଖୁସିରେ ଟିକେ ଖୁସି ହେଇଯିବା ଚାଲ।

ମେଳେଛା : ନା ନା, ତୋର ଖୁସିର ଦିନ, ତୁ ଖୁସି ହବୁ! ତୁ ଜିତିଚୁ ବୋଲି ଖୁସି, ମୁଁ ତ ହାରିଚି। ହାରିବାର ଦୁଃଖଠୁ ନୂଆ ସଂସାରଟେ ହରେଇବାର ଦୁଃଖ ବହୁତ ବେଶୀ।

ପ୍ଲାଷ୍ଟିକ୍‌ବାଲା : ତୋ ମୁଣ୍ଡ ଖରାପ ନା କଣ? ସିନିମାରେ ଦେଖିଚୁ ପରା, ଦୁଃଖ ଆସିଲେ ଲୋକ ମଦ ପିଇ ଦୁଃଖ ଭୁଲିଯାଉଚି। ଆ.. (ଏତିକିବେଳେ ପ୍ରବେଶ କଲା ରାଜୁ। ମେଳେଛା ଗାଁର ଟାଉଟର। ତାକୁ ଦୁରରୁ ଦେଖି ପ୍ଲାଷ୍ଟିକ୍‌ବାଲା କହିଲା)

ପ୍ଲାଷ୍ଟିକ୍‌ବାଲା : ଆରେ ହେ - ୟା ହାବୁଡ଼ରେ ପଡ଼ିଲେ ପକେଟ ଖାଲି ହେଇଯିବ। ନେଇ ନେଇ ସିଏ ନେତା। ଆଜି ଗାଁ ନେତା ଅଛି, କାଲି ପଞ୍ଚାୟତ ନେତା ହବ। ତୋର କିଛି ବିକ୍ରି ହେଲାନି ବୋଲି, ହାତରେ କିଛି ନାହିଁ। ସେଥିଲାଗି ତୋଠୁ ତାର କିଛି ଲାଭ ହବାର ନାହିଁ, ତୋର ଭଲ। ଏ ଭାଇ ମୁଁ ଚାଲିଲି। (ପ୍ଲାଷ୍ଟିକ୍‌ବାଲାର ପ୍ରସ୍ଥାନ)

ରାଜୁ : (ପାଖରେ ପହଞ୍ଚିଲା) ଆରେ ମେଳେଛା! ଦୂରରୁ ଦେଖିଲି - ଦୁଇ ଶତ୍ରୁ କଥା ହଉଚ। ଚମକିଲି। ତାପରେ ତମ ଆଡ଼କୁ ଆଇଲି। ହେଲେ ସିଏ ତ ପାର୍ ହେଇଗଲା। କି ଦୁଃଖସୁଖ ହଉଥିଲ କିରେ?

ମେଳେଛା : ସେ ମୋର ଶତ୍ରୁ ନୁହଁ। ଏ ଯୁଗର ଅବସ୍ଥା ଏଇଆ। ଶଗଡ଼ ଗଲା ରିକିସା ଅଟୋ ଆଇଲା। ଶଗଡ଼ବାଲା ମଲା। ସେମିତି ପିଲାଷ୍ଟିକି ଆଇଲା, ଆମେ ବାଉଁଶବାଲା ମରିବୁ। ସେ ପିଲାଷ୍ଟିକିବାଲା ମଟରସାଇକଲରେ ବୋଝେଇକରି ସାମାନ ଆଣିବ ଆଉ ତାର ସବୁ ବିକ୍ରୀ ହବ, ହେଲେ ମୁଁ ବାଉଁଶ କାମ ମୁଣ୍ଡରେ ବୋହି ବୋହି ଆଣିବି ଆଉ ସବୁ ଫେରେଇ ନେବି। ତେଣେ ଘରେ ଗୁରୁବାରୀ ନୂଆ ସଂସାର କରିବାକୁ ଅନେଇ ବସିଚି।

ରାଜୁ : ଚିନ୍ତା କର ନାହିଁ। ତୋ ଦୁଃଖ ମାନେ, ମୋର ଦୁଃଖ।

ମେଳେଛା : ଏଏଏ, ତୁ ସେ ନେତା ପରି କହନି। ସେ ନେତା ଯେତେବେଳେ ଆସିବ ଇମିତି କହିବ।

ରାଜୁ : ନାଃ, ଭୁଲ। ମୋ ନେତା ସିମିତି କହିବନି। ଯାହା କହିବ,

ତାହା କରିବ। ତୋର ଦୁଃଖ ବୁଝିବାକୁ କେତେ ପ୍ରକାର ବାଟ କାଢ଼ିଚି। କେତେ ନୂଆ ଯୋଜନା ଆସିଚି ଦେଖ। (ଗୋଟିଏ ପରେ ଗୋଟିଏ ବିଜ୍ଞାପନଦାତା ବିଭିନ୍ନ ସରକାରୀ ଯୋଜନା ବାବଦରେ ଗୀତ ଗାଇ ଗାଇ ଗୋଟିଏ ଲେଖା ପୋଷ୍ଟର ଦେଖାଇ ଚାଲିଗଲେ। ମେଲେଛା ଚିତ୍ର ଥିବା ପୋଷ୍ଟର ସବୁ ଦେଖିଲା।)

ମେଲେଛା : ଇଏ ସବୁ କଣ ?

ରାଜୁ : ତୋର ଦୁଃଖ ବୁଝିବାକୁ ଏସବୁ ନୂଆ ବାଟ। ତୋର ଯୋଉଟା ମନ, ସେଇଟା ମୁଁ ନେତାକୁ କହି ତୋ ଲାଗି କରେଇଦେବି। ତୁ ତୋ ନୂଆ ସଂସାର କରିବୁ।

ମେଲେଛା : (ଭାବିଲା) ସତରେ ରାଜୁ, ମୋ ନୂଆ ସଂସାର ଯଦି ହେଇଯିବ, ତୁ ମୋ ଲାଗି ଭଗବାନ ହେଇଯିବୁ। ଆଉ ତତେ ମୁଁ ନିତି ଭୋଗ ଦେବି।

ରାଜୁ : ତାହେଲେ ମୁଁ ତୋ ଭଗବାନ ହବାଟା ଥୟ। ଶୁଣ, ଏ ବାଉଁଶ କାମ ଛାଡ଼ି ଆଉ ଯୋଉ ବାଟ କହିବୁ, ତୋ ଅର୍ଜନ ଲାଗି ସେଇ ବ୍ୟବସ୍ଥା ମୁଁ କରିଦେବି। ତା ବଦଳରେ ତୁ ମୋ ଲୋକ ହବୁ, ଆଉ ଆମ ପାର୍ଟି ଲୋକ ବୋଲି କହିବୁ। ମୋ ସାଙ୍ଗେ ନେତା ସଭାକୁ ଯିବୁ। ଭୁଟ ଆସିଲେ ମୁଁ ଯାହାକୁ କହିବି ତାକୁ ଗୁଟେ ଭୁଟ ଦବୁ। ସେତେବେଳେ ପଇସା ମାଗିବୁନି। ଏତିକି ଦବୁ ତ, ତୋ ଘର ନୂଆ ହେଇଯିବ, ତୋ ସଂସାର ନୂଆ ହେଇଯିବ। ତୁ ଏଥର ଭାବ !

ମେଲେଛା : ହଉ। କଥା ରହିଲା। ତୋ କଥାରେ ମୁଁ ରାଜି।

ରାଜୁ : ଏଥର ଦୁଃଖ ଭୁଲିକରି ଯା। ନେ, ମାର୍ ଦି ଢୋକ।

ମେଲେଛା : (ଭାବିଲା) ନା, ଏଇନେ ତୋଠୁ ଉଧାରରେ ପିଇବିନି। (ରାଜୁ ଠାରରେ ମଦ ତା ଆଡୁ ଯାଚୁଚି ବୋଲି କହିବାରୁ ମେଲେଛା ଆନନ୍ଦରେ ମଦ ବୋତଲ ଧରି ପିଇଲା।)

ମେଲେଛା : ହଉ, ମୁଁ ଘରକୁ ଯାଉଚି, ଗୁରୁବାରୀକୁ ପଚାରିବି କୋଉଟା ଆମର ଯୋଜନା କରିବୁ। (ଏତିକି କହି ମେଲେଛା ଚାଲିଗଲା। ତା ଯିବା ବାଟକୁ ଦେଖି ରାଜୁ ଡାକିଲା ଓ

ମେଳେଛା ଛାଡ଼ି ଯାଇଥିବା ବାଉଁଶ ଜିନିଷ ସବୁ ଦେଖି ଖୁସି ହେଲା-)

ରାଜୁ : ଆରେ ଏ ମେଳେଛା ! ମେଳେଛା ! ଓଃ ଏମିତି ସରଳିଆ ବୋକା କିଛି ମିଳିଗଲେ ମୋର ଧନ୍ଦା ବହୁତ ଜୋର୍‌ରେ ଆଗକୁ ଚାଲିବ। ଚାଲରେ ବାବୁ। .. .. ବାଉଁଶ ପାଛିଆ ନେଇ, ଯାଉଅଛି ଭାରୀ ଖୁସିରେ ମୁହିଁ। ଭାଇନା ହୋ।.. ଉଁଉଁ.. ..

(ରାଜୁ ବାଉଁଶ ଜିନିଷ ବୋହି ନେଇ ଚାଲିଗଲା।)

(ଦେଖାଗଲା ହାଟରୁ ଫେରିବା ରାସ୍ତାରେ ମେଳେଛା ମଦ ପିଇ ଗୀତ ଗାଇ ଗାଇ ଚାଲୁଚି। ତା ପଛେ ପଛେ ମିଲିଟାରୀ ବାବୁ। ତାକୁ ଡରି ମେଳେଛା ଦୌଡ଼ି ଚାଲିଗଲା। ମିଲିଟାରୀ ବି ଚାଲିଗଲା। ପଛରୁ ଘର ସେଟିଂ ଆଣି ମଞ୍ଚରେ ରଖାଗଲା।

(ମଞ୍ଚ ଅନ୍ଧାର)

ତୃତୀୟ ଦୃଶ୍ୟ

(ଗୁରୁବାରୀ ଗଞ୍ଜା-କୁକୁଡ଼ାଙ୍କୁ ଘର ଭିତରକୁ ନେବାକୁ ଡାକୁଚି।)

ଗୁରୁବାରୀ : ମୋ ସାଙ୍ଗେ କାହିଁକି ଖେଳୁଚ ? ଅନ୍ଧାର ହେଲେ ଯାଇ ଘର ଭିତରକୁ ଯିବ ? ଦିନ ଭିତରେ କୁଆଡ଼େ ଗଲ ଯେ ଚିଆଁ ଦିଟାକୁ କୋଉ କୁକୁର ମୁହଁରେ ଦେଇ ଦେଇକି ଆଇଲ। ଶୀଘ୍ର ଘର ଭିତରେ ପଶ, ନ ହେଲେ ବିଲୁଆ ମୁହଁରେ ବାକିତକ ଯିବ। ଆ, ଆ.. ଆ..

(ଗୁରୁବାରୀ ମାଈ କୁକୁଡ଼ାକୁ ଧରିବାକୁ ଚେଷ୍ଟା କରି ଧରିପାରିଲା। ଗଞ୍ଜା ବାକି ଦିଇଟା ଚିଆଁକୁ ଘଉଡ଼େଇ କୁକୁଡ଼ା ପାଖାପାଖି ରହିବାକୁ ଚେଷ୍ଟା କରୁଥାଏ। ଗୁରୁବାରୀ ମାଈ କୁକୁଡ଼ାକୁ ଧରି ଆଉଁଶି ଦେଉଥାଏ।)

ଗୁରୁବାରୀ : ମୋ ଦିହ ଯାହା ହଉ, ତୁ ସୁସ୍ଥ ରହ। ମୋ ପରି ତୋ ଦିହରୁ ଜୋର୍ ଖସିଲେ ମୋରି ଅବସ୍ଥା ହବ। ତୁ ଯୋଉ ଗଣ୍ଡା ଗଣ୍ଡା ଅଣ୍ଡା ଦଉଚୁ, ଆଉ ଦେଇ ପାରିବୁନି। ତୋ ନିଜ ଛୁଆ ମୁହଁ ଦେଖୁଚୁ, ସେତକ ଯିବ। (କାନ୍ଦ କାନ୍ଦ ହେଇଗଲା) ଚାଲ, ତତେ ତମ ଘରେ ଛାଡ଼ିଦିଏ।

(ଗୁରୁବାରୀ ମାଈ କୁକୁଡ଼ାକୁ ଛାଡ଼ିଦେଲା ଓ ହାତରେ ଗୋଟିଏ ଦିଗକୁ ଘଉଡ଼େଇ ଘଉଡ଼େଇ ଭିତରକୁ ନେଇଗଲା। ଠିକ୍ ସେତିକିବେଳେ ଗୁରୁବାରୀକୁ ଲୁଚି ଲୁଚି, ଅଣ୍ଟ ଟଳି ଟଳି ମେଳେଛା ପ୍ରବେଶ କଲା ଓ ଘର ଅଗଣାକୁ ଆସି ଗୋଟାଏ

ଜାଗାରେ ନଥି ହୋଇ ବସିପଡ଼ିଲା । ଗାମୁଛାରେ ଲୁଚେଇ ଧରିଥାଏ ଆଣିଥିବା ପ୍ଲାଷ୍ଟିକ୍ ପାଛିଆ । ତାକୁ ଦେଖୁଚି ।)

ମେଳେଛା : ଗୁ - ରୁ - ବା - ରୀ ! ଏ ଗୁ - ରୁ - ବା - ରୀ !

(ଗୁରୁବାରୀ ପ୍ରବେଶ କଲା । ଦେଖିଲା ମେଳେଛା କାନ୍ଧରେ ବିକିବାକୁ ନେଇଥିବା ପାଛିଆ କିଛି ବି ନାହିଁ । ତେଣୁ ଭାବିଲା ସବୁ ବିକ୍ରି ହୋଇଯାଇଛି । ମେଳେଛା ଟଳିପଡ଼ିଲା ପରି ଶୋଇଗଲା ।)

ଗୁରୁବାରୀ : (ଚମକିପଡ଼ି) ଏଁ, ତୋର କଅଣ ହେଲା ମେଳେଛା ?

ମେଳେଛା : ଗୁ - ରୁ - ବା - ରୀ !

ଗୁରୁବାରୀ : ମାଆଲୋ, ତୋର ଏ ହାଲ୍ ଦେଖି ମୁଁ ତ ଡରିଯାଇଥିଲି । ବୁଝିଲି, ଖାଲି ହାତରେ ଫେରିଚୁ ମାନେ, ସବୁ ବିକ୍ରୀ ହେଇଯାଇଚି । ସେଇ ଖୁସିରେ ମହୁଲି ପକେଇଦେଇ ଆସିଚୁ ।

ମେଳେଛା : କିଛି ବିକ୍ରୀ ହେଇନି । (ଦୀର୍ଘଶ୍ୱାସ ଛାଡ଼ିଛି)

ଗୁରୁବାରୀ : ହେଇନି ? ଯୋଉ ସବୁ ଜିନିଷ ନେଇଥିଲୁ, ଗଲା କୁଆଡ଼େ ?

ମେଳେଛା : ସବୁ ଦେଇଦେଲି । ଆଉ ପିଇଲି । ନେ ତୋ ଲାଗି ବି ଆଣିଚି । (ବୋତଲ ଦେଖେଇଛି)

ଗୁରୁବାରୀ : ସବୁ ଦେଇଦେଲୁ ?

ମେଳେଛା : ଆଲୋ, ଆମ ଜିନିଷ ଛାଡ଼ି ସମସ୍ତେ ପରା ସେଇ ପିଲାଷ୍ଟିକି ଜିନିଷ କିଣିଲେ ! ତାର ସବୁ ବିକ୍ରୀ ହେଇଗଲା, ଆମର ସେମିତି ରହିଗଲା । ଏଇ , ଏଇ ସେଇ ପିଲାଷ୍ଟିକି ପାଛିଆ । (ମେଳେଛା ଲୁଚେଇ ଧରିଥିବା ପ୍ଲାଷ୍ଟିକ୍ ପାଛିଆ କାଢ଼ି ଦେଖେଇଲା) ଯାରି ଯୋଗୁଁ ଆମ ପେଟ ଉପାସ ।

ଗୁରୁବାରୀ : (ମେଳେଛା ହାତରୁ ଝାମ୍ପିନେଇ) ଏଇ ପିଲାଷ୍ଟିକି ପାଛିଆ କଣ ସତରେ ଆମ ପାଛିଆଠୁ ଭଲ ? ବେଶିଦିନ ଚଳିବ ? ୟାକୁ କଣ ତା ସ୍ତ୍ରୀ ବୁଣୁଛି ?

ମେଳେଛା : ତୁ ମଣିଷ ନା ଘୁଷୁରି ! ସେଇ ଲୋକ କଣ ତା ଘରେ ବୁଣୁଛି ? ଏସବୁ କମ୍ପାନି କଳକାରଖାନାରେ ବୁଣନ୍ତି । ସେଉଠୁ ଆସି ଏଇଠି ବିକ୍ରି ହୁଏ ! ଏକଥା ଜାଣିନୁ ? ଆମ ଦରବ ଆଉ

ବିକ୍ରି ହବ ନାହିଁ। ଆମ ପଇସା ସବୁ ଏଇ ପିଲାଷ୍ଟିକ ଗିଳିଦଉଚି। ମାର୍ ଇ ଶଳାକୁ !
(ମେଳେଛା ପ୍ଲାଷ୍ଟିକ୍ ପାଛିଆକୁ ଲାତ ମାରିବାକୁ ଚେଷ୍ଟା କଲା। ଗୁରୁବାରୀ ତାକୁ ମନା କରୁଥାଏ।)

ଗୁରୁବାରୀ : ଏ ମେଳେଛା, ସେମିତି ପାଗଳଙ୍କ ପରି ହଅନି। ରହ। କଣ ହେଲେ କରିବା।

ମେଳେଛା : ହଁ, କୁଳ ବେଉସା ଛାଡ଼ି କଣ ହେଲେ ନୂଆ କାମ କରିବା। ନୂଆ ସଂସାର ଗଢ଼ିବାକୁ ସରକାର ବାଟ ଦେଖେଇଲା ପରା ! ଆଉ ତୁ ଏ ପୁରୁଣା କାମ କରିବୁନି। ସରକାର ନୂଆ ଯୋଜନା ସବୁ କରିଛି।

ଗୁରୁବାରୀ : ଯୋଜନା ? ସେଇଟା ପୁଣି କଣ ?

ମେଳେଛା : ରାଜୁ ଯାହା କହିଲା ଶୁଣ !
(ଗୋଟିଏ ପରେ ଗୋଟିଏ ବିଜ୍ଞାପନଦାତା ବିଭିନ୍ନ ସରକାରୀ ଯୋଜନା ବାବଦରେ ଗୀତ ଗାଇ ଗାଇ ଶୁଣାଇଦେଇ ଚାଲିଗଲେ। ମେଳେଛା ଓ ଗୁରୁବାରୀ ସେମାନଙ୍କୁ ଶୁଣୁଥିଲେ। ହଠାତ୍ ଘୁଷୁରି ବିଜ୍ଞାପନକୁ ଗୁରୁବାରୀ ଧରି ପକେଇଲା।)

ମେଳେଛା : ଏଇଟା ତୋର ପସନ୍ଦ ହେଲା ?

ଗୁରୁବାରୀ : ହଁ। କହିଲା ପରା, ତାର ଥରକରେ ଚାରି ପୁଞ୍ଜା ଛୁଆ। ସେଇ ଛୁଆ ପୁଣି ବଡ଼ ହେବେ ଆଉ ଜଣକା ପୁଣି ଚାରି ପୁଞ୍ଜା ଲେଖାଁ ଜନମ କରିବେ ? ସବୁ ବେଳେ ଆମେ ନୂଆ ମୁହଁ ଦେଖିବା। ସେଇ ନୂଆ ମୁହଁ ଶୁଭ ହବ। ସେଇ ନୂଆ ଛୁଆର ମୁହଁ ଦେଖିଲେ, ଆମର ବି ନୂଆ ଛୁଆ ହବ। ହଁ।
(ମେଳେଛାର ମୁହଁରେ ଆତ୍ମବିଶ୍ୱାସ ଫେରିଲା। ଗୁରୁବାରୀ ଘୁଷୁରି ଛବିକୁ ଆଉଁଶି ପକଉଥାଏ।

ମେଳେଛା : ତାହେଲେ ମତେ ରାଜୁକୁ କହିବାକୁ ହବ। ନେ ତୁ ବି ଟିକେ ପିଇ ଦେ। ବୋତଲଟା ତାର ଫେରେଇବି, ଆଉ ଘୁଷୁରି କଥା କହିଦେବି।

(ଏତିକି ବେଳେ ପ୍ରବେଶ କଲା ରାଜୁ। ବାଉଁଶ ଜିନିଷ ବୋହି ବୋହି ଆଣିଥିଲା।)

ରାଜୁ : ଓହୋ.. ଯିବା ଦରକାର ନାହିଁ .. ଭଲ ଆଉ, ତୁ ମତେ ତୋ ଭାଲୁ ଧରେଇ ଦେଇ ଚାଲି ଆସିଲୁ? କାହିଁ କୋଉଠି ମୋ ବୋତଲ?

ମେଲେଛା : ଏବେ ତୋ ପାଖକୁ ତ ବୋତଲ ଦବାକୁ ଯାଉଥିଲି!

ରାଜୁ : ଏବେ ଯାଉଥିଲୁ?

ଗୁରୁବାରୀ : ହଁ। ଆମର ଘୁଷୁରି ଆଣିବୁ ପରା। ସେଇକଥା କହିବାକୁ ଯାଉଥିଲା। ବସୁନ, ବସ।

ରାଜୁ : ମୁଁ ବସିବି? ନାଇଁ ନାଇଁ। ଏଇ ଆଗ ମାସରେ ପରା ନେତା ଆସିବେ। କେତେ କାମ।

ମେଲେଛା : ଆଉ ଆମ ଘୁଷୁରି!

ରାଜୁ : ସେଇଟା କରେଇବି। ଆମ ଆଡ଼ିଆ ଘୁଷୁରି ନୁହଁ ମ, ସାଇବ ପରି ଧଳା ଘୁଷୁରି। ତୋ ଘର ସାରା ବୁଲିବେ।

ଗୁରୁବାରୀ : ଧଳା?

ରାଜୁ : ହୁଁ .. .. ଆମ ପରି କଳା ନୁହଁ। ସାଇବ ପରି ଧଳା। (ଏତିକି କହି ପ୍ରସ୍ଥାନ କଲା ରାଜୁ। ବାଉଁଶ ଜିନିଷ ସବୁ ଗୁରୁବାରୀ ଭିତରକୁ ନେଲା। ମେଲେଛା ଗୁରୁବାରୀ ପଛେ ପଛେ ଚାଲିଗଲା।)

(ମଞ୍ଚ ଅନ୍ଧାର)

ଚତୁର୍ଥ ଦୃଶ୍ୟ

(ଜିପ୍‌ରେ ଅଫିସର ରାଜୁ ଗାଁରେ ପହଞ୍ଚିଲେ। ଗାଡ଼ି ଶବ୍ଦ ଶୁଣି ଗଞ୍ଜା-କୁକୁଡ଼ା ଚମକୁଥିଲେ। ଏଇ ସମୟରେ ଘର ବାହାର ପଟୁ ପଶିଆସିଲା ରାଜୁ ଓ ଅନ୍ୟ ପଟୁ ମେଲେଛା। ରାଜୁ ପଛେ ପଛେ ପ୍ରବେଶ କଲେ ଅଫିସର! ମେଲେଛା ପଛେ ପଛେ ଗୁରୁବାରୀ। ଅଫିସର ମୁହଁରେ ରୁମାଲ ଦେଇଥିଲେ। ରାଜୁ ଠାରିଲା, ତା ପଛେ ପଛେ ଅଫିସର ଆସୁଚନ୍ତି। ଦୁହିଁଙ୍କୁ ଠାରିଲା ମୁଣ୍ଡିଆ ମାରିବାକୁ। ସ୍ୱାମୀ ସ୍ତ୍ରୀ ମୁଣ୍ଡିଆ ମାରିଲେ।)

ଅଫିସର : ନମସ୍କାର! ନମସ୍କାର!!

ରାଜୁ : ଆଜ୍ଞା! ୟେ ମେଲେଛା ପଧାନ! ମେଲେଛା, ବାବୁ ସରକାର! ଆମ ସମସ୍ତଙ୍କର ଅସୁବିଧା ହେଲା ବୋଲି ଜାଣି, ଆଜି ଘର ଘର ବୁଲି ଯୋଜନା ବାଣ୍ଟିବାକୁ ଆସିଚନ୍ତି।

ଅଫିସର : ସବୁ ଦିନ କଣ ଖାଉଛ ?

(ମେଲେଛା ଗୁରୁବାରୀ ଆଡ଼କୁ ଅନେଇଲା। ଏହା ଦେଖି ଅଫିସର ପଚାରିଲେ-)

ଅଫିସର : ଆରେ କିଛି ଭାବନି, ଆମକୁ ସରକାର କହିଛି - ଖାଇବାକୁ ନ ପାଉଥିବା ଲୋକଙ୍କୁ ଗରିବ ବୋଲି ଗଣିବ। ସେଥିଲାଗି ତମେ ଯାହା ଖାଉଚ ଆଣ, ଦେଖିବା।

(ମେଲେଛାର ଇଙ୍ଗିତରେ ଗୁରୁବାରୀ ଭିତରକୁ ଯାଇ ଖାଲି ହାଣ୍ଡି ଆଣି ସେମାନଙ୍କ ସାମନାରେ ରଖିଦେଲା। ଏହା ଦେଖି ଅଫିସର ଚମକିଲେ)

ଗୁରୁବାରୀ : ସତ ଆଜ୍ଞା, ଘରେ କିଛି ନାଇଁ!

ମେଳେଛା : ବାଉଁଶକାମ ଆଉ କିଏ କିଣୁ ନାହାନ୍ତି ଆଜ୍ଞା ! ଦୁଇ ଦିନ ହେଲା ଘରେ କିଛି ନାଇଁ !

ଅଫିସର : ମୁଁ ତମର ସବୁ ଖାଇ ଦେଇ ତମକୁ ଉପାସ ରଖିବିନିରେ ବାବୁ ! ଆଣ.. ଲୁଚାଅନି ! ଏ ରାଜୁବାବୁ, ଦେଖୁଥାଅ ତମ ବିରୋଧୀ ଦଳର କିଏ ଏ କଥା ଦେଖିବ କି ଶୁଣିଦବ ମାନେ - ତମ ସରକାର ତମକୁ ଆଗ ଶାସ୍ତି ଦେବେ, ତା ପରେ ଆମ ପାଳି ।

ମେଳେଛା : ଇଏ, ଆମ ପାର୍ଟିର ଆଜ୍ଞା ! ଆପଣ କହିଲେ ଖାଇବାକୁ ନ ଥିଲେ ଗରିବ ଗଣିବେ, ସେଥିଲାଗି ଖାଲି ହାଣ୍ଡି ଦେଖେଇଦେଲା ।

(ଏତିକିବେଳେ ଗଞ୍ଜା-କୁକୁଡ଼ା ପୁଣି ପଶି ଆସି ଚାଲିଗଲେ ! ତାକୁ ଦେଖି ଅଫିସର ଲୋଭିଲା ଲୋଭିଲା ଆଖିରେ ଦେଖିଲେ । ଅଫିସର ଆଉ ରାଜୁ କୁକୁଡ଼ା ପଛରେ ଗୋଡ଼େଇଲେ, ହେଲେ ଧରି ପାରିଲେନି ।)

ରାଜୁ : (ମେଳେଛାକୁ ଧଇଁସଇଁ ଅବସ୍ଥାରେ) ଏ ମେଳେଛା ! ବାବୁର ତୋ ଗଞ୍ଜା ଉପରେ ମନ, ନେଇଆସେ ! (ମେଳେଛା ବୋକାଙ୍କ ପରି ଅନେଇଲା), ତୁ ବୁଝିବୁନି । (ଗୁରୁବାରୀକୁ କହିଲା) ଏ ଇ ତୁ ଯା, ବାବୁକୁ ଆଣି ଦେ ! ତୋର ଭାଗ୍ୟ ଲୋ ! ମାହାପୁରୁ ତୋ କୁକୁଡ଼ା ଖାଇବେ । ଆଉ ତମକୁ ଘୁଷୁରି ଦେବେ । (ଗୁରୁବାରୀ ଦୁଃଖରେ ଭିତରକୁ ପଳେଇଲା)

ଅଫିସର : ହଇରେ, ସିଏ କୁଆଡ଼େ ଗଲା ? ଆଣିବାକୁ ?

ରାଜୁ : ହଁ ଆଜ୍ଞା ।

ମେଳେଛା : ନାଇଁ ମାହାପୁରୁ । ସେଇ ଗଞ୍ଜା-କୁକୁଡ଼ା ଦିଇଟା ଆମ ଜୀବନ ।

ଅଫିସର : ଓ.. .. ଗଞ୍ଜା-କୁକୁଡ଼ା ତମ ଜୀବନ ? ତାହେଲେ ତମ ଜୀବନ ତ ଭଲ ଅଛି । ଆରେ ବାବୁ, ତମ ଜୀବନ ଭଲ ନାହିଁ ବୋଲି ତ, ତମକୁ ନୂଆ ଜୀବନ ଦବାକୁ ଏଇ ଯୋଜନା ସବୁ ବାଣ୍ଟିବାକୁ ଆସିଚୁ ! ଏ ରାଜୁ, (ପାଖକୁ ଡାକି) ଆରେ ସତରେ ୟେ ତୁମ ପାର୍ଟିର ତ ?

ରାଜୁ : ହଁ ଆଜ୍ଞା ! ୟେ ଆମର ଆଜ୍ଞା ! ଯାହା କହିବି, ସିଏ କରିବ ।

ଅଫିସର	:	ତାହେଲେ ଗଞ୍ଜା ?
ରାଜୁ	:	ହଁ, ଦବ ଆଜ୍ଞା ! ଘୁଷୁରି ଦବା, ଗଞ୍ଜା ନବା ।
ଅଫିସର	:	ତାହେଲେ ଯୋଜନାରେ ଯାକୁ ନବା ?
ରାଜୁ	:	ଆଜ୍ଞା, କିଛି ଅସୁବିଧା ନାହିଁ ।
ଅଫିସର	:	ହଉ ଆଗରୁ ସବୁ ପ୍ରସ୍ତୁତ ରଖା ହେଇଛି । ଏଇ ବାବୁ, ଦସ୍ତଖତ କର । (ମେଳେଛା ନ ବୁଝିପାରିବା ପରି କାଗଜରେ ଟିପ ଦେଲା) ନେ ହଜାରେ, ପାଁଶ ? ରାଜୁ, ମୋ ମୋବାଇଲ୍‌ରେ ଫଟୋ ଉଠାଅ ତ !
ରାଜୁ	:	କିଛି ବ୍ୟସ୍ତ ହୁଅନ୍ତୁନି ଆଜ୍ଞା । (ଅଫିସର ପଇସା ଦେବା ରାଜୁ ଫଟୋ ଉଠାଇଲା ।) ଏ ମେଳେଛା, ଏବେ ପଇସା ପାଇଲୁ, ଘୁଷୁରି ଲାଗି ଘର ବୋଲେ ପଲାଟେ କରିଦବୁ । ସେଇଟା ଦେଖିଲେ, ମିଳିବ ଯୋଡ଼େ ଘୁଷୁରି ! (ମେଳେଛା ମୁଣ୍ଡ ହଲାଇ ଖୁସିରେ ହଁ କଲା) ଗୁଟେ ଅଣ୍ଡିରା, ଗୁଟେ ମାଈ । ତାଙ୍କର ହବ ଏକାଥରେ ୧୬ଟା ମାନେ ୪ ପୁଞ୍ଜା ।
ଅଫିସର	:	ରାଜୁବାବୁ, ଚାଲ ।
ମେଳେଛା	:	ମୋତେ କୋଉଦିନ ଘୁଷୁରି ଦେବ ବାବୁ ?
ଅଫିସର	:	ଆରେ, ଆଗେ ଘୁଷୁରି ରଖିବା ପାଇଁ ପଲାଟେ କର । ସେଇଥିଲାଗି ନେଲୁ ଏ ଟଙ୍କା । ପଲା ତିଆରି କାମ ସରିଲେ, ତୁମ ଗାଁର ସମସ୍ତଙ୍କୁ ଘୁଷୁରି ମିଳିବ । ଚାଲ । ରାଜୁବାବୁ ତାପରେ କାହା ଘର ?
		(ସମସ୍ତେ ମେଳେଛା ଘର ଆଗରୁ ଚାଲିଗଲେ । ଏତିକିବେଳେ ଗଂଜାଟି ପଶି ଆସି ବୁଲିଯିବ ।)
		(ଅଫିସର ଗଞ୍ଜାକୁ ଦେଖିଲେ ଆଉ ରାଜୁକୁ ଡାକି ଫୁସ୍ ଫୁସ୍ ହେଇ କିଛି କହିଲେ । ରାଜୁ ସେମାନଙ୍କୁ ଆଶ୍ୱସ୍ତି ଦେଇ ଆଗେଇ ନେଲା ।)
ମେଳେଛା	:	(ଦୀର୍ଘ ନିଃଶ୍ୱାସ ପକାଇ) ଗୁରୁବାରୀ ?
ଗୁରୁବାରୀ	:	ଉଁ ?
ମେଳେଛା	:	ଆଲୋ ଦେଖିଲୁ ! ଯୋଉଁ ଦଇବ ଦେବତା ପେଟ ଦେଇଛି, ସିଏ ନିଶ୍ଚେ ତାକୁ ପୋଷିବା ବାଟ ବି ରଖିଚି ।

ଗୁରୁବାରୀ : ପେଟ କଣ ଖାଲି ପୋଷିହବା ଲାଗି ଅଛି କି? କେବେ ଦଇବ ଦେବତା ଏ ପେଟ କଥା ବୁଝିବ, ଦେଖିବି। (ନିଜ ପେଟକୁ ହାତରେ ଆଉଁଶି ଦେଇ କହିଲା)

ମେଳେଛା : ଏଇ, ଘୁଷୁରି ଆସିବ। ଘୁଷୁରି ପରା ଭଗବାନଙ୍କ ଅବତାର। ବରାହ ଅବତାର! ସିଏ ଆସିଲେ ଘର ଧନରେ ପୂରିଯିବ। ଆମର ପେଟ ଆଗେ ପୋଷିହବ, ତାପରେ ତୋ ପେଟରେ ଛୁଆ ରହିବ।

ଗୁରୁବାରୀ : ଧନ ଆସୁ କି ନ ଆସୁ, ଘରେ ମେଞ୍ଚାଏ ଛୁଆ ବୁଲିବେ।

ମେଳେଛା : ହଁଅଁ... ଛୁଆ ଘୁଷୁରି କିମିତିକା ବତକ ପରି ଅଣ୍ଟା ହଲେଇ ହଲେଇ ଚାଲେ? ଏଇମିତି ଚାଲେନି? ଦେଖ୍! (ସେ ଘୁଷୁରି ପରି ଚାଲିଛି - ଗୁରୁବାରୀ ଦୁଃଖ ଭୁଲି ହସିଛି।)

ଏତିକି କହିବା ମାତ୍ରେ, ଦୁହେଁ ସ୍ଥିର ହେଇଗଲେ -

(* ଜଣେ ଡାକ୍ତରକୁ ଗୋଟିଏ ଚୌକିରେ ବସିଥିବା ଅବସ୍ଥାରେ ଧରି ଅଭିନେତା ୨ ଜଣ ମଞ୍ଚରେ ପ୍ରବେଶ କଲେ।

* ଦେଖାଗଲା ୩ ବା ୪ ଜଣ ଗର୍ଭବତୀ ମହିଳାଙ୍କ ପରି ଧାଡ଼ି ହୋଇ ଡାକ୍ତରଙ୍କ ସାମ୍ନାକୁ ଯାଉଛନ୍ତି ଓ ଡାକ୍ତର ସେମାନଙ୍କୁ ଚେକ୍ କରୁଛନ୍ତି।

* ସେଇ ଧାଡ଼ିରେ ଯାଇ ଗୁରୁବାରୀ ଠିଆ ହେଲା। ଅନ୍ୟର ଗର୍ଭବତୀ ପେଟ ଦେଖି ନିଜକୁ ନିଜେ ଦୁଃଖୀ ହେଉଥିଲା।)

ଗୁରୁବାରୀ : ତୁ ମତେ ଏଠିକୁ କାହିଁକି ଆଣିଲୁ ମେଳେଛା?

ମେଳେଛା : ଆମ ଅଞ୍ଚଳର ସବୁଠୁ ଭଲ ଡାକତର। ଖାଲି ଏଇ ଛୁଆ ଜନମ କରିବା କଥା ବୁଝନ୍ତି।

ଗୁରୁବାରୀ : ଏମାନଙ୍କୁ ଦେଖିଲେ ମତେ ଲାଜ ଲାଗୁଚି।

ମେଳେଛା : କାହିଁକି?

ଗୁରୁବାରୀ : ସମସ୍ତଙ୍କ ପେଟ ଦିଶୁଚି, ହେଲେ ମୋର ନାହିଁ। ସମସ୍ତେ ଜାଣିଯାଉଥିବେ ମୋର ଛୁଆ ହଉନି ବିଲି ଆମେ ଆସିଚନ୍ତି। ଲାଜରେ ମରି ଯିବାକୁ ଇଚ୍ଛା ହଉଚି।

ମେଳେଛା : ଛି, ସେମିତି କଣ କହୁଚୁ?

(ଏମିତି ହେଉ ହେଉ ଗୁରୁବାରୀକୁ ଡାକ୍ତରଙ୍କ ସାମନାରେ ମେଳେଛା ପହଞ୍ଚାଇବାରୁ ତାକୁ ଡାକ୍ତର ଶୋଇବାକୁ କହିଲେ

ଓ ତା ପେଟକୁ ପରୀକ୍ଷା କଲେ। ତାପରେ କିଛି ଫୁସ୍ ଫୁସ୍ ହୋଇ ପଚାରିଲେ। ଏସବୁର ସଂଳାପ ଶୁଭାଯିବ ନାହିଁ। ଡାକ୍ତର ଶେଷରେ ପଇସା ମାଗିଲେ ଓ ମେଳେଛା ଅଣ୍ଟାରୁ ପଇସା ଦେଉଥାଏ, ସେ ଅଶାନ୍ତିରେ ନଉଥାନ୍ତି। ଡାକ୍ତର ପୁଣି ମାଗୁଥାନ୍ତି, ମେଳେଛା ଅଣ୍ଟାରୁ ପୁଣି ପଇସା ଦେଉଥାଏ। ତାପରେ ମେଳେଛାର ପଇସା ସରିଗଲା ଓ ଦିହେଁ ଦୁଃଖରେ ଫେରିଲେ।

(ମଞ୍ଚ ଅନ୍ଧାର)

ପଞ୍ଚମ ଦୃଶ୍ୟ

(ରାଜୁ ମେଳେଛା ଘରେ ପହଞ୍ଚି ଖୋଜୁଛି ।)

ରାଜୁ : ମେଳେଛା ! ମେଳେଛା ? କୁଆଡ଼େ ଗଲୁ ? ଆରେ ଘରେ କିଏ ଅଛ ନା ନାହିଁ ? (ଘର ଭିତର ବାହାର ଖୋଜି କାହାକୁ ଦେଖିଲା ନାହିଁ ।) କୁଆଡ଼େ ଗଲେ ? ଏ ମେଳେଛା ? (ଏତିକି ବେଳେ ଗଞ୍ଜା-କୁକୁଡ଼ା ବାହାରୁ ଘରକୁ ଫେରିବା ପରି ପ୍ରବେଶ କଲେ । ରାଜୁର ମୁହଁରୁ ଲାଳ ବାହାରିଲା । ରାଜୁ ତାଙ୍କୁ ଧରିବାକୁ ସ୍ଥିର କଲା । ରାଜୁ ଧରିବାକୁ ଉଦ୍ୟମ କରୁଥିବା ବେଳେ ପହଞ୍ଚିଲେ ମେଳେଛା ଆଉ ଗୁରୁବାରୀ ।)

ମେଳେଛା : ଆରେ ରାଜୁ, ଏ ତୁ କଣ କରୁଚୁ ?

ରାଜୁ : ଆସିଥିଲି ତୋ ପାଖକୁ । ତୋ କୁକୁଡ଼ା ଘରକୁ ଫେରିଲେ, ଭାବିଲି ତାଙ୍କୁ ରାସ୍ତା ଦେଖେଇଦେବି । ଦି ଜଣ କୁଆଡ଼େ ଯାଇଥିଲ ?

ମେଳେଛା : ଡାକତର ପାଖକୁ ! ତୋରି ଯୋଗୁ ଗୁରୁବାରୀକୁ ନେଇ ଭଲ ଡାକତର ଦେଖେଇକି ଆଣିଲି ।

ରାଜୁ : ମୋ ଯୋଗୁ ?

ମେଳେଛା : ଘୁଷୁରି ଘର ପଇସା ପାଇଲି ବୋଲି ତ –
(ଗୁରୁବାରୀ ଅପ୍ରସ୍ତୁତ ହୋଇ ଲାଜ ଲାଗିବା ପରି କୁକୁଡ଼ାଙ୍କୁ ଅଡ଼େଇନେଲା ।)

ମେଳେଛା : ରାଜୁ, ବସେ !

(ଗୁରୁବାରୀ ଗଞ୍ଜା-କୁକୁଡ଼ାଙ୍କୁ ଘର ଭିତରକୁ ଅଡ଼େଇ ନେଲାବେଳେ ରାଜୁ କୁକୁଡ଼ାଙ୍କୁ ଲୋଭରେ ଦେଖୁଥାଏ।)

ରାଜୁ : ରୁହ। ମୁଁ ଗଲା ପରେ ତମେ ତମ କୁକୁଡ଼ା କଥା ବୁଝିବ। ଦି ଜଣ ଯାକ ଶୁଣ। (ଗୁରୁବାରୀ ଅଟକିଗଲା) ହାତରେ ମାଲ୍ ପଡ଼ିଲା ଦିନଠୁ ତମ ଆମ ଦେଖା ଦର୍ଶନ ନାହିଁ। କହିଥିଲି - ତୁ ଯାହା ପାଇବୁ ସେଥିରୁ ମତେ ଦବୁ। ଭାବିଥିଲି ହାତ ତୋର ଗରମ ହେଲା, ଦେହ ଗରମ କରିବାକୁ ମୋ ଭାଟିକୁ ଆସିବୁ। ତୁ ଗରାଖ ହେଲେ ମୋ ପାଖକୁ ତୁ ପାଇଥିବା ମାଲ୍ ଆସିଯିବ। ହେଲେ ତୁ ତ ମୋଠୁ ବି ଚାଲାକ ହେଇଗଲୁରେ ମେଳେଛା। (ଗୁରୁବାରୀକୁ) ତୁ ତୋ ମରଦକୁ ଠିକ୍ ବାଟ ଦେଖଉନୁ।

ମେଳେଛା : ପେଟର୍ ଭୋକ ଆଉ ଘର ଭିତରେ ନୂଆ ମୁହଁ ଦେଖିବାର ଭୋକ, ଏତିକିରେ ସବୁ ପଇସା ଚାଲିଗଲା। ତତେ ଦେବି କୋଉଠୁ ?

ରାଜୁ : କାହିଁ, ତମେ ଯୋଉ ମାଗଣା ଚାଉଳ ପାଉଚ ?

ମେଳେଛା : ତାକୁ ବିକିଲେ ତ ଘର ଚଲୁଚି ! ଆମର ଛୁଆ ହଉନି କାହିଁକି, ସେଥିଲାଗି ଗୁରୁବାରୀକୁ ଡାକତରଖାନା ନେଇ ପାରୁ ନ ଥିଲି। ସେଇ ଘୁଷୁରି ପଲା ପଇସା ମିଳିଲାରୁ ଡାକତର ପାଖକୁ ଧାଉଁଚି। ଏଇ ସେଇଠୁ ଏବେ ଆସୁଚି।

ରାଜୁ : ହୁଁ .. .. ହେଲେ ମୋ କଥାରେ ଯେତେ ଜଣ ସରକାର ଯୋଜନା ପାଇବେ, ସମସ୍ତଙ୍କ କଥା ହେଇଯିବ, ତୋର ହବନି ପରି ଲାଗୁଛି।

ଗୁରୁବାରୀ : ଘୁଷୁରି ହବନି ?

ମେଳେଛା : କାହିଁକି ?

ରାଜୁ : ଘୁଷୁରି ରହିବା ପଲା କାହିଁ ? କାଲି କି ପଅରଦିନ ଅଫିସର ଆସିବ। ଯିଏ ଘୁଷୁରି ରଖିବା ପଲା ଦେଖେଇବେ, ତାଙ୍କୁ ଘୁଷୁରି ଦବ। (ଗଞ୍ଜା ଉପରେ ନଜର ପଡ଼ିଲା) ହଁ.. ଗୋଟେ ବାଟ ହେଇପାରେ !

ଗୁରୁବାରୀ : ତେମେ ରାଜୁ ଭାଇନା ବାଟ ଜାଣିଚ। ଆମ ଘୁଷୁରି ଆମେ ପାଇଲେ ତମକୁ ତମ ପାଉଣା ଦବୁ।

ମେଲେଛା : କହ କହ ରେ ରାଜୁ। କି ବାଟ କହ !

ରାଜୁ : କହିବି ? କକକକ !

ମେଲେଛା : କଣ କକକକ ?

ରାଜୁ : (ଗଞ୍ଜା ପରି ବୋବେଇଲା) କକକ କଅଅଅ !

(ଗଞ୍ଜା-କୁକୁଡ଼ା ଦୂରରୁ ଡାକ ଦେଇ ପ୍ରତିକ୍ରିୟା ଦେଖାଇଲେ।)

ରାଜୁ : ବୁଝିଲୁ ମେଲେଛା ?

ମେଲେଛା : ନାଃ !

ରାଜୁ : (ଗଞ୍ଜା ଆଡ଼କୁ ଆଙ୍ଗୁଠି ଦେଖାଇ) ସିଏ ଜନ୍ତୁଟା ବୁଝିଗଲା, ତୁ ବୁଝିପାରିଲୁନି ?

ମେଲେଛା : ନା, ଖୋଲିକି କହ।

ରାଜୁ : ଏଇ ଗଞ୍ଜା ଉପରେ ନେତାଙ୍କ ଆଉ ଅଫିସରଙ୍କ ଆଖି ପଡ଼ିଥିଲା। ଯଦି ଏଇ ଗଞ୍ଜାଟାକୁ ଦବୁ ତାହେଲେ ପଲା ନ ଥିଲେ ବି ତତେ ଘୁଷୁରି ମିଳିବାର ବାଟ ସିଏ କାଢ଼ିଦେବେ।

ଗୁରୁବାରୀ : ନା ନା ! ଯାହା ମାଗୁଚ ମାଗ, ତାଙ୍କୁ ମାଗନି।

ମେଲେଛା : ସେଇଥି ଲାଗି କହୁଥିଲି, ଜନ୍ତୁଙ୍କ ସାଙ୍ଗେ ଏତେ ସିନିହ ଶରଧା କଣ ? ଏକ୍ ଯାଃ ଯାଃ ଏଠୁ। (କହି ଗଞ୍ଜା-କୁକୁଡ଼ାଙ୍କୁ ଘଉଡ଼େଇଦେଲା, ସେମାନେ ନେପଥ୍ୟକୁ ଚାଲିଗଲେ) ଦେଖ ରାଜୁ। ଆଜି ଯାଏଁ ଦି ଜଣିଆ ସଂସାରରୁ ଆମେ ତିନି ହେଲୁନି। ମୁଣ୍ଡ ସେଇଥେରେ ଖରାପ ହେଇଯାଇଚି। ସେ ଦୁଃଖକୁ ଚପେଇ ରଖିବାକୁ ଏଇ ଗଞ୍ଜା-କୁକୁଡ଼ା ଆମ ସାହା। ତା ଓପେରେ ଆଖି ପକାନି।

ରାଜୁ : ମୁଁ କଣ ତୋଠୁ କିଛି ନେବି ବୋଲି କହିଲି କି ? ସରକାରୀ କଳ କଥା। ଉପରବାଲା .. ..

ମେଲେଛା : ଉପରବାଲାକୁ ତୁ କିଛି କହିପାରିବୁନି ?

ରାଜୁ : କହିଲାବେଳେ ସିଏ ପଚାରୁଚନ୍ତି - ଗଞ୍ଜା କେବେ ମିଳିବ ? ପଇସା ମାଗୁନାହାନ୍ତି। ଏଇ ସବୁ ଯୋଜନାରେ ପଇସା କାରବାର ହବନି। ଆଜିକାଲି ସବୁ ବ୍ୟାଙ୍କରେ କାରବାର।

ତୁ ପଲା କରିବାକୁ ଯାହା ପାଇଲୁ ପାଇଲୁ। ଏବେ ମିଳିବ ଘୁଷୁରି ଦିଇଟା। ଯିଏ ତୋତେ ଘୁଷୁରି ବିକିବ ତାକୁ ସରକାର ଦବ ଚେକ୍!

ମେଳେଛା : ଗଞ୍ଜା-କୁକୁଡ଼ା ଯିଏ ଆମେ ଦିଟା ସିଏ। ଆମେ ନିଜକୁ ନିଜେ ମାରିବୁ? ତୁ ଚାଲେ ଆଉ କୋଉ ଗାଁରୁ ଗୋଟେ ଆମ ପରି ଦିଶୁଥିବା ଗଞ୍ଜା ନେଇ ଦେଇଦବା, ତୁ କହିବୁ ଏଇଟା ଆମ ଗଞ୍ଜା!

ରାଜୁ : ପଲା ଦେଖିବାକୁ ଆସି ଯଦି ନଜର ପଡ଼ିଲା ତୋ ଗଞ୍ଜା ଉପରେ? ମତେ ମିଛୁଆ କରିବାକୁ ତୋ ଇଛା! ଶୁଣ, ଯଦି ଭାବିବୁ ତୋ ଗଞ୍ଜା ଦବୁ, ତାହେଲେ ମୋ ପାଖକୁ ତାକୁ ନେଇକି ଯିବୁ। ତୋ ଘରକୁ ମୁଁ ଆଉ ଦୌଡ଼ିବିନି।

ମେଳେଛା : ମୋ କଥା ଶୁଣିବୁ? (ଆଗ୍ରହରେ ରାଜୁ ଶୁଣିବାକୁ ଅନେଇଲା) ଯଦି ଏ ଗଞ୍ଜା ନେତାକୁ ନ ଦେଇ ଆମକୁ ଘୁଷୁରି ଦବୁ, ତାହେଲେ ନେତା ଲାଗି ଆମକୁ ଭୁଟ ମାଗିବୁ। ଭୁଟ ହେଲେ ତୁ ଆମ ଘରକୁ ନିତି ଦୌଡ଼ିବୁନି କି?

ରାଜୁ : ଆରେ ଶଳା, ତୁ ଚାଲାକ ହେଇଗଲୁଣି ଦେଖୁଚି?

ମେଳେଛା : ତୁ ଚାଲାକ ହବା ଶିଖେଇଚୁ। ଦବା ନବା ଖେଳ ତୋଠୁ ଜାଣିଲା ପରେ ବୁଦ୍ଧି ପଶିଚି।

ରାଜୁ : ହଉ, ଏବେଠୁ ତୋଠୁ ବୁଦ୍ଧି ଶିଖିବି! ଚାଲିଲି! ଅଫିସର ଆସିଲେ ତୁ ତା କଥା ବୁଝିବୁ!

(ରାଜୁର ପ୍ରସ୍ଥାନ। ଦୁଇ ଜଣ ଦୀର୍ଘ ନିଃଶ୍ୱାସ ନେଇ ଚିନ୍ତିତ ହେଇ ଗଲେ। କଣ କରିବେ ଭାବି ଚାଲିଲେ। ଖାଇବା ଛାଡ଼ି ସାରିଥିଲେ। ତେଣୁ ଗୁରୁବାରୀ ମେଳେଛାର ଚିନ୍ତିତ ହେବା ଦେଖି ବାସନ ସବୁ ଭିତରକୁ ନେଲା। ହାତ ପୋଛି ପୋଛି ନେପଥ୍ୟରେ ବାସନ ଥୋଇ ପ୍ରବେଶ କରିବା ମାତ୍ରେ ମେଳେଛା କିଛି ଉପାୟ ପାଇଲା ପରି କହିଲା-)

ମେଳେଛା : ଗୁରୁବାରୀ ଗୋଟେ ନୂଆ ବାଟ ପାଇଚି! ରାଜୁକୁ ଖାଲି ବାଟ ଜଣା, ଆମକୁ ନୁହଁ?

ଗୁରୁବାରୀ : ଏ ଚଣ୍ଡାଳଙ୍କୁ ଆଉ କିଛି ଦିଶୁନି, ଖାଲି ଆମ ଗଞ୍ଜା!

ମେଳେଛା : ସେଇ ଦୂରିଆ ବର ଗଛ ଦେଖୁଚୁ ?

ଗୁରୁବାରୀ : ସେଠି କଣ ଦେଖୁଚୁ ? ଗଛ ତ ଗଛ ! ସଞ୍ଜ ହେଇଗଲାଣି, ମତେ ତ କିଛି ଦିଶୁନି । ଖାଲି ଝାପ୍‌ସା ଗଛଟା !

ମେଳେଛା : ଗଛ କଣ ଖାଲି ଗଛ ? ଗଛ ଗୋଟେ ଗାଁ । ସେଠି କେତେ ପକ୍ଷୀ, କେତେ ପୋକଜୋକ, କେତେ ଜନ୍ତୁ ସବୁ ରହୁଚନ୍ତି । ଆମକୁ ସେଇ ଗଛର ଛାଇ ବିପଦରେ ଅଳ୍ପ ଦିନ ଲାଗି ଜାଗା ଦବନି ?

ଗୁରୁବାରୀ : ବୁଝିପାରୁନି ।

ମେଳେଛା : ଆମକୁ ସେଇ ଗଛ ତଳେ ଅଳ୍ପ ଦିନ ଲାଗି ରହିବାକୁ ହବ । ଏଇ ଆମ ଘରଟାକୁ ଦେଖେଇ ଘୁଷୁରି ପଲା ବୋଲି କହିବା ।

ଗୁରୁବାରୀ : ଇଏ କୋଉ କଥା ?

ମେଳେଛା : ହଁ । ଆମକୁ ଏଇ ସାଙ୍ଗେ ସାଙ୍ଗେ ଘରର ସବୁ ଜିନିଷ ନେଇ ସେ ଗଛ ମୂଳକୁ ଚାଲିଯିବାକୁ ହବ । ଦିନ ହେଇଗଲେ ସବୁ ଜିନିଷ ନେଇ ହବନି । ତୁ ସେଠି ବାହାରେ ଚୁଲିଟେ ଜାଳିବୁ, ଜିନିଷପତ୍ରକୁ ଗୋଟେ ଚାଦର ଘୋଡ଼େଇ ରଖିବୁ । ଆମ ଗଞ୍ଜା-କୁକୁଡ଼ା ଏଇ ଘରେ ରହିବେ ଆଉ ଜଗିବେ ।

ଗୁରୁବାରୀ : ମୋ ମୁଣ୍ଡରେ ଏସବୁ କିଛି ପଶୁନି ।

ମେଳେଛା : କିଛି ଭାବନି, ମୁଁ ଯାହା କହୁଛି କର । ଚାଲ । ଜିନିଷପତର ଧ !

(ମେଳେଛା ଗୁରୁବାରୀର ହାତ ଧରି ଟାଣି ଟାଣି ଭିତରକୁ ନେଇଗଲା । ଦେଖାଗଲା ସେମାନେ ଘର ଭିତରୁ ଜିନିଷ ସବୁ ମୁଣ୍ଡରେ ବୋହି ବୋହି ନେପଥ୍ୟର ଗୋଟିଏ ପଟୁ ଅନ୍ୟ ପଟକୁ ନେଇଗଲେ ।

(ମଞ୍ଚ ଅନ୍ଧାର)

ଷଷ୍ଠ ଦୃଶ୍ୟ

(ଛଦ୍ମବେଶୀ ଲେଖକ, ଛପି ଛପି ଗଛଟିଏ ଧରି ପ୍ରବେଶ କରି ସ୍ଥିର ହେଇଗଲା। ମେଲେଛା ଗୁରୁବାରୀ ଜିନିଷପତ୍ର ସହ ସେଠି ପହଞ୍ଚିଲେ। ବାହାରେ ଶୂନ୍‌ଶାନ୍ ହେଇଯିବା ଦେଖି ସତର୍କରେ ମେଲେଛା ପାଦ ପକାଇ ଗୁରୁବାରୀର ହାତ ଧରି ନେଉଛି।)

ଗୁରୁବାରୀ : ରାତି ଅନ୍ଧାରଟାରେ ମୋତେ ଏ ପଦାରେ ଶୁଆଇବୁ ?

ମେଲେଛା : ଆମେ ଘର ଛାଡ଼ିଲେ ସିନା ସେଠି ଘୁଷୁରି ରହିବେ।

ଗୁରୁବାରୀ : ଗଛତଳେ, ରାତି ଅନ୍ଧାରରେ। ମତେ ନିଦ ହବନି।

ମେଲେଛା : (ଗୁରୁବାରୀ ତା ଆଡ଼କୁ ଅନେଇଥାଏ।) ସେମିତି ଅନାନି, ମତେ ଲାଗୁଛି ତୋ ଆଖି ଯୋଡ଼ାକ କହୁଚନ୍ତି - ମୁଁ ଗୋଟେ ମରଦ ନୁହଁ, ଯିଏ ତା ମାଇକିନାର ମୁଣ୍ଡ ଗୁଞ୍ଜିବାକୁ ପଲାଟେ ଦେଇପାରୁନି। ଆଲୋ, ଆମେ ତ ଘୁଷୁରି। ଆମର ଘର କଣ, ଥାନ ଅଥାନ କଣ ? ଆମର ଘୁଷୁରି ଆସିବ, ଛୁଆ ଦବ। ତୁ ମଣିଷ ଛୁଆ ନ ହେଲେ ନାହିଁ, ସେ ଘୁଷୁରି ଛୁଆଙ୍କ ଭିତରେ ବଞ୍ଚିବୁ। ସେତିକି ଦବାକୁ ତୋ ମରଦର ଏଇ ଫନ୍ଦି। (ମେଲେଛା ତାର ମରଦପଣିଆ ଦେଖାଇ କହିଲା) ହଉ ଆ ! ଶୋଇପଡ଼େ, ମୁଁ ତୋ ମୁଣ୍ଡ ଥାପିଦଉଚି। (ଟିକେ ସମୟ ପରେ) ଗୁରୁବାରୀ - ଏ ଗୁରୁବାରୀ !

(ଗୁରୁବାରୀ ଅନିଚ୍ଛା ସତ୍ତ୍ୱେ ବସି ପଡ଼ିଛି। ମେଲେଛା ଗୀତ ଗାଇଲା)

ମେଲେଛା : ଏଇ ମହୁଲ ଫୁଲର ବାସ..। ମହକି ଯାଉଚେ ଚତୁରପାଶ..
ତକେ ମୁହିଁ ଝୁରି ମରେ ଗୋ.. ମୋର ସଜନୀ।

କେବେ ଆଇବୁ ବୋଲି ତୁହି। ବସି ଅଛେ ବାଟ ଚାହିଁ..
ତକେ ମୁହିଁ ଝୁରି ମରେ ଗୋ .. ମୋର ସଜନୀ..
(ଆକାଶରେ କିଛି ଦେଖି ଚୁପ୍ ହେଇଗଲା।)
ଗୁରୁବାରୀ, ଏଇ ଗୁରୁବାରୀ - ଦେଖୁଚୁ ?

ଗୁରୁବାରୀ : ହଁ। ଦେଖୁଚି !

ମେଲେଛା : କଣ ଦେଖୁଚୁ ?

ଗୁରୁବାରୀ : ଆକାଶକୁ !

ମେଲେଛା : ଠିକ୍, ଆକାଶରେ କଣ ଦେଖୁଚୁ ?

ଗୁରୁବାରୀ : ତାରା।

ମେଲେଛା : କେତେ ତରା ଦେଖୁଚୁ ?

ଗୁରୁବାରୀ : ବହୁତ ତାରା !

ମେଲେଛା : ଏକଦମ୍ ନିରିଖେଇ ଅନେଇଲୁ। ଖାଲି ତାରା ଦିଶୁଚି ନା ଆଉ କଣ ?

ଗୁରୁବାରୀ : ଆଉ କଣ ?

ମେଲେଛା : ଛୋଟିଆ ଛୋଟିଆ ଧୋବଲା ଧୋବଲା ଘୁଷୁରି ଛୁଆମାନେ, ଦୁଶୁନାଆନ୍ତି ?

ଗୁରୁବାରୀ : ହଁ, ହଁ ତ, ଇ ଧୋବଲା ଧୋବଲା ଘୁଷୁରି ଛୁଆମାନେ, କେନ୍ତା ମନ୍ଦା ମନ୍ଦା ହେଇ ଦିଶୁଛନ୍ତି। ରାତିରେ ଆକାଶ ଏଡ଼େ ସୁନ୍ଦର ଦିଶେ !

ମେଲେଛା : ଏଇ ଛୁଆ ତୋ କୋଳକୁ ଆସିବେ। ଦୁନିଆରେ ସବୁ ଛୁଆ ସମାନ। ଏଇ ମାଟି ପରା ସମସ୍ତଙ୍କ ମା।

ଗୁରୁବାରୀ : ସତରେ ଆମ ଘୁଷୁରି ଏକଥରକେ ଷୋଳଟା ଛୁଆ ଜନ୍ମ କରିବ ?

ମେଲେଛା : ହଁ।

ମେଲେଛା : ଏଇ ଯୋଉ ଶେଷ ପାଳି ହାଟକୁ ଯାଇ ନ ଥିଲି, ସେଇଦିନ ଗୋଟେ ବାଆଜି ଦେଖାହେଇଥିଲା। ମୋତେ ଦେଖି କହିଲା, ବେଟା ଚିନ୍ତିତ ଦିଶୁଛୁ।

ଗୁରୁବାରୀ : ସେଇଠୁ ?

ମେଲେଛା : ସେ କହିଲା, ଚିନ୍ତା କର ନାହିଁ। ତୋ ଘରକୁ ଭଗବାନ ଆସିବେ।

ଗୁରୁବାରୀ : ସତରେ ।

ମେଳେଛା : ଘୁଷୁରି ଆସିବା ମାନେ ବରାହ ଅବତାର ଆସିବା । ମାହାପୁରୁ ବଡ଼ ଲୋକ । ସେ ଗୋଟେ ଦରଜା ବନ୍ଦ କରିଦେଲେ, ଆଉ ଗୋଟେ ଦରଜା ଖୋଲିଦେବେ ।

(ଏତିକି ବେଳେ ବିଲୁଆ ରଡ଼ି ଶୁଭିଲା । ଗୁରୁବାରୀ ଚମକିଲା । ଏତିକି ବେଳେ ଗଞ୍ଜାର ରଡ଼ି ଶୁଭିଲା ।)

ଗୁରୁବାରୀ : ଆରେ, ପୁଣି ସେ ବିଲୁଆ ମୋ କୁକୁଡ଼ା ଭାଡ଼ିରେ ପଶିଲା କି ?

ମେଳେଛା : ନାଇଁ ଲୋ । ସବୁ ଦିନ ସିଏ ଭୁକନ୍ତି, ଭୁକିଲେ ।

ଗୁରୁବାରୀ : ନାଇଁ, ନାଇଁ । ଚାଲ ତ ଦେଖିବା !

(ଏତିକି କହି ଗୁରୁବାରୀ ନିଜେ ଉଠି ପଡ଼ିବାରୁ ମେଳେଛା ଉଠିଲା । ଏତିକି ବେଳେ ଗଞ୍ଜା-କୁକୁଡ଼ା ଦୁଇଟା ଯାକ ତାଙ୍କ ପାଖକୁ ପଶି ଆସିଲେ । ସେମାନେ ଛଟପଟ ହେଇ ଦୌଡ଼ୁଥିଲେ । ତାଙ୍କ ପଛେ ପଛେ ଗୋଟେ ବିଲୁଆ । ଗୁରୁବାରୀ ତାକୁ ଘଉଡ଼େଇବାରେ ଲାଗି ପଡ଼ିଲା ।)

ଗୁରୁବାରୀ : ଦେଖିଲୁ ! ମୋ କଥା ବିଶ୍ୱାସ କରୁ ନ ଥିଲୁ ପରା ! ସେ ବିଲୁଆ ମୋ କୁକୁଡ଼ା ପଛରେ କେବେଠୁ ପଡ଼ିଲାଣି ।

ମେଳେଛା : ହଉ । ବିଲୁଆକୁ ପୁରା ତଡ଼ି ନ ଦେଲେ ପୁଣି ଆସିବ । ଶଳା ଆମ କୁକୁଡ଼ାକୁ ଆଖିରେ ରଖିଚି । ଆଜି ତାକୁ ମାରିକି ଛାଡ଼ିବି । ମୋ ଧନୁ ତୀର କୁଆଡ଼େ ଗଲା ?

(ମେଳେଛା ରାଗିଯାଇ ଧନୁ ତୀର ଧରି ଚାଲିଗଲା । ତା ପଛେ ପଛେ ଗୁରୁବାରୀ ।)

(ମଞ୍ଚ ଅନ୍ଧାର)

ସପ୍ତମ ଦୃଶ୍ୟ

(ବାଦ୍ୟର ଶବ୍ଦ ଭିତରେ ଗାଡ଼ିରେ ଡ୍ରାଇଭର, ଅଫିସର ଓ ରାଜୁ ଗାଁରେ ଆସି ପହଞ୍ଚିବେ। ମେଳେଛା ଓ ଗୁରୁବାରୀ ନିଜ ରହିବା ଘରକୁ ଘୁଷୁରି ଘର ବୋଲି ଚିହ୍ନେଇବାକୁ ପ୍ରସ୍ତୁତ ହୋଇଛନ୍ତି। ଅଫିସର ହାତରେ ଧରିଥିବା ତାଲିକା ଓ ରେଜିଷ୍ଟର ଧରି ରାଜୁ ସହ କଥା ହୋଇ ହୋଇ ଆସୁଥାନ୍ତି। ତାଙ୍କ ସାଙ୍ଗରେ ଛେଳି ଋଣ ପାଇଥିବା ଗ୍ରାମବାସୀ ଅଫିସରଙ୍କୁ ଖୋସାମତ କରି କରି ଚାଲୁଥାଏ।)

ରାଜୁ : ଆଜ୍ଞା ! ଆସନ୍ତୁ। ଇଏ। ଯାର ଛେଳି ଯୋଜନାରେ ନାଁ ଅଛି। ତାର ଘର ଦେଖିବା ଦରକାର ନାହିଁ।

ଗ୍ରାମବାସୀ : ଆମର ପନିପରିବା ଭଲ ହୁଏ। ରାଜୁ ଭାଇ ଯୋଗୁଁ ଆମର ବଡ଼ ନେତା ଯାଏ ସମସ୍ତଙ୍କ ସାଙ୍ଗେ ଚିହ୍ନା। ଯିଏ ଆସନ୍ତି ଆମ ଘର ଆଡ଼େ ବୁଲି ଯାଆନ୍ତି। ଯେତେ ମୁଖ୍ୟମନ୍ତ୍ରୀ, ମନ୍ତ୍ରୀ ସମସ୍ତେ ଆସିଚନ୍ତି। ଘରକୁ ଆସନ୍ତୁ, ଦିନେ ଖାଇବା ପିଇବା କରିବା, ସବୁ ଫୋଟ ଦେଖେଇବି।

ଅଫିସର : ସେଇ ଆଲବମ୍‌ରେ ମୋ ଫଟୋ ବି ଯୋଡ଼ି ଦବ ନା କଣ ?

ରାଜୁ : ଯାଙ୍କ ଘର ଛାଡ଼ିଦେଇ ଚାଲନ୍ତୁ ଆର ସାହିକୁ। ଏଠି ଆଉ କାହାର ନାହିଁ। ଯିଏ ବି ଅଛନ୍ତି, ତାର ଘର ତିଆରି ପଇସା ପେଟକୁ ଯାଇଚି। ଘୁଷୁରି ପଲା ହେଇନି।

ମେଳେଛା : (ଦୂରରୁ) ଆଜ୍ଞା ! ଆଜ୍ଞା ! ଆଜ୍ଞା !
(ରାଜୁ ଅଫିସରଙ୍କୁ କୌଣସି ପ୍ରକାରେ ମେଳେଛା ଘର ପାଖରୁ ନେଇ ଚାଲିଗଲା। ହତାଶରେ ବସିଗଲେ ମେଳେଛା ଓ ଗୁରୁବାରୀ।)

ଗୁରୁବାରୀ : ଦେଖିଲୁ, ମୋ କଥା ନ ମାନି ସେ ରାଜୁ ସାଙ୍ଗେ ମିଶିବାରୁ କି ଫଳ ମିଳିଲା ଦେଖ।

ମେଳେଛା : ହଁ। ଲାଗୁଚି, ସେ ଅଫିସରବାବୁକୁ ଆମ ଘର ଦେଖେଇବାକୁ ଆଉ ଆଣିବନି !

ଗୁରୁବାରୀ : ଗଛ ତଳେ ଶୋଇବାର ଫଳ କିଛି ମିଳିବନି ?

ମେଳେଛା : ଯାଉଚି, ତା ସାମନାକୁ ଯିବି। ନେତା ସାଙ୍ଗେ ମୋର ଯୋଉ ଫଟ ଉଠିଥିଲା ସେଟା ଦେଖେଇବି, ଆଉ କହିବି - ଆମ ଘର ଆସିକି ଦେଖ।

(ମେଳେଛା ଘର ଭିତରୁ ଖବର କାଗଜ ଆଣି ଆସିଲା। ହଠାତ୍ ଦେଖାଗଲା ଗଞ୍ଜା-କୁକୁଡ଼ାଙ୍କୁ ଅଫିସର ଓ ରାଜୁ ଗୋଡ଼େଇ ଗୋଡ଼େଇ ଆସିଲେ। ଗଞ୍ଜା-କୁକୁଡ଼ା ଦୁହେଁ ଦୌଡ଼ି ଦୌଡ଼ି ଆସି ମେଳେଛାର ନିଜ ଘରେ ପଶିଗଲେ। ଗୁରୁବାରୀ ସେମାନଙ୍କୁ ଯତ୍ନରେ ଭିତରକୁ ନେଇଗଲା। ଅଫିସର ଓ ରାଜୁ ନିଜକୁ ସମ୍ଭାଳିନେଲେ।)

ମେଳେଛା : ଜୁହାର ଆଜ୍ଞା ! ଆପଣଙ୍କ ଲାଗି ଅପେକ୍ଷା କରିଥିଲି।

ରାଜୁ : ସାରେ, କହୁ ନ ଥିଲି ? ଘର ପଇସା ପେଟରେ ପକେଇବା ଲୋକ ଭିତରୁ ଇଏ ଗୋଟେ। ଘର ତ କରି ନାହିଁ, ଦେଖିବେ କଣ ? (ରାଜୁକୁ) ତୁ କଣ ଦେଖେଇବୁ ବୋଲି ଅପେକ୍ଷା କରିଥିଲୁ ?

ମେଳେଛା : ଘୁଷୁରି ପଲା ! ମୁଁ ଆଜ୍ଞାଙ୍କୁ ଘୁଷୁରି ପଲା ଦେଖେଇବି।

ଅଫିସର : ମନ୍ତ୍ରୀ ଆସିବା ଦିନ ତମେ ଥିଲ ?

ମେଳେଛା : ଏଇ ଦେଖୁ ନାହାନ୍ତି ଆଜ୍ଞା !

(ମେଳେଛା ସାଇତି ରଖିଥିବା ଖବର କାଗଜ ଦେଖେଇଚି। ଅଫିସର ଟିକେ ଚମକିଛନ୍ତି। ନିଜ ତାଲିକା ଦେଖି ରାଜୁକୁ ଫୁସ୍ ଫୁସ୍ ହେଇ କହୁଚି।)

ଅଫିସର : ନାଁଟା ତାଲିକାରେ ଅଛି। ମିଡିଆରେ ଫଟ ବାହାରିଚି। ତାକୁ ଆଭଏଡ୍ କରି ହବନି ରାଜୁ ବାବୁ।

ରାଜୁ : ତା ବୋଲି ଘୁଷୁରି ପଲା ନ କଲେ ବି ଘୁଷୁରି ଦବା ?

ଅଫିସର : ଆଗ ଦେଖେ, କି ଘର କରିଚି ?

(ରାଜୁ ଏଇ ଫୁସ୍ ଫୁସ୍ କଥାରେ ରାଜି ହେଇଚି।)

ରାଜୁ : ହଉ! ଦେଖା ତୋ ଘୁଷୁରି ପଲା କୋଉଠି ଦେଖା!

ଅଫିସର : ହଁ ତମ ଘର ଦେଖିଲେ ଘୁଷୁରି ନିଶ୍ଚୟ ମିଳିବ।

ମେଲେଛା : ମୁଁ ଆଜ୍ଞା ଘୁଷୁରି ରହିବାକୁ ପଲା କରିଚି। ଏଇ ଦେଖନ୍ତୁ ଆଜ୍ଞା!

ରାଜୁ : ହଇରେ, ବାବୁ ସିନା ଗାଁର ନୁହନ୍ତି, ଆମେ ସବୁ ଗାଁ ଲୋକ ଜାଣୁ ଯେ ଏଇଟା ତୋ ରହିବା ଘର। ତୋ ଘୁଷୁରି ପଲା କୋଉଠି ଦେଖା!

ମେଲେଛା : ଆଜ୍ଞା, ଆପଣ ଆସିଚନ୍ତି ଘୁଷୁରି ଦେଖିବାକୁ ନା ମୋ ରହିବା ଘର ଦେଖିବାକୁ? ଏଇ ଦେଖନ୍ତୁ। ଘୁଷୁରି ପଶିବାକୁ ତଳିଆ କରି ଗାତୁଆ ଦୁଆର। (ମେଲେଛା ନିଜ ଘରକୁ ଘୁଷୁରି ଘର ବୋଲି ଦେଖେଇବାକୁ ନିଜେ ଘୁଷୁରି ହୋଇ ଘର ଭିତରକୁ ପ୍ରବେଶ କରୁଛି ଓ ବାହାରିଛି।) ଏଇ ସାମନାରେ ପିଇବାକୁ ପାଣି କୁଣ୍ଡ। ଆଉ କଣ ଲୋଡ଼ା? ମୋ ରହିବା ଘରେ ଏଗୁଡ଼ାକ କାହିଁକି ରହିବ ଆଜ୍ଞା!

ରାଜୁ : ହେ ପ୍ରଭୁ! ୟାକୁ ଏତେ ଦୁଷ୍ଟ ବୁଦ୍ଧି ଦେଲ ଯେ - ନିଜ ଘରକୁ ଘୁଷୁରି ଘର କରିଦଉଚି!

ଅଫିସର : (ମେଲେଛାର ଘର ଦେଖୁଚନ୍ତି। ତାର ନିରୀହ ବର୍ଣ୍ଣନା ଦେଖି ସନ୍ତୁଷ୍ଟ ହେଇ ଶେଷରେ) ସେ ଯାହା ହଉ ରାଜୁ ବାବୁ, ୟାଙ୍କୁ ଦବାକୁ ହବ!

ରାଜୁ : ମତେ ତାହାହେଲେ ଆଉ ପଚାରିବାର କଣ ଅଛି ଆଜ୍ଞା!

ଅଫିସର : ଶୁଣ! (ରାଜୁ କାନରେ କିଛି କହିଲେ)। ଏ ବାବୁରେ, ଏଠି ଗୋଟେ ଦସ୍ତଖତ କର ତ! (ମେଲେଛା ଆଗ୍ରହରେ ଟିପ ଦେଲା) ଶୁଣ, ତମ କାଗଜ ରାଜୁବାବୁଙ୍କୁ ଦେଲି। ତମେ ତାଙ୍କ ସାଙ୍ଗେ କଥା ହେଇ ତାଙ୍କଠୁ ନବ। ମୁଁ ରାଜୁ ବାବୁ, ଗାଡ଼ିରେ ବସୁଚି, ତମେ କଥା ହେଇ ଆସ।

(ଗୋଟିଏ କାଗଜ ରାଜୁ ହାତକୁ ବଢ଼େଇ ଦେଇ ଅଫିସର ଚାଲି ଯାଇଛନ୍ତି।)

ରାଜୁ : ଦେଖିଲୁ ତ? ମୋ କଥା ବିଶ୍ୱାସ ହଉ ନ ଥିଲା। ବାବୁ କହି

ଦେଇଗଲେ - ଗଞ୍ଜା ଦେବୁ ତ ଘୁଷୁରି ପାଇବୁ। ଅନ୍ୟମାନେ ବେଶି ବେଶି ପଇସା ଦେଇ କାମ କରଉଚନ୍ତି। ତୋର ଲାଗି ଖାଲି ଗୁଟେ ଗଞ୍ଜା।

ମେଳେଛା : ଦେଖ ରାଜୁ! ସେ ଦିନର କଥାକୁ ଧରନା ଆଉ। ଆଗକୁ ଭୋଟ୍ ଆସୁଚି। ଦେଖ୍ ତୁ ଯୁ ପାର୍ଟି ପତକା ଦେଇଥିଲୁ ସିଟା ଆଜି ଯାଏଁ ଘର ଚାଳରେ ସାଇତି ରଖିଚି। ଦେଖ୍! (କହି ପତାକା ଆଣି ଦେଖେଇଲା) ତୁ କହ ଅଫିସରକୁ, ଆମ ଗଞ୍ଜା ଛାଡ଼ି ଅନ୍ୟ କୁକୁଡ଼ା ଦେବି। ମତେ ଘୁଷୁରି ଦେ। ତୋର କଥା ସେ ବାବୁ ମାନିବ। ରାଜୁ, ତୋର ସାନ ଭାଇ ପରିକା ମୁଁ। ମୋର ଭୁଲ୍ ହେଇଚି, ମୁଁ ମାନୁଚି।

ରାଜୁ : ଠିକ୍ ଅଛି! ଭୁଲ ବୁଝିଚୁ ବୋଲେ ତୋ କାମ କରେଇବି। ହେଲେ ତୋର ଗଞ୍ଜା ଉପରେ ଇମିତି ନଜର ପଡ଼ିଚି ଯେ ସେ ବାବୁ ଭୁଲି ପାରୁନାହିଁ। ଦେଖିବା! ଆଗ ବୁଧବାର ଦିନ ଆସିବୁ। ନେ, ଏ କାଗଜ ମୋର କଣ ହବ?

(ରାଜୁ ଏତିକି କହି ଚାଲିଗଲା। ମେଳେଛା ଓ ଗୁରୁବାରୀ ଖୁସିରେ କାଗଜଟିକୁ ଦେଖୁଥାନ୍ତି।)

- ଗୀତ -

ସପନ ଆମର ସତ ହୋଇବ,
ଏ ଘରେ ନୂଆ ସଂସାର ହେବ।
କଷଣର ଦିନ ଶେଷ ହୋଇବ॥
ପୁରୁଣା ସପନ ନୂଆ ହୋଇବ,
ସେଇ ଦିନ ଲାଗି ବଞ୍ଚି ରହିବ।
ସେ ଦିନ ଆସିବ, ଏ ଘର ହସିବ॥

ରୋଜଗାର ଆମ ନିଶ୍ଚେ ବଢ଼ିବ,
ନୂଆ ମୁହଁ ଏଠି ଜନମ ହେବ।
ଚାରି ପୁଞ୍ଜା ମୁହଁ ଏଠି ଦୁଶିବ॥

ଘୁଷୁରି ନୁହଁ, ବରାହ ଅବତାର,
ଘରକୁ ଆସିବେ ଏ ଘର ଠାକୁର।
ଦୁଃଖ ହରଣ ଆମର ହେବ॥
(ଏତିକିବେଳେ ଗଞ୍ଜା-କୁକୁଡ଼ା ଦୁହେଁ ପଶି ଆସିଛନ୍ତି ଓ ଏମାନେ ଦୁଇ ଜଣ ତାଙ୍କୁ ଧରି ଖୁସିରେ ତାଙ୍କ ସହ ନାଚିଛନ୍ତି।)
(ଏତିକି ବେଳେ ଜିପ୍‌ଟା ପୁଣି ଫେରିଚି। ଗୁରୁବାରୀ ଓ ମେଲେଛା ଗଞ୍ଜା-କୁକୁଡ଼ା ଦୁଇଟାକୁ ଲୁଚାଇବାକୁ ସେମାନଙ୍କୁ ଧରି ଘର ଭିତରକୁ ନେଇଯାଇଛନ୍ତି। ସମସ୍ତେ ଚାଲି ଯାଇଛନ୍ତି।)

(ମଞ୍ଚ ଅନ୍ଧାର)

ଅଷ୍ଟମ ଦୃଶ୍ୟ

(ବସ୍ ଭିତରେ ଅନେକ ଲୋକଙ୍କ ଗହଳିରେ ରାଜୁ, ମେଳେଛା ଆଉ ଜଣେ ଗାଁ ବାଲା ବସିଚନ୍ତି। ଗାଡ଼ି ଚାଲିବା ଭିତରେ କଥା ହେଉଛନ୍ତି। ବସ୍ ଭିତରେ ବସିବା, ହଲିବା, ତା ଭିତରେ ଅନ୍ୟମାନେ ଚଳପ୍ରଚଳ ହେବା ଭଙ୍ଗୀରୁ ଜଣା ପଡୁଚି ଯେ ସେମାନେ ବସ୍‌ରେ ବସିଚନ୍ତି।)

ମେଳେଛା : ଆଜି ସତରେ ଘୁଷୁରି ମିଳିବନା ?

ଗ୍ରାମବାସୀ : (କେହି ନ ଶୁଣିଲା ପରି) ସତ କହିବି - ମତେ ବିଶ୍ୱାସ ହଉନି। ଏ ରାଜନୀତିଆ ଲୋକଙ୍କୁ ବିଶ୍ୱାସ ନାହିଁ।

ମେଳେଛା : (ଶୁଣେଇଲା ପରି) ମତେ ଲାଗୁଚି, ଦେବେ। କାହିଁକି ଜାଣିଚୁ ? ଭୁଟ ମାଗିବା ବେଳ ଆସିଲାଣି ବୋଲି କୁହାକୁହି ହଉଚନ୍ତି।

ଗ୍ରାମବାସୀ : ମାସେ ହୋଇଗଲା, ରୋଜ୍ ରୋଜ୍ ଆମେ ଦଉଡୁଛନ୍ତି। ବ୍ୟାଙ୍କ୍‌ରୁ ବ୍ଲକ୍ ଅଫିସ୍, ବ୍ଲକ୍ ଅଫିସ୍‌ରୁ ବ୍ୟାଙ୍କ୍।

ମେଳେଛା : ମୁଁ ଆଜି ଯାଏଁ ବିଶ୍ୱାସ କରିଚି - ନିଶ୍ଚୟ ଘୁଷୁରି ଦେବେ। ନା କଣ ରାଜୁ ?

ରାଜୁ : ତତେ ଗୁରୁ କରିଚି ମାଗଣାରେ ? ମୋ ଉତ୍ତର ତୁ ଦେଇଦଉଚୁ।

ମେଳେଛା : ଗୁରୁ ? ସମତେ ଜାଣନ୍ତି ତୁ ଆମ ଗାଁର ଗୁରୁ। ଓ.. ଓ.. ସେଦିନ ଆମ କଥାକୁ ଧରି ବସିଚୁ ? ହଇରେ ତୁ ଆମ ଘରର ଭଗବାନ ହବାକୁ ଯାଉଚୁ। ଖାଲି ସେ ଗଞ୍ଜାଟା ମାଗିଲାରୁ କହିଦେଲି ନା।

ଗ୍ରାମବାସୀ : ହଇରେ ରାଜୁ - କେବେଠୁ ଦେଖିଆସୁଚି, ଏ ସହରିଆ

ବାବୁ ଭାୟା ଯେବେ ଗାଁକୁ ଆସନ୍ତି ସେବେ ତାଙ୍କର ଆମ ଜଙ୍ଗଲ, ଜନ୍ତୁ, ଫଳମୂଳ, ବାଡ଼ିର ପନିପରିବା ଓପେରେ ଆଖି ପକାନ୍ତି। କହିଲୁ ବିଲି ଏଇ ବେଗ୍‌ରେ ମୋ ବାଡ଼ିର ପରିବା ଧରିଚି। ତାଙ୍କ ଆଡ଼େ ଇଏ ସବୁ ମିଳେନା କିରେ ? ତୁ ସହର-ବଜାର, କେପିଟେଲ ଯାଇଚୁ.. କହିଲୁ !

ରାଜୁ : ହଁ, କାହିଁ ମୋ ନଜରରେ ପଡ଼ିନି। ପରିବା ବଡ଼ ବଡ଼ ମିଳେ। ବାବୁ କହେ ତାଙ୍କର ସବୁ ସାର ଦିଆ, ଦିହକୁ ଭଲ ନାଇଁ।

ମେଲେଛା : ଆଉ କୁକୁଡ଼ା ? ତାଙ୍କ ଆଡ଼େ କୁକୁଡ଼ା ନାହିଁ ?

ରାଜୁ : ସେଇ ଏକା କଥା। ତୋ ଗଞ୍ଜା ଦେଶୀ। ତାଙ୍କ ବିଦେଶୀ ଧଳା କୁକୁଡ଼ା ତୋ ଗଞ୍ଜା ଆଗରେ କିଛି ନୁହଁ।

ଗ୍ରାମବାସୀ : ତୋ କଥାରେ ଘର ଘର ସମସ୍ତେ କିଛି ନା କିଛି ଦେଇ ଚାଲିଲେ, ହେଲେ ଛେଳି କାହିଁ ? ଘୁଷୁରି କାହିଁ ? ସରକାରୀ ସାହାଯ୍ୟ ଦେଖା ନାହିଁ।

ରାଜୁ : ଆରେ ଆଜି ଆମ ଗାଁର ସମସ୍ତଙ୍କୁ ଛେଳି-ଘୁଷୁରି ମିଳିବା ପାଳି ପଡ଼ିଲା। ଆମ ଆଗେ ଆଗେ ଅଫିସରବାବୁ ଯାଇଥିବେ।

ମେଲେଛା : ଗୁରୁବାରୀକୁ ଆଜି କଥା ଦେଇ ଆସିଚି - ମୁଁ ଘୁଷୁରି ନେଇ ଫେରିବି। ନ ହେଲେ ଘରକୁ ଫେରିବି ନାହିଁ।

ରାଜୁ : ଅଧୈର୍ଯ୍ୟ ହଅନା ମେଲେଛା। ଇଏ ସରକାରୀ ଋଣ କଥା। ସେଥିରେ ଟାଇମ୍ ଲାଗେ। ଇନ୍ଦ୍ର ଦେବତା ଯାହା, ସରକାର ସେଇଆ। ତାଙ୍କ ଦୟା ହେଲେ ବର୍ଷା ବର୍ଷିବ, ୟାଙ୍କ ଦୟା ହେଲେ ଲୋନ୍ ମିଳିବ। ମୁଁ କଣ କରିବି ? ଏ ଏ, ଆମକୁ ଏଇଠି ଛାଡ଼ିଦିଅ।

(ବସ୍ ଅଟକିଲା। ସେମାନେ ଓହ୍ଲେଇଗଲେ। କିଛି ବାଟ ଚାଲୁ ଚାଲୁ -)

ରାଜୁ : (ଗୋଟାଏ ଜିପ୍ ଆସୁଛି) ହେଇ ! ରହ, ରହ, ବ୍ଲକ୍ ଜିପ୍ ଆସୁଛି ନା କଣ ?

ମେଲେଛା : (ଅନେଇଛି) ହଁ ତ, ବାବୁ ପରା ଆଗରେ ବସିଛନ୍ତି।

(ଜିପ୍ ଆସି ବ୍ରେକ୍ ଦେଉଛି। ଏ ତିନି ଜଣ ଜୁହାର ହଉଛନ୍ତି।)

ଅଫିସର : ଆରେ ଏଠି କଣ ? ହାଟରେ ପହଞ୍ଚିଯିବା କଥା ନା ଆଉ - ରାଜୁବାବୁ, ଆମ ସାଙ୍ଗେ ଆସନ୍ତୁ !

ମେଳେଛା : ଆଜ୍ଞା, ଘୁଷୁରି ଘର ତମେ ମାହାପୁରୁ ଦେଖିଲ, ଆଉ କହିଲ ଘୁଷୁରି ମିଳିବ। ବହୁତ ଦୌଡ଼ିଲି ଆଜ୍ଞା। ଏବେ କୁହ କୋଉଠୁ ଘୁଷୁରି ନେବି ? ଇଆଡ଼ିକା ହାଟ ଆମେ ଦେଖିନୁ ଆଜ୍ଞା !

ଅଫିସର : (ନାକରେ ରୁମାଲ ଗୁଞ୍ଜିଛନ୍ତି) ଶୁଣ, ଆମର ଗାଡ଼ିରେ କାଗଜପତ୍ର ଭର୍ତ୍ତି। ଜାଗା ନାହିଁ ! ତମେ ଚାଲି ଚାଲି ଆସ, ଆମେ ତମକୁ ଅପେକ୍ଷା କରିବୁ। ଆମେ ଆଗେ ଯାଇ ଘୁଷୁରି ବାଛି ରଖିବୁ।

ଗ୍ରାମବାସୀ : ମୋ ଛେଳି ?

ରାଜୁ : ଆଜ୍ଞା, ଯାକୁ ଓହଳେଇକି ହଉ ପଛେ ନେଇଯିବା। ଆପଣଙ୍କ ଲାଗି ବେଗ୍‌ରେ କଣ ସବୁ ଆଣିଚି। ସେଇଟାକୁ ଧରି ଧରି କଣ ଚାଲିବ ?

ଅଫିସର : (ବ୍ୟାଗ୍ ଉପରେ ନଜର ପଡ଼ିଲା) ଓ.. .. ତାହେଲେ ତୁମେ ଚାଲି ଆସ।

(ଗ୍ରାମବାସୀ ଜିପ୍ ପଛରେ ବ୍ୟାଗ୍ ଧରି ବସିଲା।)

ମେଳେଛା : ମୁଁ କୁଆଡ଼େ ଯିବି ବାବୁ, ବାଟ ଦେଖି ନାହିଁ।

ଅଫିସର : ଗାଡ଼ିରେ ତ ଜାଗା ନାହିଁ, ନ ହେଲେ ନେଇଯାଇଥାନ୍ତୁ। ରାଜୁବାବୁ, ବାଟ ବତେଇ ଦେଲ !

ରାଜୁ : ମୁଁ ? କୋଉ ବାଟ ?

ଅଫିସର : ଘୁଷୁରି ପାଇବା ଠିକଣା।

ରାଜୁ : ଘୁଷୁରି ପାଇବା ଠିକଣାକୁ ବାଟ.. ..। ହଁ ମେଳେଛା ଶୁଣେ - ହେଇ ସେ ଘର ଦେଖୁଚୁ ? (ମେଳେଛା ମୁଣ୍ଡ ଟୁଙ୍ଗାରିଲା).. ତା ପାଖରୁ ବାଁ ହାତି ଯିବୁ। ତାପରେ ଦେଖିବୁ ଗୋଟେ ମନ୍ଦିର। ସେଇଠୁ ଯିବୁ ଡାହାଣକୁ। ତିନିଟା ଗଳି ଛାଡ଼ିଦବୁ। ତାପରେ ଦେଖିବୁ ଗୋଟେ ପଡ଼ିଆ। ପଡ଼ିଆ ଯୋଉଠି ସରିବ, ତା ପାଖରେ ଅଛି ଗୋଟେ ପୋଖରୀ। ପୋଖରୀ ଯୋଉଠି ସରିବ ସେଇଠି -

ଅଫିସର : ସେଇଠି ଅଛି ଗୋଟେ ଗୋଲେଇ ଛକ ! ସେଇ ଯାଏଁ ଆଗ

ଚାଲ, ତାପରେ ଆମକୁ ପାଇବୁ। ହେଃ, ସିଏ ଏତେ କଥା ମନେ ରଖିବ ? ବୁଢ଼ୀ ଅସୁରୁଣୀର ଜୀବନ ଫରୁଆ ଖୋଜିବା ଭଳିଆ କଥା ! ତୁ ଯେତିକି ସମୟ ନେଲୁଣି ସେପଟେ ଘୁଷୁରି ବଣ୍ଟା ସରିଯିବ। ତୁ ଯାହା ବୁଝିଲୁ ବୁଝି ଚାଲୁଥା, ରାଜୁବାବୁ ନ ହେଲେ ତତେ ଖୋଜି ବାହାର କରିଦବନି ? ଚାଲରେ !

ମେଳେଛା : ମୋର ଧଳା ଘୁଷୁରି ବାବୁ। ରାଜୁ, ଦେଖିବୁ ରେ !

ଅଫିସର : ହଁ, ହଁ, ଆମେ ସମସ୍ତେ ଜାଣିଛୁ। ତମର ଧଳା ଘୁଷୁରି। ଆଚ୍ଛା, ତମ ଆସିବା କାଳେ ଡେରି ହବ, ଏଇଠି ଗୋଟେ ଟିପ ଦିଅ। (ମେଳେଛା ଗୋଟେ କାଗଜରେ ଟିପ ଦେଲା, ଅଫିସର ତାପରେ ଡ୍ରାଇଭରକୁ କହିଲେ) ଆରେ ଚାଲ୍....

ରାଜୁ : ମେଳେଛା ଦେଖିଲୁ, ଏବେ ବିଶ୍ୱାସ ହେଲା ?
(ଜିପ୍ ଆଗକୁ ଗଡ଼ିଯାଉଛି। ମେଳେଛା କିଛି ବୁଝିବା ଆଗରୁ ଜିପ୍‌ରେ ବସି ରାଜୁ ଯାଇସାରିଥିଲା।)
(ଜିପ୍ ମେଳେଛା ଠାରୁ ଆଗେଇ ଯିବା ପରେ ଜିପ୍ ଭିତରେ କଥା ହେଲେ।)

ଅଫିସର : ଲୋକଟା ବଡ଼ ଏକଜିଦିଆ। ମାସେ ହେଲା ଦଉଡୁଛି ସବୁଦିନେ।

ରାଜୁ : ଜୋକ, ଜୋକ ଆଜ୍ଞା, ପକ୍କା ଆଡ଼ପାଗଳଟା। କହିଲି କକକ ଦେ ଘୁଷୁରି ନେ।

ଅଫିସର : ହଉ, ତମ ଛେଳି ଜାଗା କାହିଁ ?

ରାଜୁ : ଚାଲନ୍ତୁ ! ସିଧା, ତାପରେ ବାଁ ହାତି ! ହାଟ ସରିଲା ପରେ। (ପଛରେ ରହିଯାଇଛି ଏକାକୀ ମେଳେଛା। ଆବାକାବା ହୋଇ ଗାଡ଼ିକୁ ଅନଉଛି। ତା ମନ ଭାରି ଦୁଃଖ। ଧୀରେ ଧୀରେ ଚାଲିବାକୁ ଆରମ୍ଭ କଲା।)

ମେଳେଛା : (ମନେ ମନେ) ଏଇଟା ତ ଗୋଲେଇ ଛକ। ବାବୁର ଗାଡ଼ି ଗଲା କୁଆଡ଼େ ? ଗାଡ଼ି ବି ଦିଶୁ ନାହିଁ। ରାଜୁ ଦିଶୁ ନାହିଁ। ଧଳା ଘୁଷୁରି କଣ ଏଇଠି ମିଳିବ ? (ଦେଖିଲା ତା ଗାଁବାଲା ଜଣେ ଆସୁଛି, ଦିଟା ଛେଳି ଧରି ଆସୁଚି।) ହେ ଭାଇ, ଶୁଣ ଶୁଣ।

ଗ୍ରାମବାସୀ : ତତେ ଏଠି ରହିବାକୁ କହିଚନ୍ତି ?

ମେଳେଛା : ଏଠି ଘୁଷୁରି କେଉଁଠି ମିଳନ୍ତି ?

ଗ୍ରାମବାସୀ : କେଜାଣି ? ଅପେକ୍ଷା କର, ଦେଖ !

ମେଳେଛା : ସରକାରୀ ଧଳା ଘୁଷୁରି ଦୂରରୁ ଦୁଶିବା କଥା।

ଗ୍ରାମବାସୀ : ତାହେଲେ ତତେ ଅଫିସିରେ ମିଳିବ ପରା ଲାଗୁଚି। କାଇଁ ମୋ ନଜରରେ ତ ଧଳା ଘୁଷୁରି ଆସିନି। ମୁଁ ଗାଁକୁ ଚାଲିଲି। ହେ.. ଏ.. ଚାଲ୍! (ଛାଟରେ ଅଡ଼େଇ ଦେଲା)

ମେଳେଛା : ଅଫିସି କୋଉଠି.. ..ସେଠିକି ମୁଁ କଣ ଚାଲି ଚାଲି ଯିବି ? ଯାଏ। (କିଛି ନ ବୁଝି ଚାଲିବାକୁ ଆରମ୍ଭ କଲା)

(ମେଳେଛା ଚାଲିବାକୁ ଲାଗିଲା। ହଠାତ୍ ନଜର ପଡ଼ିଛି, ଗୋଟେ ଗଛତଳେ ଜିପ୍ ରହିଛି। ମେଳେଛାର ଆଖି ଉଜ୍ଜ୍ୱଳି ଉଠିଛି। ଜିପ୍‌ରେ ସିଟ୍ ଉପରେ ଆଁ ମେଲି ଶୋଇଛି ଡ୍ରାଇଭର। ମେଳେଛା ଜିପ୍ ପାଖକୁ ଆସି)

ମେଳେଛା : ହେ ଡାଇଭର ବାବୁ, ହେ ଡାଇଭର ବାବୁ। ହେ - ଶୁଣୁଛ ! (ବେଶ୍ କେତେଥର ଡାକିଲାପରେ ମଦ ନିଶାରେ ଶୋଇଥିବା ଡ୍ରାଇଭର ଉଠୁଛି)

ଡ୍ରାଇଭର : କିଏ ?

ମେଳେଛା : ମୁଁ ମେଳେଛା ପଧାନ।

ଡ୍ରାଇଭର : ଆବେ ଭାଗ୍ - କେତେ କଷ୍ଟରେ ଭାତନିଦ ଆସିଥିଲା, ଶଳା ନିଦଟା ଭାଙ୍ଗିଦେଲା।

ମେଳେଛା : ଗାଳି ଦେଏନି ବାବୁ। କେତେବେଳୁ ଖରାରେ ଏ ମୁଣ୍ଡରୁ ସେମୁଣ୍ଡ ବୁଲୁଛି। କାହାର ଦେଖା ପାଉ ନାହିଁ। ବାବୁମାନେ କୋଉଠିକି ଗଲେ ? ଆମ ଗାଁ ରାଜୁ ?

(ସେତିକିବେଳେ ଦେଖୁଛି, ଅନ୍ୟ ଦିଗରୁ ଅଫିସରବାବୁ ଆସୁଛନ୍ତି। ରାଜୁ ଲୁଚିଗଲା।)

ମେଳେଛା : (ଅନଉଛି) ବାବୁମାନେ ଏଇଠି ଘୁଷୁରି ଖୋଜୁଥିଲେ ? (ଡ୍ରାଇଭରକୁ) ସରକାରୀ ଘୁଷୁରି କଣ କୋଠାଘରେ ରହନ୍ତି ବାବୁ ?

ଡ୍ରାଇଭର : ଆବେ, କୋଠାଘରକୁ ଯାଇ ନ ଥାଆନ୍ତେ, ଆଉ କଣ ଏ

ଖରାବେଳେ ତୋ ପରି ରାସ୍ତାରେ ବୁଲୁଥାଆନ୍ତେ ନା ମୋ ଭଳିଆ ଗଛମୂଳେ ପଡ଼ିଥାଆନ୍ତେ ? ଆଁ ?

ମେଳେଛା : ମୁଁ କିଛି ବୁଝିପାରୁ ନାହିଁ ? (ସେ ଡ୍ରାଇଭରକୁ ଛାଡ଼ି ଅଫିସରଙ୍କ ପାଖରୁ ଯାଇ) ବାବୁ, ବାବୁ ! !

(ମେଳେଛାକୁ ଦେଖି ଅଫିସର ଚମକି ପଡ଼ିଲେ ।)

ଅଫିସର : କିହୋ, ତୁମେ ଏଠି କୁଆଡ଼େ ? ବଡ଼ ବିଚିତ୍ର ଲୋକ !

ମେଳେଛା : ବାବୁ ଘୁଷୁରି ! !

ଅଫିସର : ହୋ ବାବୁ ଶୁଣ । ଆମେ ପହଞ୍ଚିଲାବେଳକୁ ଖରା ଟାଣ ହେଲାଣି । ଧଳା ଘୁଷୁରିମାନେ ସବୁ ଗରମ ଲାଗିଲାରୁ ପାଣି ଭିତରକୁ ପଳେଇଲେ । ଆଉ ପାଣିରୁ ଉଠିଲେ ନାହିଁ । ଆମେ ବେପାରୀକୁ ତମ ଲାଗି ପଇସା ଦେଇଦେଇଛୁ । ସେ ତା ଗାଡ଼ିରେ ନେଇ ଘୁଷୁରି ତମ ଘର ସାମନାରେ ପହଞ୍ଚେଇଦେବ । ଆଉ ବ୍ୟସ୍ତ ହୁଅନା । ଘରକୁ ଯାଆ । ନିଅ, ଘରକୁ ଫେରିବା ଖର୍ଚ୍ଚ । (କିଛି ଟଙ୍କା ତା ହାତରେ ଗୁଞ୍ଜିଦେଲେ)

ମେଳେଛା : ନାଇଁ ବାବୁ ! ମୁଁ ଆମ ଘୁଷୁରି ନେଇକି ଯିବି ।

ଅଫିସର : ତୁମେ ମଣିଷ ନା ଜୋକ ହେ ? ଆମେମାନେ ଠିକ୍ ବେଳରେ ପହଞ୍ଚିଲୁ, ହେଲେ ତମେ ଡେରି କଲ କାହିଁକି, ଆଁ !

ମେଳେଛା : ମୋତେ ତ ରାଜୁ ଆପଣଙ୍କ ଗାଡ଼ିପାଖକୁ ଯେତେବେଳେ ଆଣିଲା ସେତେବେଳେ ଆସିଲି । ତାକୁ ଗାଡ଼ିରେ ଆଣିଲେ, ମତେ ଆଣିଥିଲେ..

ଅଫିସର : ତମେ କିଛି ଦୁଃଖ ନ କରି ଗାଁକୁ ଫେରିଯାଅ । ତୁମ ଘୁଷୁରି ତମ ପାଖେ ନିଶ୍ଚେ ପହଞ୍ଚିବ । ଆମକୁ ଅନ୍ୟ ଜାଗାକୁ ଯିବାକୁ ହବ । ବାଟ ଛାଡ଼ । (ଡ୍ରାଇଭରକୁ) ଚାଲ । ବାହାରିବା ।

ଡ୍ରାଇଭର : ସାର୍ ।

(ଅଫିସର ଗାଡ଼ିରେ ବସିଲେ । ମେଳେଛା ବାଲୁବାଲୁ ହୋଇ ଅନଉଛି । ସେ ଦେଖୁଛି ଅଫିସରଙ୍କ ଗୋଡ଼ ଟଳୁଛି । ରାଜୁ ଲୁଚି ଲୁଚି ଦେଖୁଥିଲା ।)

ମେଳେଛା : ମୋ ଘୁଷୁରି ନ ନେଇ ଖାଲି ହାତରେ ଫେରିବି ନାଇଁ ଆଜ୍ଞା !

ପାଣିକୁଣ୍ଡ, ପଲା, ଚୋକଡ଼ ଦାନା ସଜେଇ ରଖିଛି। ଖାଲି ଗୁରୁବାରୀ ଦେଖିବ ଘୁଷୁରି ହଲେ, ଆଉ କେତେଟା ଦିନରେ ଛୁଆ ମେଞ୍ଚାଏ! ସେତିକି। (କାନ୍ଦୁଛି)

ଅଫିସର : ଆରେ ଆରେ, ୟେ କଣ କାନ୍ଦିଲାଣି? ଚାଲ ଏ ଜାଗା, ଏସବୁ ଡ୍ରାମାବାଜି ଲାଗି ନୁହଁ। ଗାଁରେ ଗଞ୍ଜା ଲାଗି ପ୍ରେମ, ଏଠି ଘୁଷୁରି ଲାଗି ପ୍ରେମ। ଜଙ୍ଗଲରେ ଜନ୍ତୁଙ୍କ ଦୁନିଆରେ ରହୁନୁ! ହୁଃ! ଚାଲ ଶୀଘ୍ର!

ମେଲେଛା : ଆଜ୍ଞା! ବାବୁ, ମୋ କଥା ଶୁଣ ବାବୁ! ରାଜୁ କହିଛି, ତମର ମୋ କୁକୁଡ଼ା ଖାଇବାକୁ ମନ! ମୁଁ ଦେବି। ମତେ ଘୁଷୁରି ଦିଅ। ଧଳା ଘୁଷୁରି ଦିଇଟା! ରାଜୁକୁ ସାକ୍ଷୀ ରଖ। ମୁଁ ଆଜି ଘୁଷୁରି ନେବି, କାଲି ନିଶ୍ଚେ ଗଞ୍ଜାଟାକୁ ଦେବି। ରାଜୁ! ରାଜୁ!!

(ଜିପ୍ ଆଗକୁ ଗଡ଼ିଗଲା। ଏକୁଟିଆ ରହିଗଲା ମେଲେଛା। ଜିପ୍ ଚାଲିଯିବା ଆଡ଼କୁ ଅନେଇଥାଏ। ଏହି ସମୟରେ ଚୁପ୍ କରି ବାହାରି ଚାଲିଗଲା ରାଜୁ। ମେଲେଛା ଅନ୍ୟ ରାସ୍ତାରେ ଗଲା।)

(ମଞ୍ଚ ଅନ୍ଧାର)

ନବମ ଦୃଶ୍ୟ

(ମେଲେଛାର ଘରେ ଗୁରୁବାରୀ ବାରମ୍ବାର ଭିତର ବାହାର ହେଉଛି । ରାତି ହେଲାଣି, ଭୋର୍‌ରୁ ମେଲେଛା ଯାଇଥିଲା, ଏଯାଏ ଫେରି ନାହିଁ । ଘୁଷୁରି ନେଇ ଫେରିବ ବୋଲି ସେ କହି ଯାଇଥିଲା । ଯଦି ବାହାରେ ଖସ୍ ଖସ୍ ଶବ୍ଦ ହେଉଛି ଯାଇକି ଅନଉଛି । ଦେଖୁଚି କେହି ନାହିଁ । ହଠାତ୍ ଗଞ୍ଜା-କୁକୁଡ଼ାଙ୍କ ରଡ଼ି ଶୁଭିଲା । ଚମକିପଡ଼ି ଦେଖିଲା ମେଲେଛା ଗଞ୍ଜାକୁ ଧରିବାକୁ ତା ପଛେ ପଛେ ଦଉଡୁଛି । ଗଞ୍ଜା ପ୍ରାଣ ବିକଳରେ ଏପଟ ସେପଟ ହେଉଛି । କୁକୁଡ଼ା ତା ପଛେ ପଛେ ଯାଉଛି ।)

ଗୁରୁବାରୀ : ହେ ଲୋ ମାଆ । ଇଏ ତମର କଅଣ ହୋଇଛି, ଇଏ କି ପାଗଳାମି ? ରୁହ । ଆରେ ରୁହ କହୁଛି ।
(ଗୁରୁବାରୀ ମେଲେଛାକୁ ଧରିବାକୁ ଚେଷ୍ଟା କଲା । ମେଲେଛା ଗଞ୍ଜାକୁ ଧରିବା ଛାଡ଼ି ଗୁରୁବାରୀକୁ ଧକ୍କାଟିଏ ଦେଲା ଓ ଗୁରୁବାରୀ ପଡ଼ିଗଲା । ଜାଣିଲା ଯେ ଘୁଷୁରି ଲାଗି ସିଏ ପାଗଳା ହେଇଯାଇଛି ।)

ମେଲେଛା : ତୁ ଆଜି ଆଉ ମତେ ଅଟକାନା । ସେ ଶଳାଙ୍କର ଆମ ଗଞ୍ଜା ଖାଇବାକୁ ମନ । ଖାଆନ୍ତୁ, ହେଲେ ଆମ ଘୁଷୁରି ଆମକୁ ଦିଅନ୍ତୁ । ତୁ ସବୁଦିନ ଆଉ ଅଣ୍ଡା ଦେଖି ଦେଖି ଦିନ କାଟିବୁନି । ଛୁଆ ଦେଖିବୁ, ଛୁଆ ।

ଗୁରୁବାରୀ : ତୁ ଆମ ଗଞ୍ଜା ଦେଇଦବୁ ? ଦେଖୁନୁ, କୁକୁଡ଼ାଟା କେମିତି ତା ସାଂଗେ ସାଂଗେ ଦଉଡୁଚି ?

ମେଲେଛା : ତୋର କୁକୁଡ଼ାକୁ ତୁ ଧର, ମୁଁ ଗଞ୍ଜାକୁ ଧରୁଚି । କିଲୋ ମତେ

ଆଁଟା କରି ଦେଖୁଚୁ କଣ? କହିଲି ପରା କୁକୁଡ଼ାକୁ ଅଟକେଇଦେ!

(ଗୁରୁବାରୀ ବାଧ୍ୟ ହୋଇ ମେଲେଛାକୁ ସାହାଯ୍ୟ କରିବାକୁ ଚେଷ୍ଟା କଲା। ମେଲେଛା ଗଞ୍ଜାକୁ ଶେଷରେ ଧରିଲା, କାରଣ ଗୁରୁବାରୀ କୁକୁଡ଼ାକୁ ଅଟକେଇଲା। ଗଞ୍ଜା ଓ କୁକୁଡ଼ା ଉଭୟେ କକକକକକ ରଡ଼ି କରି କରି ବିଦାୟ ଦେବା ନେବା ହେଲେ। ସତେ ଯେମିତି ଦୁଇ ମଣିଷ ସେମାନଙ୍କ ଭାଷା କହୁଚନ୍ତି -)

ମେଲେଛା : ଗୁରୁବାରୀ ଲୋ, ତୁ-ମୁଁ ଦି ଜଣ ଦୁହିଁଙ୍କୁ ବାଛିଲେ, ବାହା ହେଲେ। ବାହା ହବାକୁ ଋଣ କରି ତାକୁ ଶୁଝିଲେ। ଭଗବାନ ଯାହା ଦେଲେ ସାଙ୍ଗ ହେଇ ସହିଲେ। ଦିନେ ତୁ ମୁଁ ଏ ସଂସାର ଛାଡ଼ିବା ନା ନାହିଁ? ସେତେବେଳେ ତତେ ମତେ ଛାଡ଼ିବାକୁ ହବ ଆଉ ତାପରେ ବି ବଞ୍ଚିବାକୁ ହବ।

ଗୁରୁବାରୀ : ତୁ ମତେ ଛାଡ଼ି ବଞ୍ଚିପାରିବୁ ବୋଲି ଭାବିପାରୁଚୁ କି?

ମେଲେଛା : ଦଇବ ଯଦି ଏବେ କହିବ ଆଉ ତା ଘଟିବ, ଆମେ କଣ କରିବା? ଜନ୍ତୁଙ୍କ ମାୟା ତୁଟେଇବାକୁ ଉପରବାଲା ଆଦେଶ ଦେଲା। ମୁଁ କଣ କରିବି? ମୁଁ ଆଜି ତତେ ଘୁଷୁରି ଆଣିଦେବି କହିଚି ମାନେ - ଆଣିବି। (ଘର ଭିତରକୁ ଯାଇ ଗୋଟିଏ ବ୍ୟାଗ୍‌ରେ ଗଞ୍ଜାକୁ ଧରି କାନ୍ଧରେ ଟାଙ୍ଗିଆ ପକେଇ ଆସିଲା ମେଲେଛା।)

ଗୁରୁବାରୀ : ମେଲେଛାରେ, ରାଗ ରୋଷରେ ଯାହା କଲେ ଭୁଲ୍ ହେଇଯାଏ ବୋଲି କହନ୍ତି।

ମେଲେଛା : ଏଥିରେ ରାଗ ରୋଷ କଣ ଅଛି? ତାଙ୍କର ଯଦି ଲୋଭ ଆମ ଗଞ୍ଜା ଉପରେ, ପାଇବେ। ମୁଁ ତ ଝଗଡ଼ା କରିବାକୁ ଯାଉନି। ଯାହା କହିଲେ ତା ଦେବି, ଆମର ଯାହା ପାଇବା କଥା ପାଇବି। ବାସ୍! ତୁ ଘରେ ଥାଇ ଘୁଷୁରି ଆସିଲେ କୋଉଠି ରହିବେ ସେକଥା ଭାବ। (ହଠାତ୍ ବ୍ୟାଗ୍‌ରେ ଥିବା ଅବସ୍ଥାରେ ଗଞ୍ଜା ମେଲେଛା କାନ୍ଧରୁ ଖସିଆସି ତଳେ ପଡ଼ିଗଲା। ପେଣ୍ଡୀ ମଧ୍ୟ ଗୁରୁବାରୀ ହାତରୁ ଖସିଆସି ଗଞ୍ଜା ଚାରିପାଖେ ବୁଲିଲା। ମେଲେଛା ଓ ଗୁରୁବାରୀ ଦେଖୁଥିଲେ।)

ଗୁରୁବାରୀ : ସତ କହିବି - ଗଞ୍ଜା ଯାଉଚି ଦେଖି ପେଣ୍ଠୀଟା ଯାହା ହଉଚି ଏ ମନ ଜଳିଗଲା ପରି ଲାଗୁଚି। ଦେଖୁନୁ!

ମେଳେଛା : (ଗୁରୁବାରୀ ଆଖି ବୁଜିଦେଇ) ତୁ ସେ ଦିଟାଙ୍କୁ ଅନାନି ! (ମେଳେଛା ବ୍ୟାଗ୍ ଭିତର ଗଞ୍ଜାକୁ ଧରି ଚାଲିଯିବାକୁ ଚେଷ୍ଟା କଲା। ଗୁରୁବାରୀ ପେଣ୍ଠୀକୁ ଧରି ଟାଣି ଟାଣି ଘର ଭିତରକୁ ନେବାକୁ ଚେଷ୍ଟା କଲା। ଦୁହେଁ ବିଦାୟ ନେଲା ପରି ଶବ୍ଦ କରୁ କରୁ ଅଦୃଶ୍ୟ ହୋଇଗଲେ। ମେଳେଛା ଗଞ୍ଜାକୁ ଧରି ଚାଲିଗଲା। ଗୁରୁବାରୀ ଭିତରକୁ କୁକୁଡ଼ାକୁ ଧରି ଚାଲିଗଲା।)

(ମଞ୍ଚ ଅନ୍ଧାର)

ଦଶମ ଦୃଶ୍ୟ

(ଅଫିସରଙ୍କର ଘର। ଡ୍ରଇଂରୁମ୍‌ରେ ସେ ଓ ରାଜୁ ବସି ମଦ ପିଉଚନ୍ତି। ଡ୍ରାଇଭର ଚାଖଣା ଦେବାରେ ବ୍ୟସ୍ତ ଅଛି।)

ଅଫିସର : ଆରେ, ରନ୍ଧା କେତେବାଟ ଗଲା ?

ଡ୍ରାଇଭର : (ହାତରେ ଚଟୁ ଧରି ପ୍ରବେଶ କଲା) ଆଜ୍ଞା, ଟିକେ ସମୟ ଲାଗିବ।

ଅଫିସର : ହଉ। ଆଜି ସିନା ଏମିତି ଚଳେଇନବା, କିନ୍ତୁ ରାଜୁ ବାବୁ, ତମକୁ ହୋଟେଲ୍‌ରେ ଗୋଟେ ପାର୍ଟି ଦେବାକୁ ହେବ। ୟେ ଢୁଳେଇ ଢୁଳେଇ ଚଟୁ ଚଲେଇଲେ ସବୁ ଗଡ଼ବଡ଼ ହେଇ ଯିବ।

ଡ୍ରାଇଭର : ଦେଖନ୍ତୁ ମୁଁ କଣ କରୁଚି। (ରାନ୍ଧିବାକୁ ଚାଲିଗଲା)

ଅଫିସର : ରାଜୁ ବାବୁ, ଆର ମାସରେ ଆଉ କେତେଟା ଲୋନ୍ ପ୍ରପୋଜାଲ୍ ପଠଉଛ ?

ରାଜୁ : ଯାହା କୁହନ୍ତୁ ପଛେ, ଏଇ ବ୍ୟବସ୍ଥାଟା ଭାରି ବଢ଼ିଆ। ନେବା ଲୋକ ଖୁସି, ଦେବା ଲୋକ ଖୁସି।

ଅଫିସର : କାଇଁ, ଆପଣଙ୍କ ମନ୍ତ୍ରୀ ସରକାର ବି ତ ଖୁସି !

ରାଜୁ : ଖୁସି ? ସବୁବେଳେ କଣ ବୋକା ହିତାଧିକାରୀ ମିଳୁଛନ୍ତି ? ଏଥର ସିନା ଯୋଡ଼େ ମିଳିଲେ। ନ ହେଲେ ପରା ଲୋକଗୁଡ଼ାକ ଚାଲାକ ହେଇଗଲେଣି ! ମନ୍ତ୍ରୀ ସରକାର ଏକଥା ଆଉ ବୁଝୁ ନାହାନ୍ତି।

ଅଫିସର : ଚାଲାକ୍ ହେଲେ ତ ଦୋହରା ଲାଭ ରାଜୁ ବାବୁ! ରୋଗରେ ପଡ଼ି ଘୁଷୁରି ମରିଗଲେ, ବାସ୍! ପୁଣି ଲୋନ୍, ପୁଣି ସବ୍‌ସିଡି, ପୁଣି ଆକ୍ସିଡେଣ୍ଟ୍। ଇଏ ଗୋଟେ ମଧୁଚକ୍ର।

ରାଜୁ : ଏ ବାବୁ, ସୋଡା ସରିଗଲା ରେ -

ଡ୍ରାଇଭର : (ପ୍ରବେଶ କରି) ଏଇ ସୋଡା। (ଡ୍ରାଇଭର ଆଣି ସୋଡା ଦେଇ ଚାଲିଗଲା)

ରାଜୁ : ହିସାବଟା ଟିକେ କରିଦେଇଥିଲେ ହେଇଥାଆନ୍ତା -

ଅଫିସର : ବ୍ୟସ୍ତ ହୁଅନି ନାହିଁ ରାଜୁ ବାବୁ। ମୁଁ ଆପଣଙ୍କ ଆକାଉଣ୍ଟ୍‌ରେ ଆପଣଙ୍କ ଭାଗ ଡିପୋଜିଟ୍ କରିଦେବି।

ରାଜୁ : ଭୁଲ୍‌ରେ ବି ସେକଥା କରିବେ ନାହିଁ ଆଜ୍ଞା। ଏଗୁଡ଼ା କ୍ୟାସ୍‌ରେ କାରବାର କରିବାକୁ ମନ୍ତ୍ରୀଙ୍କ ଆଦେଶ। ଆଜିକାଲି ସବୁଆଡ଼େ ଚେକିଙ୍ଗ୍। ବ୍ୟାଙ୍କ ପ୍ରମାଣରୁ ଖସିବା ଭାରି କଷ୍ଟ। (ସେତିକିବେଳେ କୁକୁଡ଼ା ବୋବେଇବା ଶବ୍ଦ ହେଉଛି। ଅଫିସର ଚମକିଲେ। ଏପଟ ସେପଟ ଅନେଇଲେ।)

ଅଫିସର : କିହୋ ରାଜୁ ବାବୁ, ଗାଁରେ ନାଟ ଫାଟ କରୁଥିଲ କି? କୁକୁଡ଼ା ଶବ୍ଦକୁ ଭଲ ଅନୁକରଣ କରିପାରୁଛ ତ?

ରାଜୁ : ଆଜ୍ଞା, ମତେ ବି ସେମିତି ଶୁଭିଲା! ପୂରା ଗଞ୍ଜାର ରଡ଼ି। ମୁଁ ତ ଭାବିଲି ଆପଣ ଗଳାରେ ଏମିତି ଶବ୍ଦ କରୁଚନ୍ତି। ମୁଁ ଜାଣିଚି, ସେ ମେଳେଛା ପ୍ରଧାନଠୁଁ ଗଞ୍ଜାଟା ଆଣିପାରିଲିନି ବୋଲି ମତେ ଚୂନ ମାରିବାକୁ ଏମିତି ବୋବେଇ ମନେ ପକେଇଦେଲେ। ସାର୍, ଆପଣଙ୍କୁ ମାନିବାକୁ ପଡ଼ିବ।

ଅଫିସର : (ଗିଲାସ ଥୋଇଦେଇ) କିଏ? ମୁଁ?

ରାଜୁ : ହଁ, ଆପଣ। ଏବେ ପରା କୁକୁଡ଼ା ପରି ବୋବେଇଲେ। ହେଲେ ରନ୍ଧା ହଉଚି ମାଛ। ହା ହା ହା! (ଟିକେ ନିଶା ହେଲା ପରି)। ଯେତେ କୁକୁଡ଼ାଝୋଳ ସପନ ଦେଖିଲେ କଣ ହବ? ଆପଣ ହେବେ ଭକୁଆ।

ଅଫିସର : ଆଜିର ଆସର ପାଇଁ ଚିକେନ୍ ଝୋଳ ନିହାତି ଦରକାର ଥିଲା।

ରାଜୁ : ହେଲେ ଆପଣଙ୍କୁ ମିଳିଲା - ମାଛ!

ଅଫିସର : ମାଛ ଚାଷ କରିବାକୁ ଜଣେ ଲୋନ୍ ନେଇଥିଲା । ଆଜି ତାରି ପୋଖରୀରୁ ମାଛ ମରା ହଉଥିଲା ତ, ଦେଖିଲି ଫ୍ରେସ୍ ମାଛ, ଲୋଭ ଲାଗିଲା ।
(ଦେଖାଗଲା, ଦରଜା ସେପଟେ ମେଲେଛା ଠିଆ ହେଇଛି । ଲାଞ୍ଚଦେବ ବୋଲି ତା ଘରର ଗଞ୍ଜାଟାକୁ ଗାମୁଛା ଭିତରେ ଗୁଡ଼େଇ ବେକଟାକୁ ଧରିଚି । କୁକୁଡ଼ାର ମୁଣ୍ଡ ଦିଶୁଛି ଉପରକୁ ।)

ମେଲେଛା : (ଭିତରୁ ଡାକିବା ପରି) ବାବୁ ! ବାବୁ ! !

ଅଫିସର : କିଏ ଗୋଟେ ଡାକୁଛି ନା କଅଣ ? ଆରେ ରାଜୁ ବାବୁ, ଦେଖିଲ ଏତେବେଳେ ଏଠିକି କିଏ ଆସିଲା ?
(ରାଜୁ ଯାଇ କବାଟ ପାଖେ ଦେଖିଲା ମେଲେଛା ।)

ମେଲେଛା : ଆରେ ରାଜୁ ତୁ ଏଠି ? ଭଲ ହେଲା । ବାବୁ ଏଠି ଅଛନ୍ତି ବିଲି ଖବର ନେଲି, ଆଇଲି । ତତେ କହିଥିଲି, ଆଜି ଯେମିତି ହେଲେ ମୋ ଘୁଷୁରି ନେବି । ଏଇ ଦେଖ, ତାଙ୍କର ଯାହା ଲୋଡ଼ା ଆଣିଚି । (ଦୁଃଖରେ ଗଞ୍ଜାକୁ ଆଉଁଶି ଦେଇ) ବାବୁଙ୍କୁ କହ, ଏଇଟା ନେବେ, ଘୁଷୁରି ଦେବେ ।
(ମେଲେଛା ଜବରଦସ୍ତି ପଶିଲା ପରି ପ୍ରବେଶ କରିଛି । ତା ଦେହର ଗନ୍ଧରେ ଅଫିସର ଅତିଷ୍ଠ ହୋଇପଡ଼ି ଉଠିପଡ଼ିଲେ । ମେଲେଛାକୁ ଆକସ୍ମିକ ଆସିବା ଦେଖି ସେ ବିବ୍ରତ ହୋଇ ପଡ଼ିଥିଲେ ।)

ଅଫିସର : ଆରେ ତମେ ଏ ଅବେଳରେ ? ଏଠି କାହିଁକି ? ତୁମକୁ କିଏ ଏଠିକା ଠିକଣା ଦେଲା ? ବଡ଼ ବିଚିତ୍ର ଲୋକ ତୁମେ ! (ନାକରେ ହାତଦେଇ) ବାହାରକୁ ଚାଲ ।

ମେଲେଛା : (ଅଫିସରର ଗୋଡ଼ ଧରିଛି) ମାହାପୁରୁ, ମୋ ଘୁଷୁରି ମୁଁ ମାଗୁଛି । ଦିନରେ ସିନା ଖରାରେ ଘୁଷୁରି ପାଣି ଭିତରକୁ ଚାଲିଯାଇଥିଲା, ଏବେ ତମ ପାଖେ ଥିବ । ରାଜୁ କହିଲା ମୋ ଘର ଗଞ୍ଜା ତମକୁ ଖାଇବାକୁ ଦେଲେ ତମେ ମତେ ଘୁଷୁରି ଦବ । ଏଇ ନିଅ । (ଧରିଥିବା ଗଞ୍ଜାକୁ ଥୋଇଚି ।)

ଅଫିସର : କି ଘୁଷୁରି ? ତମ ଗାଁର ତ ସମସ୍ତେ ଘୁଷୁରି ସବୁ ନେଇ ଯାଇଛ । ହଁ, ନେଇ ସାରିଛ ବୋଲି କାଗଜପତ୍ରରେ ଦସ୍ତଖତ ଆଉ ଟିପଚିହ୍ନ ଦେଇଛ । ହାଟରେ ଟିପ ଦେଲନି ?

ମେଳେଛା : (ଆକାଶରୁ ଖସିପଡ଼ି) ଆଜ୍ଞା ! ସେ କଥା କୁହନ୍ତୁ ନାହିଁ । ହଁ, ମୁଁ ଟିପ ଦେଇଛି ସତ, ହେଲେ ଘୁଷୁରି ନେଇନି, ସେଟା ବି ସତ ।

ଅଫିସର : କିରେ, କଣ ଘୁଷୁରି ଯୋଡ଼ାକୁ କାହାକୁ ବିକି ଦେଇଛୁ କିରେ ?

ମେଳେଛା : ବୁଝି ପାରିଲିନି ଆଜ୍ଞା !

ଅଫିସର : ରାଜୁ ବାବୁ, ତମ ଗାଁ ଲୋକ ପରା, ବୁଝେଇଦିଅ ।

ରାଜୁ : ଆରେ ବାବୁଙ୍କ ପାଖକୁ ତୋ ପରି ବହୁତ ଲୋକ ଆସୁଚନ୍ତି । ସେମାନେ ପାଇଥିବା ଘୁଷୁରି ହଉ କି ଛେଳି ହଉ ନଉଚନ୍ତି ଆଉ ପରେ ବିକିଦେଇ ଆସି କହୁଚନ୍ତି- ଆଜ୍ଞା ମୁଁ ପାଇନି । ସେମିତି ତୁ... ..

ମେଳେଛା : ଛି ! ମୁଁ ସତ କହୁଚି ବୋଲି ତୁ ରାଜୁ ଜାଣିନୁ ? ସେ ଆମ ଘୁଷୁରି ନୁହେଁ ରେ । ସିଏ ଆମ ଜୀବନ । ଭଗବାନ ଅବତାର । ତାକୁ ବିକିବା କଥା ତୁଣ୍ଡରେ ଧରୁଚୁ ? ଆଉ ତୋ କଥା ନ ଭାଙ୍ଗି ତୁ କହିଥିବା ଗଞ୍ଜା ବି ଆଣିଚି । ଯୋଉ ଗଞ୍ଜା ଲାଗି ଆମର ଏତେ ଶରଧା, ଯୋଉଟା ତତେ ଆଜି ଯାଏଁ ଦଉ ନ ଥିଲି, ସେଇ ଗଞ୍ଜା ଆଣିଚି । ଏ ହାତରେ ଗଞ୍ଜା ନେ, ସେ ହାତରେ ଘୁଷୁରି ଦେ । (କୁକୁଡ଼ା ବ୍ୟାଗ୍‌କୁ ତଳେ ଥୋଇଛି)

ରାଜୁ : ଏଇଟା କଣ ଘୁଷୁରି ପାଇବା ଜାଗା ?

ମେଳେଛା : ଘୁଷୁରି ପାଇବାର ସରକାରୀ ଠିକଣା ତୁ ତ କେବେ କହିଲୁନି । ସେଥିଲାଗି ଜାଣିଲି ଏ ବାବୁ ଯୋଉଠି ରହେ, ସେଇଠି ଧଳା ଘୁଷୁରି ରହେ । (ମେଳେଛା ଚକା ପକେଇ ଚଟାଣରେ ବସିଯାଇଛି ।) ଏବେ ଘୁଷୁରି ଦବ ତ ଉଠିବି । ଏ ବାବୁ, ତମ ଅଫିସିକୁ ତାଙ୍କ ଅଫିସିକୁ ବହୁତ ଦଉଡ଼ିଲି । ମତେ ଆଉ ଠକି ପାରିବନି । ଏବେ ମୁଁ ଠିକ୍ ଧଳା ଘୁଷୁରି ଠିକଣାରେ ପହଞ୍ଚିଛି ବୋଲି ଜାଣିଚି ।

ଅଫିସର : ଶୁଣ, ତମେ ଏଠୁ ଯାଅ । କାଲିକି ଅଫିସିରେ କାଗଜପତ୍ର

କାମ ହେଲା ପରେ ଯାହା କରିବାର କରିବି। ଏଇଟା ଅଫିସ୍ ସମୟ ନୁହଁ।

ମେଳେଛା : ମୋ ଘୁଷୁରି !

ଅଫିସର : ଓହୋ ! କାଗଜ ଅନୁସାରେ ଟିପଚିହ୍ନ ଦେଇ ଘୁଷୁରି ନେଇଛୁ ପରା। ତିନିମାସ ପରେ କହିଦବୁ ଘୁଷୁରି ମରିଗଲା, ତାପରେ ଆଉ ଥରେ ଘୁଷୁରି ପାଇବା ବ୍ୟବସ୍ଥା କରିବା। ଯା ପଳା ! ଏ ରାଜୁ ! ତମ ଗାଁ ଲୋକ କଥା ତମେ ବୁଝ। ନ ହେଲେ ଇଏ ତମର କି ପ୍ରକାର ପାର୍ଟି ଲୋକ, ମନ୍ତ୍ରୀଙ୍କୁ କହିବାକୁ ବାଧ୍ୟ ହେବି। ଦେଖିଲ ତ, ମୁଡ୍‌ଟା ପୂରା ବିଗିଡ଼ିଗଲା କେମିତି !

ମେଳେଛା : ମୋ ଘୁଷୁରି ମୋ ହାତକୁ ଆସି ନାହିଁ। ମରିବ କେମିତି ରାଜୁ ?

ରାଜୁ : ମିଛିମିଛିକା ମରିବ। ପୁଣି ତୋ ଲାଗି ନୂଆ ଘୁଷୁରି ଆସିବ।

ମେଳେଛା : ନାଃ। ଏବେ ମୋ ଘୁଷୁରି ମୋ ହାତକୁ ଆସିବ ତ ମୁଁ ଏଠୁ ଯିବି। ରାତ ପାହିଲେ ମୁଁ ମୋ ନୂଆ ସଂସାର ଦେଖିବି, ଦେଖିବି, ଦେଖିବି।

ଅଫିସର : ଏଠୁ ଯିବୁ ନା ଏଇନେ ଦେଖିବୁ। ଆଦିବାସୀ, ମୂର୍ଖ, ଚୋର - ମଦୁଆ।

ମେଳେଛା : ସେମିତି କଥା କହ ନାହିଁ ବାବୁ। ମୁଁ ଜାଣିଚି ମୋର କିଛି ଭୁଲ୍ ନାହିଁ। ଏବେ ମୋ ଘୁଷୁରି ମୋତେ ଦେ। ନ ହେଲେ ଭଲ ହେବ ନାହିଁ।

ଅଫିସର : ଭଲ ହେବ ନାହିଁ। ଶଳା କଣ ଧମକ ଦଉଛୁ ? (ମୋବାଇଲ୍ ଧରି) ପୁଲିସକୁ ଫୋନ୍ କରେ। ଗୋଟେ ଦଉଡ଼ି ଆଣ ତ ରାଜୁ।

ମେଳେଛା : ତୁ ମୋ ଘୁଷୁରି ଦବୁନାଇଁ ?

ଅଫିସର : ନା, କଣ କରିବୁ ? (ମେଳେଛାକୁ ଠେଲିଦଉଚି)

ରାଜୁ : ମେଳେଛା ! ତୁ ବେଶୀ ପାଟି କରେନା। କଥାଟା ଖରାପ ହେଇସାରିଲାଣି। ନେଡ଼ି ଗୁଡ଼କୁ କାହିଁକି କହୁଣି ତଳକୁ ଗଡ଼ଉଚୁ କହିଲୁ ! ଗଞ୍ଜାଟା ଦବାକୁ ଆଣିଚୁ, ଦେଇଦେଇକି ଯା ! ଗାଁକୁ ଯା, ମୁଁ ଗଲେ ବୁଝେଇଦେବି।

ମେଳେଛା : ଶଳା ବିଲୁଆ ! ଆଜି ଧରା ପଡ଼ିଚି। ବାବୁ ତୁ ମୋ ଘୁଷୁରି

ମାରି ଖାଇଚୁ, ଆଉ ମୁଁ ବିକ୍ରୀ କରିଚି ବୋଲି କହୁଚୁ। ଏଇଟା ସତ କଥା ବିଲି ତୁ ଜାଣିଚୁ। ରାଜୁ, ମୁଁ ଆସିଚି ଏଇ ଘୁଷୁରିଖିଆ ବାବୁ କଥା ବୁଝିବାକୁ, ତୋ କଥା ବୁଝିବା ଦରକାର ନାହିଁ। ଜାଣିଚି, ତୁ ବି ୟାଙ୍କ ପଟିଆ ଲୋକ। ଥୁଃ! (ରାଜୁ ମୁହଁକୁ ଛେପ ପକେଇଦେଲା)

(ମେଳେଛା ଟାଙ୍ଗିଆ ବାହାର କରି ଅଫିସରକୁ ଗୋଡ଼େଇଚି। ଅଫିସର ବିଭିନ୍ନ ଜାଗାରେ ଲୁଚିବାକୁ ଚେଷ୍ଟା କରୁଚନ୍ତି। ହେଲେ ମେଳେଛା ଅଫିସରକୁ ଚୋଟେ ପକେଇଛି। ଅଫିସରର ବେକ କଟିଯାଇଛି। ଅଫିସର ତା ଭିତରେ ମୋବାଇଲ୍‌ରେ ପୋଲିସ୍ ବୋଲି ଡାକ ଛାଡ଼ିଚି। ମେଳେଛା ଗଞ୍ଜା ବ୍ୟାଗ୍ ଧରି ଚାଲିଯାଇଛି।)

(ଦେଖାଗଲା ଛଦ୍ମବେଶୀ-ଲୋକେ ଜଣ ଜଣ କରି ସମସ୍ତଙ୍କୁ ନେପଥ୍ୟକୁ ବୋହି ନେଉଛି।

(ମଞ୍ଚ ଅନ୍ଧାର)

ଏକାଦଶ ଦୃଶ୍ୟ

ମେଳେଛାର ଘର। ଗୁରୁବାରୀ କୁକୁଡ଼ାକୁ ଧରି ଆଉଁଶି ଦଉଥିଲା। ରକ୍ତଛିଟା ପଡ଼ିଥିବା, ଧଇଁସଇଁ ହଉଥିବା ମେଳେଛା ପହଞ୍ଚିଛି।

ମେଳେଛା : ଗୁରୁବାରୀ! ଚଞ୍ଚଳ ଆମ ଲୁଗାପଟା ବାନ୍ଧ। ଚାଲ୍, ଏଠୁ ସାଙ୍ଗେ ସାଙ୍ଗେ ପଳେଇବା। ଆମେ ଗାଁ ଛାଡ଼ି ପଳେଇବା।

ଗୁରୁବାରୀ : ଆଁ! ତମ ଦେହରେ ଏ ରକ୍ତ ଦାଗ କୁଆଡୁ ଆସିଲା ?

ମେଳେଛା : କହିବି। ସବୁ କହିବି। ତୁ ଆଗେ ଚାଲ। ନ ହେଲେ ପୁଲିସ ଆମକୁ ବାନ୍ଧି ନବ।

ଗୁରୁବାରୀ : କୁଆଡ଼େ ଯିବା ?

ମେଳେଛା : ଗୋଟେ ନୂଆ ଠିକଣାକୁ ଯିବା।

ଗୁରୁବାରୀ : ନୂଆ ଠିକଣା ?

ମେଳେଛା : ହଁ। ଘୁଷୁରିଙ୍କ ଠିକଣା ଖୋଜି ଖୋଜି ହାଲିଆ ହେଇ, ଆଜି ଗୋଟେ ଠିକଣାରେ ପହଞ୍ଚି ଦେଖିଲି ଆମର ଆଉ ଘୁଷୁରି ପାଇବା ହବନି। କିନ୍ତୁ ଆମ ଘର ଠିକଣାରେ ମାହାପୁରୁ କେବେ ନା କେବେ ଏଇଠିକୁ ଘୁଷୁରି ପଠେଇବେ। ଚାଲ ପଳେଇବା। ଚିନ୍ତା କରେନା। ଚାଲ! ଆମକୁ ଗୋଟେ ନୂଆ ଠିକଣା ଖୋଜିବାକୁ ହବ।

ଗୁରୁବାରୀ : ମୋ ମୁଣ୍ଡରେ କିଛି ପଶୁନି। ଟିକେ ରହ!

ମେଳେଛା : ଆଉ ବେଳ ନାହିଁ। ପୋଲିସି ଏବେ ପହଞ୍ଚି ଯିବ। ତା ଆଗରୁ ପଳେଇବା।

ଗୁରୁବାରୀ : ପୋଲିସି ?

ମେଳେଛା : ମୁଁ ଆମ ଗଞ୍ଜାଟାକୁ ଧରିଚି । ଦେଖ୍, ଦେଇନି ।

ଗୁରୁବାରୀ : (ଗୁରୁବାରୀ ଘଟଣା ଗୁରୁତ୍ୱ ଜାଣିଗଲା ଓ ଭିତରକୁ ଯାଇ ପେଣ୍ଡୀକୁ ଧରି, ନିଜ ବାକ୍ସ ମୁଣ୍ଡେଇ ବାହାରିଲା) ଏଥର ଚାଲ !

(ମେଳେଛା ଗୁରୁବାରୀର ହାତ ଧରି ଅନ୍ଧାର ଭିତରେ ଦଉଡୁଛି... । ଗୁରୁବାରୀ ଦୌଡ଼ି ଦୌଡ଼ି ମେଳେଛା ସହ ଘର ଛାଡ଼ି ଚାଲି ଯାଇଛି ।

(ମଞ୍ଚ ଅନ୍ଧାର)

ଦ୍ୱାଦଶ ଦୃଶ୍ୟ

ଜଙ୍ଗଲ ଭିତରେ ପଡ଼ିଉଠି ଗୁରୁବାରୀ ଓ ମେଳେଛା ଦଉଡୁଛନ୍ତି । ହଠାତ୍ ମଝିରେ ଅଟକି ଗଲେ ।

ଗୁରୁବାରୀ : ଜଙ୍ଗଲରେ କୁଆଡ଼େ ଯିବା ? ଆମ ଘର, ଆମ ବାଡ଼ି .. ..

ମେଳେଛା : ସେସବୁ କଥା ଆଉ ଭାବନା ଗୁରୁବାରୀ । ତୁ ମୋ ଉପରେ ବିଶ୍ୱାସ ରଖ - ମୋର କିଛି ବୋଲି କିଛି ଭୁଲ୍ ନାହିଁ । ସମସ୍ତେ ଆମକୁ ଠକିଦେଲେ । ଏବେ ମୁଁ ଆଉ କାହାର ଗୋଡ଼ ଧରିବି ନାହିଁ, କାହାକୁ ଗୁହାରି ହେବି ନାହିଁ । ଆମେ ସେଇ ଠିକଣାକୁ ଯିବା, ଯୋଉଠି ଦୁନିଆର ସବୁ ବାଟ ବନ୍ଦ ହୋଇଗଲେ ବି ସେଠି କୋଉ ନା କୋଉ ବାଟ ଖୋଲୁଥିବ । ଏଇ ଆକାଶକୁ ଅନା । ଆକାଶ ଲାଲ୍ ହୋଇ ଆସିଲାଣି । ସେଇ ସୂରୁଜ ଯୋଉ ଦିଗରୁ ବାହାରିବ ଆମେ ସେଇ ଦିଗରେ ଯିବା । ଆ ଦଉଡ଼ି ଆ -

(ଦୁହେଁ ଦଉଡୁଛନ୍ତି । ଗୁରୁବାରୀ ଓ ମେଳେଛା ହାତରୁ ଗଞ୍ଜା କୁକୁଡ଼ା ଖସିଗଲେ ଓ ତାଙ୍କ ସହ ଦଉଡ଼ିବାକୁ ମେଳେଛା ଓ ଗୁରୁବାରୀଙ୍କ ସହ ମିଶିଲେ । ତାକୁ ଦେଖି ଦୁହେଁ ଖୁସି ହେଲେ । ସମସ୍ତେ ଲାଲ ସୂର୍ଯ୍ୟ ଆଡ଼କୁ ଦୌଡୁ ଦୌଡୁ ସ୍ଥିର ହୋଇଗଲେ । ପ୍ରବେଶ କଲା ଛଦ୍ମବେଶୀ ଲେଖକ)

ଲେଖକ : ଏଯାଏଁ ଆପଣମାନେ ଯାହା ଦେଖୁଥିଲେ ସେସବୁ ମୁଁ ଲେଖିଥିଲି । ମତେ ଜଣେ ଲେଖକ ବୋଲି ଆପଣ ଭାବି ପାରନ୍ତି । ସମାଜର ଗୋଟିଏ ନିହାତି ଶେଷ ଲୋକ ଭାବେ

ଏଇ ମେଳେଛା ଆଉ ଗୁରୁବାରୀ ଆଦିବାସୀ ଦମ୍ପତିଙ୍କୁ ଖୋଜି ଖୋଜି ପାଇଥିଲି। ଜାଣିଗଲି ଯେ ସେମାନେ ତାଙ୍କ ଜୀବନର ଭିତିରି କଥା ମତେ କହିବା ସମ୍ଭବ ନୁହଁ। ତେଣୁ ବେଶ୍ ସମୟ ଦେଇ ତାଙ୍କୁ ପିଛା କରି ସେମାନଙ୍କ ସତ ଜୀବନ ଦେଖିପାରିବି ବୋଲି ଭାବିଲି। ମୁଁ ଯାହା ଦେଖିଚି ଆପଣମାନଙ୍କୁ ସେଇଆ ଦେଖେଇବାର ଚେଷ୍ଟା କରିଚି। କୁହନ୍ତୁ ତ, ଏବେ ସେମାନେ କୋଉ ଠିକଣାକୁ ଯିବେ ? ସେମାନଙ୍କ ଦୁଇଟାଯାକ ଦିଗ ଆଗରୁ ଜାଣିଥିଲି ବୋଲି ନିଜକୁ ଏମିତି ବେଶରେ ରଖିବାକୁ ପସନ୍ଦ କଲି। ଅର୍ଥାତ୍ କିଏ ମୋତେ ଭାବିବ ମୁଁ ଦେଶର ରକ୍ଷାକାରୀ ମିଲିଟାରୀ ନଚେତ୍ ଏ ଦେଶର ନୀତିନିୟମ ବିରୋଧରେ ତୀବ୍ର ସ୍ୱର ଉଠେଇ ଦେଶକୁ ହଲଚଲ କରିଦେଇଥିବା ମାଓବାଦୀ। ଆପଣ କୁହନ୍ତୁ ମେଳେଛା ପରି ମଣିଷମାନଙ୍କ ଏଇ ଅବସ୍ଥାରେ ତାଙ୍କ ଲାଗି କୋଉ ରାସ୍ତା ସ୍ୱାଗତ କରୁଚି ? ମୋର ଉପଲବ୍ଧି ହେଲା- ଆଦିବାସୀ ଗରିବଟିଏ କେବଳ ବର୍ତ୍ତମାନକୁ ନେଇ ବଞ୍ଚେ। ଭବିଷ୍ୟତର ଯୋଜନା ସେମାନଙ୍କର ନ ଥାଏ କି ଅତୀତ ଲାଗି ସେମାନଙ୍କ ଅନୁଶୋଚନା ନ ଥାଏ। ଭବିଷ୍ୟତ ଆଉ ଅତୀତ ମଝିରେ ରହିଥିବା ଏଇ-ଏବେ-ଏଇଠି ଯାହା ଘଟେ। ତାହା ସେମାନଙ୍କ ଜୀବନ ଆଉ ତା ସମ୍ପର୍କରେ ପ୍ରତିକ୍ରିୟା ଦେଖେଇବା ତାର କାମ। ମେଳେଛା ସେତିକି ହିଁ କରିଛି। ଆଚ୍ଛା ଆପଣ କୁହନ୍ତୁ - ଆମେ ସେଥିଲାଗି କିଛି କରିପାରିବା କି ? କିମ୍ବା କିଛି କରୁଛନ୍ତି ? ଭାବନ୍ତୁ। ମୁଁ ଭାବିଚି ସେସବୁ ଲେଖି ଆପଣଙ୍କୁ ଦେଖେଇବି ଆଉ ଆପଣଙ୍କୁ ସେମାନଙ୍କ ଲାଗି ଭାବିବାକୁ ବାଧ୍ୟ କରିବି। ବୋଧହୁଏ ତାଙ୍କ ଲାଗି ମୋ ପକ୍ଷେ ସେତିକି କରିବା ସମ୍ଭବ। ଆସୁଛି, ମତେ ଆଉ ଏକ ମେଳେଛାକୁ ଖୋଜିବାକୁ ହବ। ନମସ୍କାର !

(ଲେଖକ ଯାଇ ଗୁରୁବାରୀ, ମେଳେଛା ଆଡ଼କୁ ଅନେଇଲେ। ମେଞ୍ଚାଏ ଲାଲ ହଳଦୀ ନାରଙ୍ଗୀ କନାକୁ ନିଆଁ ପରି ପ୍ରଚ୍ଛଦରେ ଅଭିନେତାମାନେ ଦେଖାଇଲେ। ଶେଷରେ ସମସ୍ତେ ସ୍ଥିର ହୋଇଗଲେ। ଆଲୋକ ଲିଭିଲା।)

- ସମାପ୍ତ -

ମାୟା

ନାଟକ 'ମାୟା'ର ଗୋଟିଏ ଦୃଶ୍ୟ

ନାଟକ 'ମାୟା'ର ଗୋଟିଏ ଦୃଶ୍ୟ

ନାଟକ 'ମାୟା'ର ଗୋଟିଏ ଦୃଶ୍ୟ

ନାଟକ ସଂପର୍କରେ

ସମୟେ ସମୟେ ଲୁହାର ଶିଙ୍ଗୁଳିକୁ ଛିଣ୍ଡେଇ ଆଗକୁ ଯାଇହୁଏ; ମାତ୍ର ଫୁଲର ମାଳାଟିକୁ ଛିଣ୍ଡେଇ ଆଗକୁ ଯାଇ ହୁଏ ନାହିଁ। କାହିଁକି ? କିଏ ମଣିଷର ହାତ ପାଦକୁ ଛନ୍ଦିଦିଏ ? ଅବଶ ଓ ବିବଶ କରିଦିଏ ନିର୍ମମ ଆତତାୟୀକୁ ? ଏ ପ୍ରଶ୍ନର ଉତ୍ତର ଦେବା ସହଜ ନୁହେଁ। ପୃଥିବୀର ଏଇ ମାଟି ତଳେ ଯେତେ ମୋଟେଇର ପଥର ଥାଉନା କାହିଁକି ତା ତଳେ କିନ୍ତୁ ଶାନ୍ତ, ଶୀତଳ ପାଣିର ଝରଟିଏ ଅଛି। ସେହିଭଳି ମଣିଷଟିଏ ଯେତେ ନିଷ୍ଠୁର ହେଉନା କାହିଁକି ତା ଭିତରେ ମଧ୍ୟ କୋଉଠି ନା କୋଉଠି ଆବେଗ ଅଛି, ଭାବପ୍ରବଣତା ଅଛି। କେବଳ ଠିକଣା ଢଙ୍ଗରେ କରାଘାତ କରିପାରିଲେ ହେଲା। ନା, କରାଘାତ କାହିଁକି ? ସେ ଫୁଲ ଫୁଟିବାର ବେଳ ଆସିଲେ, ସେ ମହୁ ଛୁଟିବାର ଉଚ୍ଚାଟ ଜାଗିଲେ କେବଳ ନରମ ହାତଛୁଆଁରେ କିମ୍ବା ପଦୁଟାଏ ମଧୁର ସମ୍ବୋଧନରେ ଗୁମ୍ଫା ମୁହଁର ପଥର ପାଚେରି ଆପେ ଆପେ ହଟିଯାଏ।

ତାପରେ ? ତାପରେ ହୁଏତ ନିଜେ ଶିକାରୀ ଶିକାର ପାଲଟିଯାଏ। ବାଟ ଭୁଲିଯାଏ ପାଗଳ ହାତୀ। ଗର୍ଜନ ଭୁଲିଯାଏ ଅରଣ୍ୟର ଶାର୍ଦ୍ଦୂଳ। ସେତେବେଳେ କୌଣସି ଯୁକ୍ତି, କୌଣସି ତର୍କ ଅଥବା ଉପଦେଶ-ପରାମର୍ଶ କିଛି କାମ ଦିଏ ନାହିଁ। ଦେଖୁ ଦେଖୁ କଳା ନାଗୁଣୀର କୁଣ୍ଡଳୀ ଭିତରେ ବନ୍ଦୀ ହୋଇଯାଇଥାଏ ଦୁର୍ଦ୍ଧର୍ଷ ପୌରୁଷ।

ନାଟକ 'ମାୟା' ମଣିଷ ଜୀବନର ଏମିତି ଏକ ରହସ୍ୟାଚ୍ଛନ୍ନ ଅନୁଭବର କଥା। ନାରୀ ମନକୁ ଜିଣିବା ପାଇଁ ପୁରୁଷର ଅସମ୍ଭବ ଉଦ୍ୟମର କଥା। ପୁଣି ଚିରୁଡ଼ାଏ ପ୍ରେମ ପାଇଁ ପରିଣତିକୁ ଭ୍ରୂକ୍ଷେପ କରୁ ନ ଥିବା ଗୋଟେ ପ୍ରେମ ପାଗଳର କଥା।

ପ୍ରଥମ ମଞ୍ଚାୟନର ଶିଳ୍ପୀ ଓ ବ୍ୟବସ୍ଥାପକ

ଚରିତ୍ର ମଣ୍ଡଳୀ

ସୂତ୍ରଧର	:	ସ୍ୱୟଂଶୁ ମିଶ୍ର
ପାଣୁଆ	:	ବିଶ୍ୱରଞ୍ଜନ ମହାପାତ୍ର
କାଳିଆ	:	ବିପ୍ରଂଜୟ ନାୟକ
ଉଦ୍ଧବା	:	ଶୁଭ୍ରାଂଶୁ ପଣ୍ଡା
ନରି	:	ତପନ କୁମାର ବାରିକ
ବାବୁଲା	:	ପ୍ରଶାନ୍ତ କୁମାର ମଲ୍ଲିକ
କାଲୁମିଆଁ	:	ମଦନ ସାହୁ
ସର୍ବେଶ୍ୱର	:	ବିଭୂତି ଭୂଷଣ ପଣ୍ଡା
ଧନେଶ୍ୱର	:	ଜୟନ୍ତ କୁମାର ନାୟକ
ପୋଲିସ୍ ଇନିସ୍‌ପେକ୍ଟର	:	ସାରଦା ପ୍ରସାଦ ନାୟକ
ଭୋଲା (କନେଷ୍ଟବଲ)	:	ସୁଜିତ ମୋହନ ବାରିକ
ରାମାନନ୍ଦ (ମନ୍ତ୍ରୀ)	:	ନରେଶ ଗନ୍ତାଘରିଆ
ଗନ୍ତାୟତ	:	ଜୟପ୍ରକାଶ ବାରିକ
ଲୋକ	:	ଚନ୍ଦ୍ରଶେଖର ନାୟକ
ସାଧୁବାବା	:	ରାମଚନ୍ଦ୍ର ମେହେର
ସାମଲ	:	ସଂଜୟ ସେଠୀ
ନଣ୍ଡା	:	ସୀମାଞ୍ଚଳ ପାଢ଼ୀ
ସତୁରା	:	ଦିବ୍ୟାଂଶୁ ତ୍ରିପାଠୀ
ରଜନୀ	:	ସନ୍ଧ୍ୟାରାଣୀ ବିଶ୍ୱାଳ
ମାମୁନି	:	ବିଦ୍ୟାଶ୍ରୀ ବେହେରା
ଟିକିଲି	:	କଳ୍ପନା ଦାସ

ମଞ୍ଚ ପଛରେ

ମଞ୍ଚ	:	ଅସୀମ ବସୁ ଏବଂ ସଂଗ୍ରାମ ମହାରଣା
ଆଲୋକ	:	ଦର୍ପନାରାୟଣ ସେଠୀ
ସଙ୍ଗୀତ	:	ଆଲୋକ ଅଗ୍ନିବେଶ
ପୋଷାକ	:	କାର୍ତ୍ତିକ ସାହୁ
ରୂପସଜ୍ଜା	:	ନରେନ୍ଦ୍ର ସେନାପତି
ମଞ୍ଚ ପରିଚାଳନା	:	ଦାମୋଦର ନାୟକ, ଶୁଭାଶିଷ, ଭାରତ, ଅଂଶୁମାନ
ସହ ନିର୍ଦ୍ଦେଶନା	:	ରାମଚନ୍ଦ୍ର ମେହେର
ସଂଯୋଜନା	:	ଧୀର ମଲ୍ଲିକ
ନାଟ୍ୟକାର	:	ଗୌରହରି ଦାସ
ନିର୍ଦ୍ଦେଶକ	:	ଦର୍ପନାରାୟଣ ସେଠୀ
ପ୍ରଯୋଜନା	:	ଶତାବ୍ଦୀର କଳାକାର, ଭୁବନେଶ୍ୱର
ସ୍ଥାନ	:	ଭଞ୍ଜକଳା ମଣ୍ଡପ
ତାରିଖ	:	୧୪/୦୬/୨୦୧୬

ପ୍ରଥମ ଦୃଶ୍ୟ

[ମଞ୍ଚ ଆଲୋକିତ ହେଲାବେଳକୁ ନେପଥ୍ୟରୁ ହୋ-ହଲ୍ଲା ଶୁଭୁଛି। ତାଆରି ଭିତରେ ଆସିଛି ସୂତ୍ରଧର। ତରତର ପାଦ, ଚେହେରାରେ ବ୍ୟସ୍ତତା।]

ସୂତ୍ରଧର : ରୁହନ୍ତୁ ଆଜ୍ଞା, ଟିକିଏ ନିଃଶ୍ୱାସ ମାରେ। (ଟିକିଏ ରହି) ଟିକେ ଡେରି ହେଇଗଲାନା ? କଅଣ କରିବି ? ମୁଁ ତ ଆସୁଥିଲି। ସବୁକଥା ଆପଣଙ୍କୁ ଠିକେ ଠିକେ କହିବାଲାଗି ଆସୁଥିଲି। କିନ୍ତୁ ଠିକ୍ ସମୟରେ କଣ ପହଞ୍ଚି ପାରିଲି ? ବାଟରେ ପରା ଏଇ ଗୋଳମାଳ। ଡରିମରି ଗୋଟେ କ୍ୟାବିନ୍ ପଛରେ ଲୁଚିଯାଇଥିଲି। ସେମାନଙ୍କ ହାବୁଡ଼ରେ ପଡ଼ିଥିଲେ ମୋତେ କଅଣ ଆଜି ଛାଡ଼ିଥାଆନ୍ତେ ? ହ୍ୟାତ୍, ଏଗୁଡ଼ାଙ୍କର ଦୟା ଧର୍ମ, ଜ୍ଞାନ ବିବେକ ବୋଲି କିଛିହେଲେ କିଛି ନାଇଁ।

ହଉ। ମୁଁ ଆପଣଙ୍କୁ କଥାଟା କହିଦିଏ। ଏଇ ଟିକକ ଆଗରୁ ଏଇଠି ଯୋଉ କୋଳାହଳ ଶୁଭୁଥିଲା, ସେସବୁ ଭାଇ ଟୋକାଙ୍କ ଚିତ୍କାର। (ଦର୍ଶକଙ୍କୁ) ଭାଇ କିଏ ? ଭାଇ କିଏ ଆପଣମାନେ ଜାଣନ୍ତି ନାହିଁ। ନା, ଜାଣିବେ ବା କିପରି ? ମୁଁ ତ କହି ନାହିଁ। ଭାଇ ହେଲା ପାଣୁଆ, ଭଲ ନାଁଟା ପ୍ରାଣବନ୍ଧୁ କି ପ୍ରାଣକିଶୋର, ତାହା କହିପାରିବି ନାହିଁ। ସିଏ ହେଲା ଏ ଅଞ୍ଚଳର ବାଘ। ଏଇ ପାଟପୁରରୁ ନେଇ ନରେନ୍ଦ୍ରପୁର ଯାଏ ଚବିଶଖଣ୍ଡ ମୌଜାର ଲିଡର୍। ସିଏ ଯାହା ଚାହିଁବ, ଏଇ ଅଞ୍ଚଳରେ ସେଇଆ ହେବ। ତା କଥା ଟିକିଏ ଓଲମବିଲମ ହେଲେ... ଛାଡ଼ନ୍ତୁ।

ଆମର ଏ ଅଞ୍ଚଳରେ ଆଉ ଗୋଟେ ଛୋଟ ଭାଇ ମଧ୍ୟ ଅଛି - ମଣ୍ଟୁ। ସିଏ ନିଜକୁ ନିଜେ ସିଂହ ବୋଲି କହେ; ମାତ୍ର ପାଣୁଆ କହେ, ସେଇଟା ବାଘ କି ସିଂହ କିଛି ନୁହେଁ, ହେଟାବାଘଟାଏ। (ହସିଛି) ବାଃ, ଉପମା କାଳିଦାସସ୍ୟ! ଗଲା ଆଠବର୍ଷ ହେଲା ଏଇ ଦୁଇ ଭାଇଙ୍କ ଚରାଭୂଇଁ ପାଲଟିଛି ଆମର ଏଇ ପାଟପୁର। କିନ୍ତୁ ଯାହା କୁହନ୍ତୁ, ପାଣୁଆ ଆଗରେ ମଣ୍ଟୁ, ଘୋଡ଼ା ଆଗରେ ଗଧ ପରି। ପାରୁନାହିଁ, କିନ୍ତୁ ହାର୍ ମାନୁନାହିଁ। ପାରିବ କେମିତି ? ଏମ୍.ଏଲ୍.ଏ, ଏମ୍.ପି. ସମସ୍ତେ ତ ପାଣୁଆ ପକେଟ୍‌ରେ। ତେବେ ମଣ୍ଟୁ ମାନିବା ଲୋକ ନୁହେଁ। ଫଳରେ ଦି ଗୋଷ୍ଠୀ ଭିତରେ ସବୁଦିନ ଏମିତି ଗଣ୍ଡଗୋଳ, ଭଙ୍ଗାରୁଜା, ହାତାହାତି ଓ ବେଳେ ବେଳେ (ଇସାରାରେ) ହଣାକଟା। (ପଛକୁ ଅନେଇ) ହେଇ, ପୁଣି କିଏ ଏଇ ଆଡ଼କୁ ଆସୁଛି ନା କଅଣ! ମୁଁ ଯାଏ। (ପ୍ରସ୍ଥାନ) ପୁଣି ଶୁଭୁଛି କୋଳାହଳ। ଗୋଟେ ମୋଟର ସାଇକେଲ୍‌ରେ ଦିଇଟା ଟୋକା ନରେନ୍ଦ୍ର ସାହୁ ବ୍ୟବସାୟୀଙ୍କୁ ଗୋଡ଼ଉଛନ୍ତି। ତାକୁ ଧରି ନେଇଛନ୍ତି ମଞ୍ଚ ଉପରେ, ଗୋଟେ କଡ଼କୁ ଘୋଷାଡ଼ି ନେଇଛନ୍ତି।

ବ୍ୟବସାୟୀ : (ହାତ ଯୋଡୁଛି) ବଡ଼ ଭୁଲ୍ ହୋଇଯାଇଛି। ଆଉ ହବ ନାହିଁ। ଛାଡ଼ିଦିଅ ନରିବାବୁ।

ନରି : ଛାଡ଼ିଦେବି! କିରେ, ତୋର ଏତେ ସାହସ? ଆଁ, ଆମ ପିଲାଙ୍କୁ ହଟେଇ ଜାଗା କିଣିବୁ। ପୁଣି ପଜେସନ୍ ଲାଗି ଆମ ଭାଇ ବିରୋଧରେ ଆମ ଶତ୍ରୁ ମଣ୍ଟୁକୁ ବଟି ଦେବୁ? ତୋତେ ଆଜି କୋଉ ମଣ୍ଟୁ ବଞ୍ଚେଇବ ଦେଖିବି! (ଭୁଜାଲି ତା ବେକରେ ଲଗେଇଛି)

ଉଦ୍ଧବା : ଆରେ, ଅନେଇଛୁ କଅଣ! କାମ ବଢ଼େଇ ଦେ। ନା ରହିବ ବାଉଁଶ, ନା ବାଜିବ ବଇଁଶୀ। ଏଇଟାକୁ ଖତମ୍ ନ କଲେ ଅରାଜକତା ବ୍ୟାପିଯିବ। ଆଜି ଜଣେ ବେପାରୀ ତାକୁ ବଟି ଦେଲା, କାଲି ଆଉ ଜଣେ ଦେବ। ଭାଇ ସାଙ୍ଗରେ ଏପ୍ରକାର ବେଇମାନି? କଅଣ (ବେପାରୀକୁ) ସତ ନା ମିଛ?

(ବେପାରୀ ଏପଟସେପଟ ଅନଉଛି, କାଳେ କିଏ ଆସିବ, ତାକୁ ରକ୍ଷା କରିବ)

ନରି : ଆବେ, ଏପଟସେପଟ କଣ ଅନଉଛୁ ? ଏଇ ଏରିଆକୁ ଭାଇକୁ ନ ପଚାରି ଯମ ବି ଆସେନା। ଗଲା ବର୍ଷ ଘଟଣା ଭୁଲିଗଲୁଣି କିରେ ? ନା ମଣ୍ଟୁ ଆସିବ ନା ପୁଲିସ ?

ବ୍ୟବସାୟୀ : ଭାଇ, ଏଇଟାକୁ ମୋ ବେକ ପାଖରୁ କାଢ଼ିନିଅ। ମୁଁ ବ୍ଲଡ୍‌ପ୍ରେସର୍ ରୋଗୀ। ହାର୍ଟଫେଲ୍ ହେଇଯିବ। ଆପଣ ଯାହା କହିବେ, ଦେବି। ନା, ଦଉଛି (ପକେଟ୍‌ରୁ ଗୋଟେ ନୋଟ୍ ବିଡ଼ା ବାହାର କରି ଦଉଛି)। କାଲି ସକାଳେ ଯାଇ ଭାଇକି ଦେଖା କରି ଆସିବି। ଏଇ ଥରକ ମୋତେ ରକ୍ଷା କର। ତୁମ ଗୋଡ଼ ଧରୁଛି-

ନରି : ଉଦ୍ଧବା ? କଅଣ କରିବା ? ଏଇଟାକୁ ହାଣିଦେବା ନା ଛାଡ଼ିଦେବା ?

ଉଦ୍ଧବା : ଖାଲିଟାରେ କେମିତି ଛାଡ଼ିଦେବା ? ଟିକିଏ ନାମ ଦେଇ ଛାଡ଼ିବା ନା ! (ଭୁଜାଲିଟାରେ ବ୍ୟବସାୟୀର ହାତଟାରେ ଧୀରେ ଚାପ ଦଉଛି, ରକ୍ତ ନିଗିଡ଼ି ପଡୁଛି) ହା, ହା, ଏତକ ସଙ୍କେତ ନେଇ ଘରକୁ ଯାଆ। ଆଉ ଥରେ ଏମିତିକା ଫେଚକାମି କଲେ ପୂରା ତରଭୁଜ କାଟିଲା ପରି ସଫା କାଟିଦେବି। ବୁଝିଲୁ ?

ନରି : ହଉ, ଆ, ଯିବା। ଭାଇ ତେଣେ ଅପେକ୍ଷା କରିଥିବ।

ଉଦ୍ଧବା : ଆଁ, ହଁ - ଚାଲ୍ .... (ଦିହେଁ ମଟର ସାଇକେଲ୍‌ରେ ପଳଉଛନ୍ତି। ମଞ୍ଚ ଉପରେ ବ୍ୟବସାୟୀ ନରେନ୍ଦ୍ର ସାହୁ। ଦେହରୁ ରକ୍ତ ପୋଛୁଛି)

ବ୍ୟବସାୟୀ : (ରକ୍ତବୋଳା ହାତକୁ ଅନେଇ) ହେ ଭଗବାନ। ଏ ଅଞ୍ଚଳରେ କଅଣ ସବୁଦିନେ ଏଇମିତି ଚାଲିଥିବ ? ଏତେ ଏତେ ଲୋକ ଆକ୍ସିଡେଣ୍ଟ୍‌ରେ, ରୋଗ ବଇରାଗରେ ମରୁଛନ୍ତି। ଏଇ ପାଣ୍ଡୁଆଟା ହେଲେ ମରିଯାଆନ୍ତା। ମାଆଲୋ, ମଙ୍ଗଳା ମାଆ, ମୁଁ ଗୋଟାଏ ବୋଦା ବଳିଦିଅନ୍ତି। ଯାକୁ ତୋ ପାଖକୁ ନେଇଯାଆ। ନା ପୁଲିସ, ନା ମଣ୍ଟୁ କେହି ଯାକୁ ପାରିବେ ନାହିଁ। କେବଳ ତୋ ଛଡ଼ା (ହାତ ଯୋଡୁଛି)

(ଆସୁଛି ସୂତ୍ରଧର)

ଦେଖିଲେ ? ଲୋକେ କହୁଛନ୍ତି କେମିତି ଏ ପାଣୁଆକୁ ଧର୍ମ ସହିଛି ଅନେକେ ବୁଝିପାରୁନାହାନ୍ତି । ମୁଁ ମଧ୍ୟ ବୁଝିପାରୁନାହିଁ । ସମସ୍ତେ କହୁଛନ୍ତି ସେଇଟା ଅଧା ବୟସରେ ଯିବ । କୋଉଦିନ ମସ୍ତୁ ଗୋଷ୍ଠୀର କିଏ ଗୋଟାଏ ତା ପେଟରେ ଛୁରୀ ଭୁସିଦେବ କି ତା ମୁଣ୍ଡ ଫଟେଇଦେବ । ନ ହେଲେ କିଏ ଗୋଟେ ତା ଛାତିକୁ ଗୁଳି କରିଦେବ । ଇଏ ପୁଲିସ ଫୁଲିସ ତାର କିଛି କରିପାରିବେ ନାହିଁ । କିନ୍ତୁ କାହିଁ ? ସେମିତି ତ କିଛି ଘଟୁନାହିଁ । ଆଠବର୍ଷ ହେଲାଣି, ନିଇତି ଚାଲିଛି ଏଇ ପାଲା । ଏ ଗାଁର ଲୋକମାନେ, ବିଶେଷତଃ ଛକ ବଜାରର ଦୋକାନୀମାନେ ଗୋଷ୍ଠୀ ବିବାଦର ଶିକାର ହଉଛନ୍ତି, କିନ୍ତୁ ସହିକି ପଡ଼ିରହିଛନ୍ତି । ଘର ଭାଙ୍ଗି ତ କୁଆଡ଼େ ପଳେଇଯାଇ ପାରିବେ ନାହିଁ !

କଅଣ କହିଲେ ? ପାଣୁଆର ଏତେ ଶକ୍ତି ଆସିଲା କୋଉଠୁ ? ହଉ, ଚାଲନ୍ତୁ । ମୁଁ ତାକୁ ଆପଣଙ୍କ ସହ ଟିକେ ପରିଚିତ କରାଇଦିଏ । କିନ୍ତୁ ହୁସିଆର । ଲୋକଟା ଅତ୍ୟନ୍ତ ଭୟଙ୍କର । ଥଣ୍ଡା ଦିମାକରେ ଥିବ, ଚାହୁଁକିନା ହୁ କରି ଉଠିପଡ଼ିବ । ଚାପଡ଼ାଟାଏ ଦେବ କି ଭୁଜାଲି ଭୁସିଦେବ ସେକଥା ମୁଁ କହିପାରିବି ନାହିଁ । ଅତି ଖତରନାକ୍ ଲୋକଟା ସିଏ । କଥା କଥାକେ ଚାର୍ଜ କରି ବସିବ । ସେତେବେଳେ ତାକୁ କାବୁ କରିବା କଷ୍ଟକର । ନା, ନା କଷ୍ଟକର ନୁହେଁ, ଅସମ୍ଭବ । ଆସନ୍ତୁ ... ।

(ମଞ୍ଚ ଅନ୍ଧାର)

ଦ୍ୱିତୀୟ ଦୃଶ୍ୟ

[କାଲୁ ମିଆଁର ଗ୍ୟାରେଜ୍। ସଞ୍ଜବେଳ। ସେଇ ଗ୍ୟାରେଜ୍‌ର ଗୋଟେ କଡ଼କୁ ଦିଇଟା ଖଟିଆ ପଡ଼ିଛି। ଗୋଟେ ଲାଇଟ୍ ଜଳୁଛି। ବସିଛନ୍ତି ନରି ଏବଂ ରାଘବ। ଦିହେଁ ପାଣୁଆର ଦୃଢ଼ ସମର୍ଥକ। କାଲୁ ମିଆଁ ଆସିଛି।]

କାଲୁ ମିଆଁ : (ବାହାରକୁ ଯାଇଥିଲା, ଫେରୁଛି) କିରେ ରାଘବ? ଆଜି ପୁଣି ବଜାର ଉପରେ କାହିଁକି ଗଣ୍ଡଗୋଳ କଲ କିରେ?

ଉଦ୍ଧବ : ଭାଇକୁ ପଚାରିବ। ଆମକୁ ଯାହା ଅର୍ଡର ମିଳିଲା ଆମେ ସେଇଆ କଲୁ। ଭାଇ କହିଲା, ଆମେ ଚାଲିଲ।

କାଲୁ ମିଆଁ : ସେଇଥିପାଇଁ ସମସ୍ତେ ତୋତେ ପାଣୁଆର ଚାମ୍‌ଚା ବୋଲି କହନ୍ତି।

ଉଦ୍ଧବ : (ରାଗିଯାଇ) କାଲୁ ଚାଚା! ଖବରଦାର୍। ଆଉ ଥରେ ମୋତେ ଚାମ୍‌ଚା ବୋଲି କହିଛ ତ ମୁଁ ଚାଚା ବୋଲି ଭୁଲିଯିବି। ମୋତେ ଚେଲା କହିପାର, ଚାମ୍‌ଚା ନୁହେଁ।

କାଲୁ ମିଆଁ : ଆରେ ରାଗୁଛୁ କାହିଁକି? ମୁଁ କଅଣ ତୋତେ ସେମିତି କହୁଛି? ଲୋକ -

ଉଦ୍ଧବ : (କଥା ଛଡ଼େଇ) କୋଉ ଲୋକ? ଆଁ, କୋଉ ଲୋକ କହୁଛି? ମୋତେ ତା ଚେହେରା ଥରେ ଦେଖାଇଦିଅ, ଦେଖିବି କେମିତି ୱାନ୍ ପିସ୍ ହେଇ ସେ ତା ଘରକୁ ଫେରିବ! ସେଇଠି ଯଦି ରକ୍ତର ନଦୀ ବୁହାଇ ନ ଦେବି ମୁଁ ଭାଇର ଚେଲା ଉଦ୍ଧବ ମଙ୍ଗରାଜ ନୁହେଁ।

କାଲୁ ମିଆଁ : ହଉ, ହଉ । ତୋ କଥା ଠିକ୍ । କିନ୍ତୁ ମୁଁ ଯୋଉଟା ପଚାରିଥିଲି ତାଆର ଜବାବ ପାଇଲି ନାହିଁ ।

ଉଦ୍ଧବା : ଏଇ ନରି, ତୁ କହ । ମୋ ମୁଣ୍ଡ ଗରମ ହେଇଗଲାଣି । (ଡାକିଛି) ଏଇ କାଳିଆ, ଆଣ୍, ମୋ ବୋତଲ ଆଣ୍ । ବେକାର କଥା ଶୁଣିଲେ ମୋ ପାରା ଚଢ଼ିଯାଏ ।

କାଲୁ ମିଆଁ : କିରେ ନରି, ସବୁଦିନେ ଏମିତି ହଣାକଟା ଭଲ ଲାଗୁଛି ? କଅଣ ହେଇଥିଲା କିରେ ଆଜି ? ବଜାରଟାରେ ସମସ୍ତେ ହଲ୍ଲା କରୁଛନ୍ତି ।

ନରି : ଦେଖ କାଲୁ ଚାଚା । ଭାଇର ଅର୍ଡର ଆମ ପାଇଁ ଉପରବାଲାର ଅର୍ଡର । ତମେ ତ ଭାଇ କଥା ଜାଣିଛ । ତା ମନହେଲେ କୁକୁଡ଼ା କାଟିବ, ମନହେଲେ ଛେଳି କାଟିବ, ମନହେଲେ ମଣିଷ ବି । ତା ଆଖିରେ କୁକୁଡ଼ା, ଛେଳି, ମଣିଷ ସମସ୍ତେ ସମାନ । ବ୍ରହ୍ମା, ବିଷ୍ଣୁ, ମହେଶ୍ୱର ଯିଏ ଆସି ବୁଝେଇଲେ ବି ସେ ବୁଝିବ ନାହିଁ । ମଣ୍ଟୁର କାରବାର ଭାଇଙ୍କୁ ଭଲ ଲାଗିଲା ନାହିଁ । ବାସ୍, ସେଇ କଥାଟା ଯାଇ ଟିକେ ବୁଝେଇ ଦେଇ ଆସିଲ ।

କାଲୁ ମିଆଁ : ବୁଝେଇ ଦେଇ ଆସିଲ ? ଆରେ, ସବୁଦିନେ ଏଇ ଛୁରୀ, ଭୁଜାଲି, ଚେନ୍, ତଲ୍‌ୱାର୍... ଏ ରାଜ୍ୟରେ ପୁଲିସ, କୋର୍ଟ କଚେରି ଅଛି ନା ନାହିଁ ? ତମଗୁଡ଼ାଙ୍କୁ କଣ ଜୀବନର ଡର ନାହିଁ ?

ପାଣୁ : (କହି କହି ଆସୁଛି) ଡର ? ଯିଏ ଡରିଲା... ସିଏ ମରିଲା... ହା, ହା, ହା --

(ତାକୁ ଦେଖି ନରି ଓ ଉଦ୍ଧବା ଉଠିପଡ଼ି ପାଣୁର ବସିବାଲାଗି ଜାଗା ଛାଡ଼ି ଦେଉଛନ୍ତି । ପାଣୁ ଦୁର୍ଦ୍ଦାନ୍ତ ଗୁଣ୍ଡା । ତା ଚେହେରା ସେହିପରି) ନା କଅଣ ଉଦ୍ଧବା ? (କାଲୁ ଚାଚାଙ୍କୁ ଅନେଇ) ଚାଚା, ଦିନେ ଏ ଦୁନିଆକୁ ଆସିଛ, ଦିନେ ଏଠୁ ଚାଲିଯିବ । ତମ ଆସିବାଟା ତୁମ ହାତରେ ନ ଥିଲା, ତମର ଯିବା ବି ତମ ହାତରେ ନାହିଁ । ତାହାହେଲେ କାହାକୁ ଡରିବା କଅଣ ଦରକାର ? ମରିଯିବ ବୋଲି କଅଣ ମାଇକିନାଙ୍କ ପରି

ଚୁଡ଼ିପିନ୍ଧି ଘରେ ବସିରହିବ। ଧେତ୍! ସେକଥା ପାଣୁଆ ଦ୍ୱାରା ହୋଇପାରିବ ନାହିଁ। ସେ ମଇଦାନ କମ୍ପେଇ ବାଘ ଭଳିଆ ଜିଇବ, ବାଘ ଭଳିଆ। ନା, କଅଣ ନରି ?

ନରି : (ମୁଣ୍ଡ ଆଉଁଶି) ଯାହା କହିଲ ଭାଇ। ବାଘ ଭଳିଆ ଜିଇବ। ଯାହା କୁହ ଭାଇ, ତୁମ ପରିକା ଲିଡର ଏ ରାଜ୍ୟରେ କେହି ନ ଥିବେ। ଷଣ୍ଢ ଯେମିତିକା ତା ଜଟା ସାଙ୍ଗରେ ଧରି ଆସିଥାଏ, ତମେ ବି ଲିଡର୍‌ସିପ୍ ଟାଲେଣ୍ଟ୍ ମାଆ ପେଟରୁ ସାଙ୍ଗରେ ଧରିକି ଆସିଛି। ତମକଥା ଶୁଣିଲେ, ମୋତେ ଖାଲିଟାରେ ଗୋଟେ ହାଫ୍ ବୋତଲ ରମ୍ ଟେଣ୍ଡିଦେଲା ପରି ଗରମ ଲାଗେ। ତୁମେ ଭାଇ ଖାଲି ଆଖି ଠାରିଦିଅ, ମୁଁ ଯଦି ସେ ମଣ୍ଟୁକୁ ମେନ୍‌ରୋଡ୍ ଉପରେ ଫ୍ଲାଟ୍ କରି ନ ଦେଇଛି ତାହାହେଲେ ମୁଁ ନରି ମହାନ୍ତି ନୁହେଁ!

ପାଣୁ : ସାବାସ୍ ନରି, ସାବାସ୍। ତୋ କଥା ଶୁଣି ମୁଁ ପ୍ରାଉଡ୍। ବହୁତ ହ୍ୟାପି। ତୁ ନିଶ୍ଚେ ଦିନେ ନା ଦିନେ ଏ ଅଞ୍ଚଳର ଦାଦା ବନିବୁ। ତୋ ପାଖରେ ମୁଁ ତାହାର ସବୁଗୁଡ଼ାକ ଲକ୍ଷଣ ଦେଖି ପାରୁଛି। ସେମିତିକା କଲିଜା ରଖିଥା। (କାଲୁକୁ) ତୁମେ ଯାଅ ଚାଚା, ବେଫିକର ରୁହ। ମୋର କିଛି ହବନାହିଁ। ତମକୁ କଥା ଦେଉଛି। ହାତୀ କା ଦାନ୍ତ, ମରଦ୍ କା ବାତ୍-
(କାଲୁ ଅନିଚ୍ଛାସୂଚକ ମୁଣ୍ଡ ହଲେଇ ହଲେଇ ଚାଲିଯାଇଛି)
ହଁ, ଉଦ୍ଧବା, କଅଣ ହେଲା ?

ଉଦ୍ଧବା : ତମେ ଆଗେ ଗିଲାସ ଧର, କହୁଛି। (ବୋତଲ ଓ ଗିଲାସ ବଢ଼େଇ ଦେଇଛି)

ପାଣୁ : (ଗିଲାସକୁ ଠେଲିଦେଇ ବୋତଲ ଧରିଛି। ସିଧା ସିଧା ପିଇଛି) କହ। ହତିଆର ଲାଗିନି ତ ?

ନରି : ତମେ ଯେତିକି କହିଥିଲ ସେତିକି କରିଆସିଛୁ।

ଉଦ୍ଧବା : ଭାଇ, ବସ୍‌ଷ୍ଟାଣ୍ଡ୍ ପାଖ ସେ ଜାଗାଟାକୁ ବଣିଆ ନରେନ୍ଦ୍ର ସାହୁ କିଣିଛି। ଆମ ପିଲାଏ ସେଠି କୋଉକାଳୁ ସାଇକେଲ୍ ଷ୍ଟାଣ୍ଡ୍ କରି ଚଳୁଛନ୍ତି। କିଣିବା ଆଗରୁ ଆମକୁ ପଚାରିବା ଉଚିତ ଥିଲା ନା ନାହିଁ? ତାଆରି ପଜେସନ୍ ଦେବା ପାଇଁ

ମଣ୍ଟୁକୁ ଦି ଲକ୍ଷ ଟଙ୍କା ଦେଇଛି ନରେନ୍ଦ୍ର ବଣିଆ। ସେଇଥିପାଇଁ କାଲି ମଣ୍ଟୁର ଟୋକାମାନେ ଯାଇ ସେ ଜାଗା ଉପରେ ଆମ ପିଲାଙ୍କୁ ନାଲି ଆଖି ଦେଖେଇଥିଲେ।

ପାଣୁ : ଆଁ, ମୋ ଏରିଆରୁ ବଟି ଆଦାୟ କଲାଣି ମଣ୍ଟୁ? ଏତେ ସାହସ? ଏତେ ବୁଝେଇ କହିଥିଲି, ପାଟପୁର ସେପଟ ଏରିଆରେ ସେ ଯାହା କରୁଛି କରୁ, ଏପଟକୁ ଆସିବ ନାହିଁ। ତାହାର ଏଡ଼େ ସାହସ? କିଏ ସେ ବଣିଆଁ? ତା ହାତ କି ଗୋଡ଼ ଗୋଟେ କାଟିଦେଲ ନା ନାଇଁ?

ନରି : ନା, ଖାଲି ଟିକେ ଦାଗିଦେଇ ଆସିଛୁ।

ପାଣୁ : ଠିକ୍ କରିଛ। ଏକଦମ୍ ଠିକ୍ କରିଛ। ସେ ଆମ ଭାଗ ଦେଇଦେଲା?

ନରି : ଦବ ନାହିଁ? ଡରିକି ତ ଲୁଗାପଟା ଖରାପ।

ଉଦ୍ଧବା : ଖବର ଦେଇ ଆସିଛୁ। କାଲି ସକାଳେ ଆସି ତମ ପାଖରେ ପହଞ୍ଚିବ। ନ ହେଲେ ତା ଦୋକାନ ଆଉ କୌଣସି ଦିନ ଖୋଲିବ ନାହିଁ। ପର୍‌ମାନେଣ୍ଟ୍‌ଲି ବନ୍ଦ।

ପାଣୁ : (ଖୁସିହେଲା ପରି ମୁଣ୍ଡ ଟୁଙ୍ଗାରିଛି)

ନରି : ଏଇ ନିଅ। (ବଣିଆଠାରୁ ଆଣିଥିବା ନୋଟ୍ ବିଡ଼ା ପାଣୁ ହାତକୁ ବଢ଼ଉଛି।)

ପାଣୁ : କଅଣ ସେ?

ନରି : ବଣିଆର ଚାନ୍ଦା।

ପାଣୁ : ତିନି ଭାଗ କରିଦେ। ଭାଗେ ତୁ ନେଇଯା, ଆଉ ଭାଗେ ଦେ ଉଦ୍ଧବାକୁ। ଆର ଭାଗଟା ନେଇ କାଲୁ ଚାଚାକୁ ଦେଇଦେ, ରଖିଥିବ।

ନରି : ସବୁଗୁଡ଼ାକ ବାଣ୍ଟିଦେବ। ନିଜ ପାଇଁ ରଖିବ ନାହିଁ?

ପାଣୁ : (ହସିଛି) ଆରେ, ତମେମାନେ ମୋର ପର କି? ତାଛଡ଼ା, ଏଗୁଡ଼ା କଅଣ ସବୁ ତମେ ଏକା ଏକା ଖାଇବ? ନିଅ, ନିଅ ପିଲାମାନଙ୍କ ଭିତରେ ବାଣ୍ଟିଦେବ। ଆଗକୁ ଇଲେକ୍ସନ୍ ଆସୁଛି। ବହୁତ କାମ। ଏବେଠାରୁ ସମସ୍ତଙ୍କୁ ସାଇଜ୍ କରି ରଖ।

ଉଦ୍ଧବା : ତମପରି ଦାନୀ ହରିଶ୍ଚନ୍ଦ୍ର ଦ୍ୱିତୀୟ ଦେଖିନି ଭାଇ। (ଏତିକିବେଳେ ପୁଲିସ ଗାଡ଼ିର ସାଇରନ୍ ବାଜିଛି। ପାଣ୍ଡୁ, ନରି ଓ ଉଦ୍ଧବା ସତର୍କ ହୋଇଯାଇଛନ୍ତି। ଆସିଛନ୍ତି ସଦର ଥାନା ଇନିସ୍‌ପେକ୍ଟର ସତ୍ୟ ନାରାୟଣ ଦାସ)

ପାଣ୍ଡୁ : ଆରେ, ଇନିସ୍‌ପେକ୍ଟର ବାବୁ। ହଠାତ୍। ମୋର ଗୁଡ଼ାଏ କାମ ପଡ଼ିଛି, ତଥାପି ଖବର ଦେଇଥିଲେ ମୁଁ ଥାନାକୁ ଚାଲିଆସିଥାନ୍ତି।

ଇନିସ୍‌ପେକ୍ଟର : ଆସନ୍ତୁ। ମୋ ସାଙ୍ଗରେ ଆସନ୍ତୁ। ଆପଣଙ୍କ ନାମରେ ଏଫ୍.ଆଇ.ଆର୍ ଅଛି।

ପାଣ୍ଡୁ : ଏଫ୍.ଆଇ.ଆର୍ ? ମୋ ନାଆଁରେ ? କାହିଁକି ?

ଇନିସ୍‌ପେକ୍ଟର : ତୁମ ପିଲାଏ ମହାବୀର ବଜାରରେ ଭଙ୍ଗାରୁଜା କରିଛନ୍ତି। ତାହାଛଡ଼ା ଗହଣା ବ୍ୟବସାୟୀ ନରେନ୍ଦ୍ର ସାହୁଙ୍କୁ ମାରିଦେବାର ଧମକ ଦେଇଛନ୍ତି। ଗୋଟାଏ ପିଲାର ହାତ ଭାଙ୍ଗିଦେଇଛି ତୁମର ଲୋକ।

ପାଣ୍ଡୁ : ସତ। ଆପଣ ଯଦି କହୁଛନ୍ତି ସବୁ ସତ ହେଇଥିବ। କିନ୍ତୁ ଏଥିରେ ସମସ୍ୟା କଅଣ ? କେହି କଣ ମରିଯାଇଛି ? କୌଣସି ଘର ଜଳିଯାଇଛି ? ଏଇ ଛୋଟ ଛୋଟ କଥାରେ ଆପଣ ନିଜର ବଡ଼ ମୁଣ୍ଡଟିକୁ କାହିଁକି କଷ୍ଟ ଦଉଛନ୍ତି ?

ଇନିସ୍‌ପେକ୍ଟର : ସେସବୁ କଥା ଥାନାରେ ହେବା। ଆସ ପାଣ୍ଡୁଆ, ଆସ।

ପାଣ୍ଡୁ : ରୁହନ୍ତୁ ଇନିସ୍‌ପେକ୍ଟର ବାବୁ। ଆପଣ ନୂଆ ଆସିଛନ୍ତି ତ, ଏଇ ଏରିଆର କାଇଦାକାନୁନ କିଛି ଜାଣିନାହାନ୍ତି। ସେଥିପାଇଁ ମୋତେ ଥାନାକୁ ଡାକୁଛନ୍ତି। ମାତ୍ର ପାଣ୍ଡୁଆ କୌଣସି ଦିନ କାହାର ଡାକରାରେ ଥାନାକୁ ଯାଏ ନାହିଁ। ତାର ମନ ହେଲେ ସେ ଯାଏ, ତାହାର ମନ ହେଲେ ସେ ଆସେ।

ଇନିସ୍‌ପେକ୍ଟର : (ଆଶ୍ଚର୍ଯ୍ୟ) ମାନେ !

ପାଣ୍ଡୁ : ଆରେ ନରି, ଏମ୍.ଏଲ୍.ଏ.ଙ୍କୁ ଟିକେ ଫୋନ୍ ଲଗେଇଲୁ। (ନରି ଫୋନ୍ ଲଗେଇଛି)

ନରି : ସାର୍। ଭାଇ କଥା ହେବେ। ଏଇ ନିଅନ୍ତୁ -- (ଫୋନ୍ ବଢ଼େଇଛି ପାଣ୍ଡୁଆକୁ)

ପାଣ୍ଡୁ : (ଫୋନ୍‌ରେ) ସାର୍ ଭଲ ଅଛନ୍ତି ? ଆଉ ଭୁବନେଶ୍ୱରରେ ପାଣିପାଗ କିମିତି ? ଆଚ୍ଛା, ଗୋଟେ ଛୋଟ କଥା ଥିଲା। ସଦର ଥାନାର ଇନିସ୍‌ପେକ୍ଟର ଆପଣଙ୍କ ବିରୋଧୀଙ୍କ କଥାରେ ପଡ଼ି ମୋତେ ଆରେଷ୍ଟ କରିବାକୁ ଆସି ପହଞ୍ଚିଛନ୍ତି। ମୁଁ ବୁଝିପାରୁନି, ଆପଣ ତାଙ୍କୁ ଏଠିକି ଆଣିଲେ, ସେ ଆମକୁ ପ୍ରୋଟେକ୍ସନ୍ ଦେବେ କଅଣ, ଓଲଟି...। ଆଜ୍ଞା, ଫୋନ୍ ଦେବି ? ହେଉ, ଫୋନ୍ ଦଉଛି। (ଇନିସ୍‌ପେକ୍ଟରଙ୍କୁ ଫୋନ୍ ଧରଉଛି) ଏଇ, ନିଅନ୍ତୁ।

ଇନିସ୍‌ପେକ୍ଟର : (ଫୋନ୍‌ରେ) ସାର୍, ସାର୍।

(ସେପଟୁ ସ୍ୱର ଶୁଭୁଛି: ପାଣ୍ଡୁ ମୋ ଲୋକ। ଆପଣ ତାଙ୍କୁ ଆରେଷ୍ଟ୍ କରିବା କଥା ଭାବିଲେ କେମିତି ? ହଉ, ମୁଁ ରବିବାର ଏରିଆକୁ ଯିବି। ମୋତେ ଆପଣ ଡାକବଙ୍ଗଳାରେ ଦେଖା କରିବେ)

ସାର୍, ସାର୍ -- (ଫୋନ୍ ଫେରେଇ ଦଉଛି)

ପାଣ୍ଡୁ : ସାର୍, ସାର୍ -- (ବିଦାୟ ଦେବା ଭଙ୍ଗୀରେ ହାତ ଦେଖାଉଛି)

ଇନିସ୍‌ପେକ୍ଟର : କିନ୍ତୁ ଏସବୁ ଭଲକଥା ହଉନି ପାଣ୍ଡୁଆ। ଏରିଆରେ ଆଇନ ଶୃଙ୍ଖଳା ପରିସ୍ଥିତି ରକ୍ଷା କରିବା ଆମର କାମ। ସେଥିରେ ସମସ୍ୟା ସୃଷ୍ଟି କଲେ ମୁଁ କାହା କଥା ଶୁଣିବି ନାହିଁ। ତମକୁ ୱାର୍ଣ୍ଣିଂ ଦେଇଯାଉଛି।

ପାଣ୍ଡୁ : ହଉ। ଭଲକଥା। ସେ କାମ ବି ମଝିରେ ମଝିରେ କରିବା ଉଚିତ। (ଇନିସ୍‌ପେକ୍ଟର ଚାଲିଯାଉଛନ୍ତି)

ଉଦ୍ଧବା : ଶ୍ୟେଃ, ଆସିଥିଲା ଭାଇଙ୍କି ଆରେଷ୍ଟ କରିବ। କି ଦୁଃସାହସ !

ନରି : ଭାଇ, ଏ ଲୋକଟାକୁ ଏଠୁ ବିଦା କର। ଚବିଶ ଘଣ୍ଟା ଭିତରେ ହଟାଅ ଏଇଟାକୁ। କଅଣ ଭାବିଛି ? ହଁ, ଯାହା କୁହନ୍ତୁ ଭାଇ, ଏମ୍.ଏଲ୍.ଏ. ଆପଣଙ୍କ ସାହାଯ୍ୟ ଭୁଲିନାହିଁ। ଲୋକଟିର ଆପଣଙ୍କୁ ଭାରି ଆଦର।

ପାଣ୍ଡୁ : କିଏ ? ଏମ୍.ଏଲ୍.ଏ. ରାମାନନ୍ଦ ବାବୁ !

ନରି : ହଁ, ଫୋନ୍ ଧରୁ ଧରୁ କହିଲେ, ପାଣ୍ଡୁର କିଛି ଅସୁବିଧା ହେଇଛି କି ?

ଉଦ୍ଧବା : ତୁ ସେକଥା ଭୁଲିଗୁଲୁଣି କିରେ ? ଷ୍ଟେଜ୍ ଉପରକୁ ସାଏଁକିନା ମଞ୍ଚୁର ଖଣ୍ଡାଟା ମାଡ଼ି ଆସୁଥିଲା । ଆଉ ଟିକକରେ ରାମାନନ୍ଦ ବାବୁଙ୍କ କାନ୍ଧରେ ପଡ଼ିଥାଆନ୍ତା । ଏଇ ଭାଇ, ହାତ ଦେଖାଇ ଦେଲେ । କହୁଣିଟା ଚିରିହେଇ ପିଚ୍ ପିଚ୍ ରକ୍ତ ନିଗିଡ଼ିଗଲା । ରାମାନନ୍ଦ ବାବୁ ବଞ୍ଚିଗଲା । ସେଇଦିନୁ ରାମାନନ୍ଦ ବାବୁ ଜାଣିଲେ, ନନ୍ଦନକାନନକୁ ଯେମିତି ବାଘ, ନ୍ୟାସ୍‌ନାଲ୍ ହାଇୱେକୁ ଲେଲ୍ୟାଣ୍ଡ ଟ୍ରକ୍, ବଜାର ରାସ୍ତାକୁ ବୁଲେଟ୍ ମଟର ସାଇକେଲ୍, ସେମିତି ପାଟପୁର ଏରିଆକୁ ଷଣ୍ଢ ଏକା ପ୍ରାଣକୃଷ୍ଣ । ଯିଏ ନିଜର ଜାନ୍ ବାଜି ଲଗାଇ ତାଙ୍କୁ ବଞ୍ଚେଇଛି, ସେ ଲୋକକୁ ମନେ ରଖିବା ତ ସାଧାରଣ କଥା ।

ପାଣ୍ଡୁ : ନରି ?

ନରି : ଭାଇ ।

ପାଣ୍ଡୁ : ତୁ ଏ ରାଜନୀତିଆ ଲୋକଙ୍କଠାରୁ ବେଶି କିଛି ଆଶା ରଖିନା । ଏ ଶଳେ ପଲିଟିସିଆନ୍ କାହାର ନୁହନ୍ତି । ତାଙ୍କ ନୀତି ହେଲା କର୍ଣ୍ଣ ମଲେ ପାଞ୍ଚ, ଅର୍ଜୁନ ମଲେ ପାଞ୍ଚ । ଆଜି ଆମ ହାତରେ ବଳ ଅଛି, ଆମକୁ ଇସ୍ତେମାଲ୍ କରୁଛନ୍ତି । କାଲି ଆମ ଦେହରୁ ବଳ ହଟିଲେ ସେ ଶଳେ ଆଉ କାହାକୁ ଖୋଜିବେ । ଆମ ବଳ ଆମଠେଇଁ । ଯେପର୍ଯ୍ୟନ୍ତ ଏ ବାହୁରେ ଦମ୍ ଅଛି ଆମର କେହି କିଛି କରିପାରିବେ ନାହିଁ ।

ଉଦ୍ଧବା : ଓଃ, କି ବିଚକ୍ଷଣ କଥା ଭାଇ । ପାଠ ପଢ଼ିଥିଲେ ତମେ ନିଶ୍ଚୟ ଓକିଲ ହେଇଥାନ୍ତ ।

ପାଣ୍ଡୁ : ଆବେ ଚୋପ୍ । ଏଇଟା ସେ ବୁଢ଼ାବୁଢ଼ୀ ଦିଇଟାଙ୍କ ପରି ଭାଷଣ ଦେଲାଣି । ଆବେ ପାଠ କଅଣ ହେବ ? ଆଁ ? ପାଠ ପଢ଼ି କେହି ସ୍ୱର୍ଗକୁ ଗଲାଣି ?

ନରି : ନାଇଁ ଭାଇ, କିନ୍ତୁ ତମ କଥାଗୁଡ଼ାକ ଭାରି ଗହୀରିଆ । ବୁଝିବା ଭାରି ମୁସ୍କିଲ ।

ପାଣ୍ଡୁ : ହଉ । ସେ ଇନିସ୍‌ପେକ୍ଟରଟା ମୋ ନିଶା ଛଡ଼େଇଦେଲା । ଆଉ ଗୋଟେ ବୋତଲ ମୋ ରୁମ୍‌କୁ ପଠେଇ ଦିଅ । ଆଉ

ଶୁଣ। ସେ ମଣ୍ଟୁ ମୋ ଲାଞ୍ଜରେ ହାତ ମାରିଛି, ତାକୁ ମୁଁ ଛାଡ଼ିବିନି।

ଉଦ୍ଧବା : ନିଶ୍ଚୟ। କୋଉଦିନ ? ଆଜି ରାତିରେ ?

ପାଣ୍ଡୁ : ନା, ଏମ୍.ଏଲ୍.ଏ. ଆସି ଯାଇସାରୁ।

ନରି : ହଁ, ଯାଇସାରୁ।

ପାଣ୍ଡୁ : ଶେ୍ୟଃ, ଥରେ ନାମ ଦେଇଥିଲି। ଥଣ୍ଡା ପଡ଼ିକି ଥିଲା। ଫେର୍, ଫେଚକାମି ଆରମ୍ଭ କଲାଣି। ଆମ ପିଲାଗୁଡ଼ାକ ସବୁ ବସିଗଲେଣି କି ବେ ?

ଉଦ୍ଧବା, ନରି : ଏମିତି କାହିଁକି କହୁଛ ଭାଇ !

ପାଣ୍ଡୁ : ନ ହେଲେ ମୋ ଏରିଆ ଆଡ଼କୁ ସେ ମଣ୍ଟୁ ଅନେଇ ପାରିଲା କେମିତି ? ତା ଆଖି ଦିଇଟା ତାଡ଼ିଦେଇପାରିଲ ନାହିଁ ?

ଉଦ୍ଧବା, ନରି : ବୁଝିଗଲୁ ଭାଇ। ଦିନ କେଇଟା ସମୟ ଦିଅ।

(ମଞ୍ଚ ଅନ୍ଧାର)

ତୃତୀୟ ଦୃଶ୍ୟ

[କାଲୁ ମିଆଁ ଗ୍ୟାରେଜ୍। ପାଣ୍ଡୁ ସହରରୁ ଫେରିନାହିଁ। ଗ୍ୟାରେଜରେ କାଳିଆ, ନରି ଓ ଉଦ୍ଧବା]

କାଳିଆ : ଭାଇ ଏଯାଏ ଫେରିଲା ନାହିଁ। କିଛି ଭଲ ଲାଗୁନାହିଁ।

ନରି : ସତ କହିଛୁ କାଳିଆ। ଭାଇ ଏଠି ଥିଲେ ନାଲି ଆଖି ଦେଖାଏ, ଭୁଲ୍ କଥା କହିଲେ ଚଢ଼ିଆସେ। କିନ୍ତୁ ଭଲ ଲାଗେ। ଭାଇ ନ ଥିଲେ ଏ ଜାଗାଟା କେମିତି ଖାଲି ଶୂନ୍‌ଶାନ୍ ଲାଗୁଛି।

ଉଦ୍ଧବା : କହିଲା, କହ୍ନେଇ ଲାଗି ଗାଈ ଗୁହାଳ। କହ୍ନେଇ ନ ଥିଲେ ଗୁହାଳ ଭଲ ଲାଗିବ କେମିତି ? ଭାଇ ସାଙ୍ଗରେ ଅଛନ୍ତି ବୋଲି ଆମକୁ ଏ ବେପାରୀ, ପୁଲିସ କି ପବ୍ଲିକ୍ ଅନେଇବାକୁ ସାହସ କରିପାରୁନାହାନ୍ତି। ଭାଇ ବିନା ଆମେ, ଚାର୍ଜ ନ ଥିବା ମୋବାଇଲ୍ ଫୋନ୍।

କାଳିଆ : କଥା ପଦେ କହିଲୁ। ବୁଝିଲୁ ଉଦ୍ଧବା, ମୁଁ ଦେଖୁଛି ତୁ ଆଜିକାଲି ଭାଇ ସାଙ୍ଗରେ ରହି ଭଲ ଭଲ କଥା କହି ଶିଖିଲୁଣି। କଣ ସତ ନା ମିଛ ?

ଉଦ୍ଧବା : ଛାଡ଼୍ ମ ମୋ କଥା। ପାଠ ତ ଅଷ୍ଟମ ଫେଲ୍। କଥା କହିବା କଅଣ ଶିଖିବି ? କିନ୍ତୁ ଭାଇ ଏଯାଏଁ ଆସିଲା ନାହିଁ କାହିଁକି ? କହିଥିଲା ତ ସକାଳୁ ସକାଳୁ ଫେରିଆସିବ।

କାଲୁ : (ସ୍କୁଟର ସଜାଡୁ ସଜାଡୁ) କାହିଁକି ବ୍ୟସ୍ତ ହେଉଛୁ ଉଦ୍ଧବା ?

ରାମାନନ୍ଦ ବାବୁ ହେଲା ମିନିଷ୍ଟର। ସିଏ ଯେତେବେଳେ ଡକେଇ ପଠେଇଛି, ସେମିତି କିଛି ଜରୁରୀ କଥା ଥିବ ନା! ମନେନାହିଁ, ଗଲା ଥର ଯାଇଥିଲା ଯେ ଏକାଥରେ ପାଞ୍ଚଦିନ ରହି ଆସିଲା। ଏଥର ମାତ୍ର ଦିଇଟା ଦିନ ହେଇଛି। ଆସୁଥିବ, ଏତେ ବ୍ୟସ୍ତ କାହିଁକି ? ହଁ, ତା ମଟର ସାଇକେଲ୍‌ରେ ଯାଇଛି ନା-

କାଳିଆ : ନା, ନା, ମନ୍ତ୍ରୀ ଗାଡ଼ି ପଠେଇଥିଲା। ଇଏ ଯୋଉ ଖରା ହଉଛି, ଭାଇ ସେଥିରେ କଣ ମଟର ସାଇକେଲ୍‌ରେ ଯିବ ?

ଉଦ୍ଧବା : ଆରେ ସିଏ କଅଣ ମଟର ସାଇକେଲ୍, ଭାଇର ମନପବନ ଘୋଡ଼ା --

(ଏତିକିବେଳେ ଗ୍ୟାରେଜ୍ ସାମ୍‌ନାରେ ଟ୍ୟାକ୍ସିଟେ ରହୁଛି)

କାଳୁ : ଏଇ, ପାଣୁଆ ଆସିଲାଣି ନା କଅଣ! ମୁଁ କହୁ ନ ଥିଲି। ତମେମାନେ ତ ଖାଲି ସବୁକଥାରେ ବ୍ୟସ୍ତ ଆଉ --

(ପାଣୁଆ ଗୋଟେ ହାତରେ ବ୍ୟାଗ୍ ଓ ଆରହାତରେ ତିନିଟି ପଲିଥିନ୍ ବ୍ୟାଗ୍ ଧରିଛି)

କାଳିଆ : (ଆଗେଇଯାଇ ପାଣୁଆ ହାତରୁ ଜିନିଷପତ୍ର ନେଇଆସୁଛି) ଏଗୁଡ଼ାକ ସବୁ କଅଣ ? ସବୁ ତମର ନା ଆମ ପାଇଁ କିଛି ଆଣିଛ ?)

ପାଣୁ : ଚାଲ୍, ଚାଲ୍। ଆଗେ ମୁଁ ଟିକେ ବସେ। ସମସ୍ତଙ୍କ ପାଇଁ ଅଛି।

ନରି : ମୋ ପାଇଁ ବି ଆଣିଛ ଭାଇ ?

(ପାଣୁ ଯାଇ ତା ଚେୟାର୍‌ରେ ବସୁଛି। ବ୍ୟାଗ୍ ଥୋଉଛି। ନରି ଯାଇ ଗୋଟେ ପାଣି ବୋତଲ ଧରି ଆଣି ପାଣୁକୁ ପିଇବାକୁ ଦେଇଛି। ପାଣୁ ପାଣି ପିଇଛି। ତାପରେ ପଲିଥିନ୍ ଖୋଲି ପ୍ରଥମେ ଗୋଟେ ଚେକ୍, ଲୁଙ୍ଗି ଓ ପଞ୍ଜାବି ବାହାର କରୁଛି।)

ପାଣି : କାଳୁ ଦାଦା। ଏଇଟା ତମ ପାଇଁ। ଭଲ ହେଇଛି ?

କାଳୁ : ଆରେ, ଇଏ ତ ବହୁତ କିମ୍‌ତି ହେଇଥିବ। ମୋ ଲାଗି ଏତେଗୁଡ଼ା ଟଙ୍କା କାହିଁକି ଖର୍ଚ୍ଚ କଲୁ ?

ପାଣ୍ଡୁ : (କୃତ୍ରିମ ରାଗ ଦେଖାଇ) - ଦା - ଦା।
(ପାଣ୍ଡୁ ଏଥର ବ୍ୟାଗ୍‌ରୁ ୩ଟା ଦାମୀ ଟି-ସାର୍ଟ ବାହାର କରିଛି)

ପାଣ୍ଡୁ : ନିଅ। କୋଉଟା କାହା ମନକୁ ପାଉଛି, ନିଜ ନିଜ ଭିତରେ ବାଛିନିଅ।
(ତିନିହେଁ ନେଉଛନ୍ତି। ରଙ୍ଗ ଦେଖୁଛନ୍ତି। ନିଜ ଛାତି ଉପରେ ପକେଇ ଦେଖୁଛନ୍ତି- ଭଲ ଦିଶିବ କି ନାହିଁ)

ଉଦ୍ଧବା : (ଗୋଟିକୁ ଧରି) ଏଇଟା ମୋର। ବଢ଼ିଆ ହେଇଛି।

ନରି : ମୋର କୋଉ ନାକରା ହେଇଛି କି ?

କାଳିଆ : ଆରେ, ମୋତେ ଦେଖ। ପୂରା ଫିଲ୍ମ ଷ୍ଟାର୍। ହାତ ମାରନା। ଦୂରରୁ ଠିଆହେଇକି ଦେଖ ଖାଲି।

କାଳିଆ : (ପାଣ୍ଡୁକୁ) ମିନିଷ୍ଟର ସାଙ୍ଗେ କଥାହେଲା ? ସେ ଇନିସ୍‌ପେକ୍ଟରଟା ଏଠୁ କେବେ ଯାଉଛି ? ଶଳା, ଗୋଟେ ଧନ୍ଦା ଲଗେଇଛି। ସତ କହୁଛି ଭାଇ, ତାକୁ ହଟାଅ, ନ ହେଲେ ମୁଁ ତାକୁ...

ପାଣ୍ଡୁ : (ଗମ୍ଭୀର ଭାବରେ) ସେ ଆଉ ଆମ ସାଙ୍ଗେ ଲାଗିବ ନାହିଁ। କଥାବାର୍ତ୍ତା ହେଇଯାଇଛି।

ଉଦ୍ଧବା : ତାହାହେଲେ ତ ବଢ଼ିଆ।

କାଳିଆ : (ଉଦ୍ଧବାକୁ) ଆବେ ରହ। (ପାଣ୍ଡୁଆକୁ) ଇଏ କଅଣ ସେଠିକି ଯାଇଥିଲା ?

ପାଣ୍ଡୁ : ହଁ। ସେସବୁ କଥାବାର୍ତ୍ତା ହେଇଯାଇଛି। ସେ ଆମ ସାଙ୍ଗେ ଲାଗିବ ନାହିଁ। ଶୁଣ, ରାମାନନ୍ଦବାବୁ ଆମକୁ ଗୋଟେ କାମ ଦେଇଛି।

ନରି : କି କାମ ?

ପାଣ୍ଡୁ : ନରେନ୍ଦ୍ରପୁର ପଞ୍ଚାୟତ ବାଇଇଲେକ୍ସନ୍ ହେବ। ଜଗିବାକୁ ପଡ଼ିବ। ସବୁ ଦାୟିତ୍ୱ ଆମର।

କାଳିଆ : ହେଇଯିବ। ଆଉ ଆର କଥା ?

ପାଣ୍ଡୁ : କୋଉ ଆର କଥା ?

କାଳିଆ : ବାଃ, ଦିଇଟା ଦିନରେ ଭୁଲିଗଲ। ସେଇ ମଣ୍ଟୁ କଥା ? ତାକୁ ଫ୍ଲାଟ୍ ନ କଲେ ତା ଦାଦାଗିରି ବଢ଼ିଯିବ। ଖାଲି ଅର୍ଡର ଦିଅ। ମୁଁ ଏକା ତା କାମ ବଢ଼େଇଦେବି।

ପାଣୁ : ତୋତେ କଅଣ କହିଲି ? ପଞ୍ଚାୟତ ବାଇଇଲେକ୍ସନ୍ ସରିଯାଉ । ସିଏ କଅଣ ବଳେଇଯିବ ? ଯୋଉଦିନ ମୋ ଲାଙ୍ଗୁଡ଼ରେ ହାତମାରିଲା ସେଇଦିନ ସେ ନିଜ ଜାତକ ନିଜେ ପୋଡ଼ିଲା । ସାପର ଫଣାରେ ବିଷ, ବିଛାର ଲାଙ୍ଗୁଡ଼ରେ, ପାଣୁଆର ସର୍ବାଙ୍ଗରେ ବିଷ । ଛୁଇଁଲ ମାନେ -- ଖଲାସ୍ ।

(ସମସ୍ତେ ହସୁଛନ୍ତି । ସେଇ ସମୟରେ ସେଇ ଗ୍ୟାରେଜ୍ ସାମ୍ନା ଦେଇ ଯାଉଛନ୍ତି ସାଧୁଚରଣ ବୈରାଗୀ)

ଗୀତ ଗୁଣୁଗୁଣଉଛନ୍ତି --

"ମନୁଆଁ ବାଇ
ଏ ଦେହ କଞ୍ଚା ହାଣ୍ଡି ଯିବ ମିଳାଇ ରେ
ଚିରଦିନ ତୋ ଦେହ ରହିବ ନାହିଁ ରେ ।
କାନ୍ଥ ଭଙ୍ଗା ଦଦରା ଦେଖି ଯେ ତୁହି
ଶରଧା କରୁ ସେ ଘରକୁ କିମ୍ପାଇଁ ରେ ।
ମନୁଆଁ ବାଇ --"

(କାଲୁ ମିଆଁ ତାଙ୍କୁ ଡାକିଛି)

କାଲୁ : ହୋ ସାଧୁ ବଇରାଗୀ, ଇଆଡ଼େ ଟିକେ ଆସିଲ ଆସିଲ । (ପାଣୁକୁ) ଏ ସାଧୁ ବଇରାଗୀ ବଡ଼ ମହାତ୍ମା ଅଛି । ଭୂତ, ଭବିଷ୍ୟତ ସବୁ ଇଏ କହିପାରୁଛି ।

କାଳିଆ : ଭଲ କଥା କହୁଛ ! ଏହାଙ୍କ ପରି ଗେରୁଆ ପିନ୍ଧା ପାଞ୍ଚଦଶଟା ପରା ଏବେ ଜେଲ୍‌ରେ ଅଛନ୍ତି ! ଗୋଟେ କେନ୍ଦ୍ରାପଡ଼ାରେ ସାରଥୀ ଲୀଳା କରୁଥିଲା ତ ଆଉ ଗୋଟେ କାକପୁଟରରେ ପୋଥି ସୁଆଙ୍ଗ । ଯେଉଁମାନେ ନିଜ ଭବିଷ୍ୟତ ଜାଣିପାରୁନାହାନ୍ତି ସିଏ ଅନ୍ୟମାନଙ୍କ ଭବିଷ୍ୟତ କଥା କଅଣ ଜାଣିପାରିବେ ?

ନରି : ଏଇ କାଳିଆ, ରହ ରହ । ସିଏ ପରା ଆସୁଛି ତୋ ମୁହଁରେ ବାଡ଼ବତା ନାଇଁ ।

ସାଧୁ ବଇରାଗୀ : (ହସି ହସି) ନାଇଁ ନାଇଁ ବାବୁ, ସେଇ ବାବୁ ଉଚିତ କଥା କହିଛନ୍ତି । ଗେରୁଆ ପିନ୍ଧି କେହି ସାଧୁ ହୁଏ ନାହିଁ, କାରଖାନାରେ କାମ କରି ମଧ୍ୟ ଜଣେ ସାଧୁ ହେଇପାରେ ।

କାଲୁ : ପିଲାଙ୍କ କଥା ଛାଡ଼। ଆଚ୍ଛା, ସାଧୁ ବଇରାଗୀ ଆଜ୍ଞା, ଆସନ୍ତୁ। ବସନ୍ତୁ। ଟିକେ ଦେଖିଲେ ଆମ ପାଣ୍ଡୁର ହାତରେ କଅଣ ଲେଖା ଅଛି ?
(ପାଣ୍ଡୁକୁ) ଆରେ, ତୋ ହାତଟା ଟିକେ ଦେଖେଇଲୁ ?

ପାଣ୍ଡୁ : ମୋର ସେ ହାତଫାତ ଦେଖାରେ ବିଶ୍ୱାସ ନାହିଁ କାଲୁ ଦାଦା।

ସାଧୁ : କହିଲା, ମନ ତୋହର ନିଜ ଗୁରୁ, ଉଦ୍ଧବ କେତେ ତୁ ପଚାରୁ। ତମେ ବାବୁ ନ ଦେଖେଇଲେ ବି ମୁଁ ତୁମ କପାଳରେ ରେଖା ଦେଖି ବହୁତ କିଛି ଜାଣିପାରୁଛି।

କାଳିଆ : (ଆଶ୍ଚର୍ଯ୍ୟ ହୋଇ) ଆଁ, କପାଳ ଦେଖି ଜାଣିପାରୁଛ ? ସେଇଟା କପାଳ ନା ଟେଲିଭିଜନ୍ ସେଟ୍ ?
(ସମସ୍ତେ ହସିଛନ୍ତି)

ଉଦ୍ଧବା : ତମେ ଠିକ୍ କହୁଥିଲ। ବାବାମାତା ମାନେ ଭଣ୍ଡ।

ସାଧୁ : (ଉଦ୍ଧବାକୁ) ବାବୁ, ମୋତେ ଖଣ୍ଡେ ଚଉଦଟଙ୍କିଆ ନୋଟ୍ ଦେଲ !

ଉଦ୍ଧବା : ଚଉଦଟଙ୍କିଆ ନୋଟ୍ କୁଆଡୁ ଆଣିବି ? ସେମିତିକା ନୋଟ୍ ରିଜର୍ଭ ବ୍ୟାଙ୍କ୍ ଛାପେ ନାହିଁ।

ସାଧୁ : ତାହାହେଲେ ତମକୁ କେହି ଜାଲି ଚଉଦଟଙ୍କିଆ ନୋଟ୍ ଦେଲେ ତମେ ସେଇଟିକୁ ଗ୍ରହଣ କରିବ କି ?

ଉଦ୍ଧବା : ବିଲ୍‌କୁଲ୍ ନୁହେଁ।

ସାଧୁ : ମାତ୍ର ଜାଲି କୋଡ଼ିଏ ଟଙ୍କିଆ ନୋଟ୍ ଦେଲେ ତମେ ଗ୍ରହଣ କରିପାର। କାରଣ ତମେ ଜାଣିଛ, କୋଡ଼ିଏ ଟଙ୍କିଆ ନୋଟ୍ ଅଛି, ଏଇଟା ସେଇ ନୋଟ୍ ହେଇପାରେ।

ନରି : ଏକଥା କହିବାର ଉଦ୍ଦେଶ୍ୟ ?

ସାଧୁ : ଉଦ୍ଦେଶ୍ୟ ହେଲା, ବାସ୍ତବରେ ପ୍ରକୃତ ସାଧୁ ସନ୍ଥ ଥିବା ନେଇ ଲୋକଙ୍କ ମନରେ ବିଶ୍ୱାସ ଥିବାରୁ ତାହାର ସୁଯୋଗ ଉଠେଇ କିଛି ନକଲି ସାଧୁ ଲୋକଙ୍କୁ ଠକୁଛନ୍ତି।

କାଲୁ : ଶୁଣୁଛୁ, ଶୁଣୁଛୁ। ମୁଁ ଜାଣିଛି ପରା ଆମର ବଇରାଗୀ ଆଜ୍ଞା ବଡ଼ ମହାତ୍ମା।

ନରି : (ନିଜ ହାତକୁ ପୋଛାପୋଛି କରି) ସାଧୁ ଆଜ୍ଞା, ଦେଖିଲେ ମୋର ଏ ବର୍ଷ ବାହାଯୋଗ ଅଛି ନା ନାହିଁ ?

ସାଧୁ : (ହାତଦେଖି ଫେରାଇ ଦେଇଛନ୍ତି) ନା, ଆରବର୍ଷକୁ ସୁଦ୍ଧା ନାହିଁ।

ନରି : (ନିରାଶ ହେଇ) ତା ଆର ବର୍ଷକୁ ଅଛି ?

ସାଧୁ : (ଆଉ ଥରେ ଦେଖି) ହେଇପାରେ।

ଉଦ୍ଧବା : ମୋର ଫରେନ୍ ଯିବା ଯୋଗ ଅଛି ନା ନାଇଁ କହିଲ ? ମୁଁ ଟିକେ ଦୁବାଇ ଯିବାକୁ ଭାବିଛି ?

ନରି : କାଇଁକି ? କଅଣ ସୁନା ବେପାର କରିବୁ ନା କଅଣ ?

ସାଧୁ : ନା, ଏ ବର୍ଷ ନାଇଁ।

କାଳିଆ : ତାଆର ବି ନା। ମୋର ଦେଖି କହିଲେ, ଗ୍ରହ ଦୋଷ କଟିଗଲାଣି କି ନାଇଁ ?

ସାଧୁ : ସେଇଟା କଅଣ ହାତ ଦେଖି କହିହେବ ? କୋଷ୍ଠୀ ଆଣିଲେ ବିଚାର କରି କହିବା।

କାଳିଆ : ତଥାପି ଟିକେ ଦେଖ, ଦେଖ।

ସାଧୁ : (ହାତଦେଖି) ଆରେ, ଇଏ ତ ବିଚିତ୍ର ହାତ ! ତମ ହାତରେ ଦିଇଟା ବାହାଯୋଗ ଅଛି।

କାଳିଆ : ସତରେ ?

କାଲୁ : ହଉ, ତମେମାନେ ହଟିଲ। (ପାଣ୍ଡୁକୁ ଡାକୁଛି) ଏଇ ପାଣ୍ଡୁ, ଏଠିକି ଆସିଲୁ। ଦେଖେଇଲୁ ତୋ ହାତ। (ପକେଟ୍‌ରୁ ପଚାଶ ଟଙ୍କା ବାହାର କରି ସାଧୁଙ୍କୁ ବଢ଼େଇଛି।)

ସାଧୁ : (ପାଣ୍ଡୁର କପାଳକୁ ଅନେଇ) ଏହାଙ୍କ ଜୀବନରେ ଖୁବ୍ ଶୀଘ୍ର ଜଣେ ନାରୀଙ୍କ ଆବିର୍ଭାବ ହେବାକୁ ଯାଉଛି।

ସମସ୍ତେ : ନାରୀ !

ସାଧୁ : କାହିଁକି ? ଏଥିରେ ହସିବାର କଅଣ ଅଛି।

କାଳିଆ : ହଇହୋ ସାଧୁ ମହାତ୍ମା, ଆପଣ ଯଦି କହିବେ, ଉଡ଼ାଜାହାଜ ଆସି ଆମ ପାଟପୁର ବିଲରେ ଓହ୍ଲେଇବ, ତାହାହେଲେ ଆମେ ହସିବୁ ନା ନାଇଁ ? ନାରୀ ଆଉ ଆମ ଭାଇ !

ସାଧୁ : ସେମିତି କହିବ ନାହିଁ। ବେଳପଡ଼ିଲେ ଉଡ଼ାଜାହାଜ ବି ଆସି ବିଲ ମଝିରେ ଓହ୍ଲେଇବ।

ପାଣୁ : ମୋର ଏସବୁରେ ବିଶ୍ୱାସ ନାହିଁ। ତମେ ଯାଅ ସାଧୁବାବା। (ହାତ ଯୋଡ଼ିଛି)

ସାଧୁ : (କପାଳକୁ ଅନେଇ) କିନ୍ତୁ ମୋ କଥା ଭୁଲ୍ ହେବ ନାହିଁ। ଦେଖିବ, ଖୁବ୍ ଶୀଘ୍ର ତମ ଜୀବନକୁ କେହି ନା କେହି ନାରୀ ଆସିବ। ତୁମେ ତାକୁ ଅଟକେଇ ପାରିବ ନାହିଁ। ସେ ତମକୁ ତା ମାୟା ଭିତରକୁ ଟାଣିନେବ।

କାଲୁ : (ଖୁସି ହେଇ) ଟାଣିନେବ ! ବା, ବଢ଼ିଆ କଥା। ତମକଥା ଶୁଣି ମନଟା ଖୁସି ହେଇଗଲା। ଆରେ କାଳିଆ, ଆଜି ମୋ ତରଫରୁ ଗୋଟେ ଫିଷ୍ଟ୍ ହେଇଯାଉ।

କାଳିଆ : ହେଇଯାଉ।

ନରି-ଉଦ୍ଧବା : ହେଇଯାଉ।

ସାଧୁ : ହଉ, ମୁଁ ଆସେ।

କାଲୁ : ତୁମକଥା ସତ ହେଲେ ପାଣୁର ସାଦିକୁ ତମକୁ ଆଗେ ବଢ଼ିଆ ଇନାମ୍ ଦେବୁ।

ସାଧୁ : (ଉପରକୁ ଚାହିଁ) ଇନାମ୍, ବଦ୍‌ନାମ୍ ସବୁ ତ ଉପରବାଲାର ଖେଳ।

କାଳିଆ : ଏଇ ନରି, ଆଣ୍, ଆଜି ଏଇ ଖୁସିରେ ଆଗେ ଦି ବାଜି ତାସ୍ ହେଇଯାଉ।

ନରି : (ତାସ୍ ଆଣିବାକୁ ଯାଉଛି) ହଁ, ହେଇଯାଉ।
(ତାସ୍ ଖେଳ ଆରମ୍ଭ ହେଇଛି)

କାଲୁ : ହଉ, ତମେମାନେ ଖେଳ। ଗୋଟେ ଯୋଡ଼ିଏ ଗାଡ଼ିର ଡେଲିଭରି ଅଛି, ମୁଁ ସେ କାମ ସାରିଦିଏ। ରାତିକି କିନ୍ତୁ ଭୋଜି।
(ତାସ୍ ଖେଳ ହେଉଛି। ପାଣୁଆ କିନ୍ତୁ ଅନାସକ୍ତ ଭାବରେ ବାହାର ରାସ୍ତାକୁ ଅନେଇ ବସିଛି। ସେତିକିବେଳେ ପଛପଟ ଝରକା ଦେଇ ଆସୁଛି ରଜନୀ। ସାଙ୍ଗରେ ଗୋଟେ ସାନ ପିଲା।)

ରଜନୀ	:	ପାଣ୍ଡୁ ଭାଇ, ଏଇ ପାଣ୍ଡୁ ଭାଇ।
ପାଣ୍ଡୁ	:	(ଚମକିଛି, ମାତ୍ର ବିଶ୍ୱାସ କରିପାରୁନି। ସେହିପରି ସାମ୍ନାକୁ ଅନେଇଛି। କପାଳରେ ରେଖା କୁଞ୍ଚିତ ହେଉଛି ଟିକିଏ)
ରଜନୀ	:	(ବଡ଼ ପାଟିରେ) ପାଣ୍ଡୁ ଭାଇ!
କାଳିଆ	:	(ଉଠିକି ଯାଇଛି) ଏଇ, କିଏ? ରଜନୀ କି? ତୋର ଭାଇ ପାଖେ କି କାମ?
ରଜନୀ	:	ସେକଥା ପାଣ୍ଡୁ ଭାଇଙ୍କ କହିବି ନା, ତମକୁ କାହିଁକି କହିବି?
ଉଦ୍ଧବା	:	ଆମକୁ ଆଗେ କହିବାକୁ ହେବ। ତୋତେ କଅଣ କିଏ କମେଣ୍ଟ ଫମେଣ୍ଟ ମାଇଲା କି?
ରଜନୀ	:	ମୋତେ କମେଣ୍ଟ୍ ମାରିବା ଟୋକା ଏ ପାଟପୁରରେ ଅଛନ୍ତି? ଚପଲ ମାଡ଼ରେ ତା ଦାନ୍ତ ଭାଙ୍ଗିଦେବି ନାହିଁ!
କାଳିଆ	:	ତାହାହେଲେ ମାଆ ରଣଚଣ୍ଡୀଙ୍କର ଏଠି ବିଜେ ହେବାର ଅଭିପ୍ରାୟ?
ରଜନୀ	:	ଏଇ କାଳିଆ। ମୋତେ ସେମିତି କହିବୁନି। ସେ ଥଟ୍ଟାଟାପରା ମୋତେ ଭଲ ଲାଗେ ନାହିଁ।
ପାଣ୍ଡୁ	:	(ବଡ଼ ପାଟିରେ) ଏଇ କାଳିଆ, କାହିଁକି ପାଟିଟା କରୁଛୁ? କଅଣ ହେଇଛି?
କାଳିଆ	:	ଭାଇ, ଏଇ ରଜନୀ --
ପାଣ୍ଡୁ	:	(ରଜନୀକୁ ଦେଖୁଛି) ହଁ, କଅଣ ହେଲା?
ରଜନୀ	:	ତମ ପାଖରେ ଗୋଟେ ଜରୁରୀ କାମ ଥିଲା ପାଣ୍ଡୁ ଭାଇ।
ପାଣ୍ଡୁ	:	କହୁନା।
ରଜନୀ	:	ନା, ସେ କଥାଟା ଏମିତି ସମସ୍ତଙ୍କ ଆଗରେ କହିହେବ ନାହିଁ। ଭାରି ଜରୁରୀ କଥା।
ପାଣ୍ଡୁ	:	(ନରି, କାଳିଆ, ଉଦ୍ଧବାଙ୍କୁ) ଏଇ, ତମେ ସବୁ ଗଲ। (ସେମାନେ ଚାଲିଯାଉଛନ୍ତି) ହେଲା? ଏବେ କୁହ।
ରଜନୀ	:	(ହସି ହସି) ତମେ କଅଣ ସବୁବେଳେ ଏମିତି?
ପାଣ୍ଡୁ	:	ମାନେ? ଏମିତି କେମିତି? ଏଇ ବେଶପୋଷାକ କଥା ପଚାରୁଛ କି?

ରଜନୀ : ନାଇଁ ନାଇଁ। ଏମିତି ଅଧୈର୍ଯ୍ୟ, ସବୁ କଥାରେ ?

ପାଣୁ : ନା, ନା। ଅସଲରେ ମୋର କୌଣସି ଝିଅଙ୍କ ସାଙ୍ଗେ କେବେ କଥାବାର୍ତ୍ତା ହେବାର ଅବକାଶ ହେଇନାହିଁ। ଅନେକ ବର୍ଷ ତଳେ, ଥରେ ଗୋଟେ ଝିଅର ହାତ ---

ରଜନୀ : ହାତ ଧରିଥିଲ ?

ପାଣୁ : ନା, ମୋଡ଼ି ଦେଇଥିଲି।

ରଜନୀ : (ନିଜ ହାତକୁ ଘୁଞ୍ଚାଇଆଣି) ଏ ମା, ତମେ ଏଡ଼େ ନୃଶଂସ ? ସେ ଝିଅଟା ଗଲା କୁଆଡ଼େ ?

ପାଣୁ : ମୁଁ ଜାଣିନି। ଛାଡ଼, ତମକଥା କୁହ।

ରଜନୀ : ମୋର ଗୋଟେ ଖୁବ୍ ଗ୍ରହଦୋଷ ଚାଲିଛି, ଭାରି କଷ୍ଟ ଭୋଗେଇଲାଣି। ମାନସିକ କରିଛି, ଦୁର୍ଗାଙ୍କ ପାଖରେ ଅଷ୍ଟମୀ ଦିନ ଚଉଷଠି ପଦ୍ମ ଭେଟିଦେବି। ନୂଆ ପୋଖରୀ ଛଡ଼ା ତ ଆଉ କୋଉଠି ଏ ଅଞ୍ଚଳରେ ପଦ୍ମଫୁଲ ନାହିଁ। ଆମ ଘରେ ମନା କରିଦେଲେ। ତମେ ଏକା ଭରସା। ଆଉ ଯଦି ତମେ ମନା କରିବ ମୁଁ ତାହାହେଲେ ଅନ୍ୟକୁ...

ପାଣୁ : ଅନ୍ୟକୁ କହିବ ? କହୁନ ! ମୋତେ କହୁଛ କାହିଁକି ? (ଉଠି ଚାଲିଯିବାକୁ ଉଦ୍ୟତ)

ରଜନୀ : ପାଣୁ ଭାଇ, ପାଣୁ ଭାଇ !!

ପାଣୁ : କଅଣ ?

ରଜନୀ : ତମେ କଣ ସବୁ କଥାରେ ଏମିତି ?

ପାଣୁ : ଏମିତି କଣ ?

ରଜନୀ : ଅଧୈର୍ଯ୍ୟ ?

ପାଣୁ : ନା, ମାତ୍ର ତୁମ କଥାଟା ମୋତେ ଅପମାନିଆ ଲାଗିଲା। ଏଇଟା ଗୋଟାଏ କାମ ? କୁହ, କେବେ ତୁମର ଫୁଲତକ ଦରକାର ?

ରଜନୀ : ଆଜି ଷଷ୍ଠୀ, କାଲି ସପ୍ତମୀ, ପଅର ଦିନ ସକାଳେ ଦରକାର।

ପାଣୁ : ହଉ, କାଲି ଉପରଓଳି ତମ ଘରେ ଫୁଲତକ ପହଞ୍ଚିଯିବ। ହେଲା ?

ରଜନୀ : ସତ କହୁଛ ପାଣୁ ଭାଇ ?

ପାଣୁ	:	ସତ କଅଣ ମିଛ କଅଣ ମୁଁ ଜାଣେନା। ମୁଁ ଗୋଟିଏ କଥା କହେ। ମର୍ଦ୍ଦ କା ବାତ୍‌, ହାତୀ କା ଦାନ୍ତ୍‌।
ରଜନୀ	:	(ହସି) ତମେ କେତେ ଭଲ !
ପାଣୁ	:	(ଯାଉ ଯାଉ) ଆଚ୍ଛା, ଗୋଟେ କଥା ପଚାରିପାରେ କି ?
ରଜନୀ	:	ଗୋଟେ କାହିଁକି, ଦଶଟା ପଚାରୁନ ?
ପାଣୁ	:	ତମର ସେ ମାନସିକଟା କଅଣ ?
ରଜନୀ	:	ନାଇଁ, ନାଇଁ। ସେଇଟା ଏବେ କହିବିନି। ଠାକୁରାଣୀ ରାଗିଯିବେ। ପୂଜା ସରିଲା ପରେ ଆସିବି। ପ୍ରଥମେ ତ ମୁଁ ତମକୁ ସେକଥା କହିବି। (ହସିଛି)
ପାଣୁ	:	ପ୍ର-ଥ-ମେ। (ଟିକେ ହସିଛି)
ରଜନୀ	:	ହିଁ, ହିଁ (ହସି ହସି ଚାଲିଯାଉଛି)। (ପାଣୁ ହସି ହସି ଉଦ୍ଧବା ଓ ନରିଙ୍କୁ ଡାକୁଛି)
ପାଣୁ	:	ଆରେ କାଳିଆ, ନରି, ଉଦ୍ଧବା ଆରେ ଆସରେ -- ଆସ। (ସମସ୍ତେ ଆସିଛନ୍ତି)
ନରି	:	କଣ କହିଲା ସେ ଟୋକୀ ?
ପାଣୁ	:	ଏଇ, ସେମିତି ଅଭଦ୍ରଙ୍କ ଭଳି କଥା କହନା କହୁଛି।
ଉଦ୍ଧବା	:	କିନ୍ତୁ ସେ କଣ କହୁଥିଲା ଭାଇ ?
ପାଣୁ	:	ପଦ୍ମଫୁଲ।
ନରି, ଉଦ୍ଧବା	:	ପଦ୍ମଫୁଲ ?
ନରି	:	ପଦ୍ମଫୁଲ କଅଣ ?
ପାଣୁ	:	ଆବେ ନା, ତୁ ବୁଝିପାରିବୁ ନାହିଁ। ଶୁଣ୍‌, ରଜନୀ କହିଛି ତାଆର ପଅରିଦିନ ସକାଳେ ଚଉଷଠିଟା ପଦ୍ମଫୁଲ ଦରକାର। ସିଏ ଦୁର୍ଗାଙ୍କ ପାଖରେ ମାନସିକ କରିଛି। କାଲି ଉପରଓଳି ସବୁ କାମ ବନ୍ଦ, ଫୁଲତୋଳା ହେବ।
ନରି	:	ପଦ୍ମଫୁଲ ? ପଦ୍ମଫୁଲ ତ ନୂଆ ପୋଖରୀରେ। ସେଇଟା ସାପ ସାଲୁବାଲୁ। ତା ଭିତରେ କଳାନାଗ ରହେ। ସେ ସାପଟା ବିଲକୁଲ ଶୁଖିଲା ଜାଗାକୁ ଆସେ ନାହିଁ। ଭୟଙ୍କର ବିଷାକ୍ତ। ତମେ କାହିଁକି କଥା ଦେଲ ?

ପାଣ୍ଡୁ : ମାନେ ? ତୁ କଅଣ କହୁଛୁ, ତୋତେ ପଚାରି ମୁଁ ଜବାବ ଦେଇଥାଆନ୍ତି ?

ଉଦ୍ଧବା : ରାଗନି ଭାଇ। ହଉ କଥା ଯଦି ଦେଇଛ, ତେବେ ଦେଇଛ। ଆମେମାନେ ଯାଇ କାଲି ପଦ୍ମଫୁଲ ତୋଳି ଆଣିବୁ।

ପାଣ୍ଡୁ : (ବଡ଼ ପାଟିରେ) ନା।

ଉଦ୍ଧବା : ନା !

ନରି : ନା !

ପାଣ୍ଡୁ : ତମେ କେହି ପୋଖରୀରେ ପଶିବ ନାହିଁ କି ଫୁଲ ତୋଳିବ ନାହିଁ। ସେ କଅଣ ତମକୁ କହିଛି, ଆଁ ? ସେ ମୋତେ କହିଛି, ମୁଁ ପୋଖରୀରେ ପଶି ତା ଲାଗି ଫୁଲ ତୋଳି ଆଣିବି। ତମେ କାହିଁକି ତୋଳିବ ?

(ନରି ଓ ଉଦ୍ଧବା ଆଶ୍ଚର୍ଯ୍ୟ ହେଇ ଅନେଇଛନ୍ତି)

ପାଣ୍ଡୁ : କଅଣ ଦେଖୁଛ ? ସେମିତି ମୋ ମୁହଁକୁ ଅନେଇଛ କଅଣ ?

ନରି, ଉଦ୍ଧବା : ନା, କିଛି ନାଇଁ। ନା ଏବେଠାରୁ ନୂଆ ପୋଖରୀ ଆଡ଼କୁ ଯିବା।

ପାଣ୍ଡୁ : (ହାତ ଉଞ୍ଚେଇ) ଚୋପ୍। ଫେର ସେ ବେକାର କଥା କହିଲା।

ନରି : ଭାଇ ?

ପାଣ୍ଡୁ : କଅଣ ?

ନରି : କାଲି ଉପରଓଳି ପରା ନରେନ୍ଦ୍ରପୁର ଚେୟାରମ୍ୟାନ୍ ପ୍ରାର୍ଥୀ ପାଖକୁ ଯିବାକୁ କହୁଥିଲ।

ପାଣ୍ଡୁ : ସବୁ ବନ୍ଦ୍। କେବଳ ପଦ୍ମଫୁଲ..

(ଉଠିପଡ଼ି ମଞ୍ଚର ଗୋଟିଏ କଡ଼କୁ ଯାଉଛି। ବାହାରକୁ ଚାହୁଁଛି। ଆର କଡ଼ରେ ଚେଲାମାନେ ଚର୍ଚ୍ଚା କରୁଛନ୍ତି)

ନରି : ଶୁଣିଲୁ ?

କାଳିଆ : ପଦ୍ମଫୁଲ।

ଉଦ୍ଧବା : ହଁ ପଦ୍ମଫୁଲ। ଭୁଜାଲି, ଖଣ୍ଡା, ପିସ୍ତଲ ଛାଡ଼ି ପଦ୍ମଫୁଲ ତୋଳିବ ଆମ ପାଣ୍ଡୁ ଭାଇ। କଥାଟା କେମିତି ଅଡୁଆ ଲାଗୁନାହିଁ ?

ନରି : ଅଡୁଆ ? ଭୟଙ୍କର ଅଡୁଆ। ଛାଡ଼, ଭାଇ କଥା ଦେଇଛି ତ ଫୁଲ ତୋଳାହେବ।

କାଳିଆ	:	ସେ ଟୋକୀଟା କିଛି ମନ୍ତ୍ରଫନ୍ତ୍ର ଜାଣିଛି କିରେ ?
ନରି	:	କାଇଁକି ?
ପାଣୁ	:	କଣ ଫୁସୁରଫାସୁର ହେଉଛ ?
ନରି	:	(ପାଖକୁ ଦଉଡ଼ିଯାଇ) ନା ଭାଇ। ପଦ୍ମଫୁଲ।
କାଳିଆ	:	ହଁ, ପଦ୍ମଫୁଲ।
ଉଦ୍ଧବା	:	ପଦ୍ମଫୁଲ ତୋଳାଯିବ ମାନେ ଅଲବତ୍ ତୋଳାଯିବ।
ପାଣୁ	:	ତୋଳାଯିବ ନୁହେଁ, ମୁଁ ତୋଳିବି। ମୁଁ ତୋଳିବି ପଦ୍ମଫୁଲ। ହାଃ ହାଃ।

(ମଞ୍ଚ ଅନ୍ଧାର)

[ସୂତ୍ରଧର ହସି ହସି ମଞ୍ଚକୁ ପ୍ରବେଶ କରୁଛି।]

ସୂତ୍ରଧର	:	ହାଃ, ହାଃ। ପାଣୁଆର ହସ ଦେଖିଲେ। ଏ ହସର ଅର୍ଥ କଣ ? ଏ ହସ କଣ ଗୋଟେ କ୍ରିମିନାଲ୍‌ର ହସ ? ନା ପ୍ରେମିକର ହସ ? ତା ହସ ଦେଖି ଲାଗୁଛି କି, ଯେମିତି ବର୍ଷ ବର୍ଷର ଜମାଟ ବାନ୍ଧିଥିବା ବରଫ ତରଳି ବୋହିଯାଉଛି। କିନ୍ତୁ ପାଣୁଆ ରଜନୀର ଏଭଳି ଅଦ୍ଭୁତ ଅନୁରୋଧରେ ରାଜି ହେଲା କେମିତି ? ହୃଦୟହୀନ ଭାବେ ଖଣ୍ଡା, ଭୁଜାଲି ଚଳଉଥିବା ପାଣୁଆ ପଦ୍ମଫୁଲ ତୋଳିବାଲାଗି ଏପରି ଆଗ୍ରହ ପ୍ରକାଶ କଲା କାହିଁକି ? ତାର ସାଙ୍ଗ, ସହଯୋଗୀମାନଙ୍କର ବାରଣ ପ୍ରତି କାନ ଦେଲା ନାହିଁ କାହିଁକି ? ଚାଲନ୍ତୁ। କାଲି ତ ପାଣୁଆ ପଦ୍ମ ପୋଖରୀରେ ପଶି ପଦ୍ମ ତୋଳିବ। ସେତେବେଳେ ଦେଖିବା ସେ କେମିତି ରଜନୀକୁ ନେଇ ଫୁଲ ଦେଉଛି ଓ ଫୁଲ ପାଇ ରଜନୀ ପାଣୁଆକୁ କଣ କହୁଛି। ତା ଆଗରୁ କାଲୁମିଆଁ ଗୋଟେ ଭୋଜି ରଖିଛି। ପାଣୁଆର ଜୀବନରେ ନାରୀର ପ୍ରବେଶ ଘଟଣା ତାକୁ ଭାରି ଉତ୍ସାହିତ କରିଛି।

(ସ୍ପଟ୍ ଆଲୋକ ଲିଭିଯାଏ)

ଚତୁର୍ଥ ଦୃଶ୍ୟ

(କାଲୁ ମିଆଁର ଗ୍ୟାରେଜ୍। ଭୋଜି ସରିଛି। ସଭିଏଁ ସନ୍ତୁଷ୍ଟ ମନରେ ଶୋଇବାକୁ ଯାଉଛନ୍ତି।)

କାଳିଆ : ଓହୋ, ଆଜି ମଟନ୍‌ଟା ଯାହା ହେଇଥିଲା ନା ମାନିବାକୁ ପଡ଼ିବ। ଯାହା କହ ନରି, କାଲୁଦାଦାର ହାତରେ ଯାଦୁ ଅଛି।

ନରି : ସତ। ତାହା ସତ। କିନ୍ତୁ ତୁ ମଟନ୍ ଖାଇଲୁ କେତେବେଳେ, ଖାଲି ତ ବୋତଲରୁ ମାଲ୍‌ଗୁଡ଼ା ତେଣ୍ଟୁଥିଲୁ।

କାଳିଆ : (ପାଟିରେ ହାତଦେଇ) ଚୁପ୍, ଚୁପ୍, ଉଦ୍ଧବା ଶୁଣିଲେ ଖାଲି ଡେଇଁବ। ଆବେ, ମାଲ୍ ବୋଲି କାହାକୁ କହୁଛୁ। ସେଗୁଡ଼ା ସ୍କଚ୍। ମନ୍ତ୍ରୀ ପରା ଖାସ୍ ଭାଇ ପାଇଁ ଦେଇଥିଲା। ଆଉ ତୁ ଯେ କହିଲୁ ମୁଁ ସେଥିରୁ ପୁଳାଏ ତେଣ୍ଟୁଥିଲି, କାହିଁକି ଜାଣୁ ?

ନରି : (ମୁଣ୍ଡ ହଲେଇ) ନା।

କାଳିଆ : ତୁ ଭୂଗୋଳ ପଢ଼ିଛୁ ମାନେ ଜୋଗ୍ରାଫି ?

ନରି : ନା।

କାଳିଆ : ଆଉ ଜାଣିବୁ କେମିତି ?

ନରି : ମାଲ୍ ପିଇବା ସଙ୍ଗେ ଜୋଗ୍ରାଫିର କି ସମ୍ପର୍କ ? ମୁଁ ତ ବୁଝିପାରୁନି।

କାଳିଆ : ଏ ପୃଥିବୀର ତିନିଭାଗ ଜଳ, ଭାଗେ ସ୍ଥଳ। ତେଣୁ ମୁଁ ଭାଗେ ମଟନ୍ ସାଙ୍ଗରେ ତିନିଭାଗ ମାଲ୍ ନ ପିଇଲେ ବାଲାନ୍‌ସ୍ ରଖିପାରିବି ନାହିଁ। (ଟଳୁଛି) ପଡ଼ିଯିବି।

ନରି : ଓହୋ। ସେଇଥିପାଇଁ ତୁ ଏମିତି ଟଳୁଛୁ, ହଉ। ତୁ ଜୋଗ୍ରାଫି ପଢୁଥା। ମୁଁ ଶୋଇଲି (ହାଇମାରି) ନିଦ ଆସିଲାଣି -

କାଳିଆ : ଆଉ, ସିଏ କୁଆଡ଼େ ଗଲା ?

ନରି : ଉଦ୍ଧବା ? ସେ ତ ସେଇ ଖଟିଆ ଉପରେ ଶୋଇଛି।

କାଳିଆ : ଭାଇ ?

ନରି : ପଚାରନା। ବୋତଲଟା ଧରି ବସିଛି। ଚାଲ୍, ସେ ଆସିବା ଆଗରୁ ଆମେ ଯାଇ ଶୋଇପଡ଼ିବା।

(ଯାଇଛନ୍ତି)

(ମଞ୍ଚ ଉପରେ ଆଲୋକ ଗୋଲାପୀ ହେଇଛି। ତା ଭିତରେ ଆସିଛି ପାଣୁଆ। ସେ ଧୀର ପାଦରେ ଚାଲୁଛି। ଏତିକିବେଳେ ଗୋଟେ ଝିଅ ସ୍ୱରର ହସ ଶୁଭୁଛି।)

ଝିଅସ୍ୱର : ହି ହି ହି ହି (ହସ)

ପାଣୁ : କିଏ ? କିଏ ସେଠି ?

ସ୍ୱର : ପାଣୁ ଭାଇ - ମୁଁ ଏଇଠି। ମୋତେ ଦେଖି ପାରୁନା ?

ପାଣୁ : କିଏ ? ପାଖକୁ ଆସ। ମୁଁ ତମକୁ ପାଖରୁ ଦେଖିବାକୁ ଚାହେ।

ସ୍ୱର : ତମେ କଣ ସବୁ କଥାରେ ଏମିତି ଅଧୈର୍ଯ୍ୟ ? ହି - ହି - ହି।

ପାଣୁ : କିଏ ? ଆରେ ତୁମେ ଦୂରକୁ କାହିଁକି ପଳଉଛ ?

ସ୍ୱର : ମୋତେ ନା, ତୁମର ଏ ଚେହେରା ଦେଖି ଭାରି ଡର ମାଡୁଛି।

ପାଣୁ : ଡର ? ଡର କାହିଁକି ? ମୁଁ ତ ମଣିଷଟାଏ।

ସ୍ୱର : ମଣିଷ ? ମଣିଷ ଭିତରେ ତ ଗୋଟେ ହୃଦୟ ଥାଏ। ତମ ହୃଦୟ ତ ଗଛ କୋରଡ଼ରେ।

ପାଣୁ : ନା, ନା। ମୋର ହୃଦୟ ଅଛି। ଅଛି ଏଇ ଛାତି ତଳେ। ଦେଖ, ଦେଖ। ଆସିକି ଦେଖ -- (ଯାଉଛି, ଝୁଣ୍ଟିକି ପଡୁଛି)

ସ୍ୱର : (ହି ହି ହି) (ପ୍ରସ୍ଥାନ)

(ଝୁଣ୍ଟିବା ଶବ୍ଦ ଶୁଣି କାଲୁଦାଦା ଆସୁଛି)

କାଲୁ : ଆରେ କିଏ, କିଏ ?

ପାଣୁ : (ପ୍ରକୃତିସ୍ଥ) ସେ ପଳେଇଲା --

କାଲୁ : କିଏ ପଳେଇଲା, ପାଣୁ ?

ପାଣୁ : ନା, ନା, ସେ କେହି ନୁହେଁ। ବୋଧହୁଏ ମୁଁ ସ୍ୱପ୍ନ ଦେଖୁଥିଲି।

କାଲୁ : କାହାକୁ ଦେଖିଲୁ ? ତୋ ବୁଢ଼ା ବାପା, ବୁଢ଼ୀ ମାଆ ! କାହାକୁ ?

ପାଣୁ : ନା, ସେ କେହି ନୁହେଁ। ତମେ ଯାଅ ଶୋଇବ। ମୁଁ ଟିକେ ନଈବନ୍ଧ ଉପରୁ ବୁଲିଆସେ। ଘର ଭିତରଟାରେ ଭାରି ଗରମ ଲାଗୁଛି। (ପ୍ରସ୍ଥାନ)

କାଲୁ : ପାଣୁର ଇଏ କଅଣ ହେଲା ? ଘର କଥା ମନେପଡୁଥିବ ବୋଧହୁଏ। ହଉ। ଭଲ। ଢେର୍‌ଦିନ ହେଲା ସେ ତା ଘରକୁ ଯାଇନାହିଁ। କାଲି ତାକୁ କହିବି, ଯେମିତି ହେଲେ ଯାଇ ଘରୁ ଘେରାଏ ବୁଲିଆସୁ।

(ମଞ୍ଚ ଅନ୍ଧାର)

ପଞ୍ଚମ ଦୃଶ୍ୟ

[ମଞ୍ଚକୁ ପିଠିକରି ବସିଛି ପାଣୁଆ। ମୁଣ୍ଡବାଳ କାଟି ଛୋଟ କରିଦେଇଛି। ପିନ୍ଧିଛି ଜିନ୍ ଓ ଟି-ସାର୍ଟ। ମୁଣ୍ଡରେ ସିନ୍ଦୂର କଲି ନାହିଁ। ଆଖିରେ ଚଷମା। ଦିଶୁଛି ଭଦ୍ର ଯୁବକ ପରି। ମୁହଁ ତଳକୁ କରି ସେ ଖଣ୍ଡିଏ ଖବରକାଗଜ ପଢୁଛି। ସେତିକିବେଳେ ଭିତରୁ ଆସିଛନ୍ତି କାଳିଆ ଓ ନରି। ପାଣୁଆର ଚେୟାର ଉପରେ ଆଉ ଜଣେ ଲୋକକୁ ଦେଖି ପରସ୍ପର ସହ ଇସାରାରେ ବିସ୍ମୟଭାବ ବିନିମୟ କରୁଛନ୍ତି। କାଳିଆ ଟିକେ ଆଗକୁ ଆସିଛି।]

କାଳିଆ : ହୋ ବାବୁ, ତମକୁ ବସିବାଲାଗି ଆଉ ଜାଗା ମିଳିଲା ନାହିଁ? ସିଧା ଆସି ଭାଇଙ୍କ ଚେୟାରରେ ବସିଗଲ। ଭାଇଙ୍କୁ ଚିହ୍ନିଛ ତ? ଯଦି ଦେଖିଦିଅନ୍ତ ନା, ଏଠୁ ଆଉ ନିଜ ଗୋଡ଼ରେ ଚାଲିକି ଯିବ ନାହିଁ।
(ପାଣୁଆ ନିରୁତ୍ତର ରହିଛି)

ନରି : ତମକୁ ମୋ କଥା ଶୁଭିଲା ନାହିଁ କି?
(ସେ ଆଗେଇଆସି ପାଣୁ ହାତରୁ ଖବରକାଗଜଟା ଛଡ଼େଇ ନେଇଛି। ପାଣୁ ଅନଉଛି। ନରି ପାଣୁର ଏ ଚେହେରା ଦେଖି ଚମକି ପଡୁଛି)

କାଳିଆ ଓ ନରି : ଭାଇ! ତମେ?

ପାଣୁ : (ଉଠିପଡୁଛି। ଅନ୍ୟମନସ୍କ ଭାବେ ଗୁଣୁଗୁଣୁ ହେଇ ଗୀତ ଗାଉଛି ଓ ମଞ୍ଚ ଉପରେ ବୁଲୁଛି)
କଳଙ୍କିତ ଏହି ନାୟକ ଆଖିରୁ ଲୁହ ଯେ ପଡ଼ିଲେ ଝରି/ ଏ ଦୁନିଆ କହେ କାନ୍ଦୁଛି ଆଜି ସେ ନୂଆ କିଛି ପାପ କରି/
କଳଙ୍କିତ ଏହି ନାୟକ ଆଖିରୁ -----

କାଳିଆ : (ନରିକୁ) ନରି, ହାଲ୍ କଅଣ ?

ନରି : ମୁଁ ତ କିଛି ବୁଝିପାରୁନାହିଁ।

କାଳିଆ : ରହ ମୁଁ ପଚାରେ। ଭାଇ, ଭାଇ ମ ! ତମର ଏ ଦୁର୍ଦ୍ଦଶା କାହିଁକି ? ଦେହପା ଭଲ ନାହିଁ କି ?

ପାଣ୍ଡୁ : କାହିଁ ? କି ଦୁର୍ଦ୍ଦଶା ? ମୁଁ ତ ଯେମିତି ଥିଲି ସେମିତି ଅଛି।

କାଳିଆ : ସେମିତି ଅଛ ? ପାଣ୍ଡୁ ଭାଇ ଗୋଟେ ମଣିଷ ନୁହେଁ, ଗୋଟେ ବ୍ରାଣ୍ଡ୍। ତାଙ୍କ ମୁଣ୍ଡର ଘଞ୍ଚଲମ୍ବା ବାଳ, ମୁଣ୍ଡର ସିନ୍ଦୂର କଲି, ହାତର କଡ଼ା ଆଉ ବୁଲେଟ୍ ମଟର ସାଇକେଲ୍ - ସବୁ ଗୋଟେ ଗୋଟେ ଟ୍ରେଡ୍‌ମାର୍କ। ଆଉ ତମେ ଏ ମାଇଚିଆ-

ପାଣ୍ଡୁ : (ବଡ଼ ପାଟିରେ) କା-ଳି-ଆ !

କାଳିଆ : (କାନଧରି) ଭୁଲ୍ ହେଇଗଲା। ମୁଁ କହିଲି କି, ତମେ ଏମିତି ବେଶରେ ବୁଲିଲେ ଆମକୁ କିଏ ଖାତିର କରିବ ?

ନରି : (କାଳିଆକୁ) ତୁ ଯାହା କହ ପଛେ, ସବୁ ସେଇ ଟୋକୀଟାର ପ୍ରଭାବ। ସେ ଖଣ୍ଡକ ପରା ଏ ଖଣ୍ଡମଣ୍ଡଳ ନଚଉଛି। ଚେହେରା ଖଣ୍ଡକ ପାଇଛି ବୋଲି --

କାଳିଆ : ମୋ ପାଟିରୁ କଥା ଛଡ଼େଇ ନେଇଗଲୁ। କି ହାଇଟ୍, କି ଗାଲ, କି ଲମ୍ବା ବାଳ, ଗୋରା ତକତକ ମୁହଁ, କି ଛାତି, କି ---

ପାଣ୍ଡୁଆ : (ରାଗିକି) କାଳିଆ ! ଏସବୁ କଣ ବକୁଛୁ ?

ନରି : ମଲା, ମୁଁ ସେ ରଜନୀ କଥା କହୁଛି। ତମେ ତ ଭାଉଜଙ୍କ ବିଷୟରେ କହିଲା ପରି ରାଗୁଛ। କହିଦିଅ ଯେ ଗୋଡ଼ରେ ଅଳତା ପିନ୍ଧିବାକୁ ମନହେଲାଣି, ଏକ୍‌ରୁ ବଳି ଏକ୍ ସୁନ୍ଦରୀ ହିରୋଇନ୍ ମାଫିକ୍ ଫଟୋ ଆଣି ଥୋଇଦେବି। ତମେ ଯାହାକୁ ସିଲେକ୍ଟ କରିବ ସିଏ ହେବ ଆମ ଭାଉଜ। ଆଉ, ଏଇ ଅଣ୍ଡିରାଚଣ୍ଡୀ--

ପାଣ୍ଡୁ : କାହିଁକି ମିଛଟାରେ ତା ବିଷୟରେ ଏତେ ବାଜେ ଚର୍ଚ୍ଚା କରୁଛୁ ? ଯାହାହେଲେ ବି ରଜନୀ ଏହି ଗାଁର ଝିଅ।

ନରି : ଗାଁର ଝିଅ ! ଏକନମ୍ବର ଫେସନବାଲୀ। ସବୁବେଳେ ତାଆର

କିଛି ନା କିଛି ନଖରା ଥିବ। ଏମିତି ଧର୍ମପରାୟଣା ଯେ ଦେବୀଙ୍କ ପାଖରେ ପୂଜା ଯାଚିଛି ! ବିଲ୍‌କୁଲ୍ ମିଛକଥା।

ପାଣ୍ଡୁ : ସେ ତୋତେ ଫୁଲତୋଳିବା କଥା କହିଛି ? ଆଁ।

ନରି : ନା।

ପାଣ୍ଡୁ : (କାଳିଆକୁ) ତୋତେ କହିଛି ?

କାଳିଆ : ନା।

ପାଣ୍ଡୁ : ତାହାହେଲେ ତମମାନଙ୍କ ମୁଣ୍ଡ କାହିଁକି ବିନ୍ଧୁଛି ? ଶୁଣ, ଖରାବେଳେ ଖାଇଦେଇ ଆମେ ବାହାରିଯିବା।

ନରି : କୋଉଠିକି ?

ପାଣ୍ଡୁ : ଫୁଲ ତୋଳି।

ନରି : ମୁଁ ଯିବିନାହିଁ। ସେ ମାଇଚିଆ କାମ କରିବାକୁ ମୋତେ କୁହନାହିଁ ଭାଇ। କହିବ ଯଦି କୁହ, ସିଧା ସେ ମଷ୍ଟରର ଛାତି ଭିତରେ ଭୁଜାଲି ଭର୍ତ୍ତି କରିଦେବି, ନ ହେଲେ ସେ ବଣିଆର ଦି ଗୋଡ଼ ଛୋଟା କରିଦେଇ ଆସିବି, ନ ହେଲେ ସେ ଥାନା ଇନିସ୍‌ପେକ୍ଟରର ଘର ଉପରକୁ ବୋମା ଫୋପାଡ଼ିଦେଇ ଫେରିବି -- ଇଏ ଫୁଲମୁଲ ତୋଳା ଭଳି ମାଇଚିଆ କାମ, ନା, ହବନାହିଁ।

ପାଣ୍ଡୁ : ହଉ, ତୁ ନ ଯାଆ। ତୁ ଅଣ୍ଡିରିପୁଅ ଏଇଠି ବସି ରହିବୁ। କାଳିଆ, ତୁ ଆଉ ଉଦ୍ଧବା ଦିହେଁ ମୋ ସାଙ୍ଗରେ ଯିବ।

କାଳିଆ : ଭାଇ, ଗୋଟେ କଥା ପଚାରିବି ?

ପାଣ୍ଡୁ : ପଚାରୁନୁ।

କାଳିଆ : ତମର ଏମିତି ମନେହୁଏ ନାହିଁ - ଘରସଂସାର କରିବ। ସକାଳୁ ବାହାରି କାମକୁ ଆସିବ। ସଞ୍ଜବେଳକୁ ଫେରିବାବେଳକୁ ଭାଉଜ ସଞ୍ଜଚଉଁରା ପାଖେ ସଞ୍ଜବତି ଜାଳି ତମକୁ ଅନିଶା କରି ଠିଆ ହେଇଥିବେ। ତମେ ପହଞ୍ଚିବାକ୍ଷଣି ତମ ହାତରୁ ସଉଦା ବ୍ୟାଗ୍‌ଟା ନେଇଯିବେ। ତମେ ଧୁଆପୋଛା ହେଇ ମେଲାଘରେ ବସିବ।

ପାଣ୍ଡୁ : ଆଉ ତୋ ଭାଉଜ ବଢ଼େଇଦେବ ଗରମ ଚା କପେ।

କାଳିଆ : ହଁ, ହଁ ଚା' କପେ। ଏମିତି ମନେହୁଏନା।

ନରି : ଆଉ, ଭିତର ଖଞ୍ଜାରୁ ମାଆ ବାହାରି ଆସି ପଚାରିବ - ମୁହଁଟା ଏତେ ଶୁଖିଲା ଦିଶୁଛି କାହିଁକି ?

ପାଣୁ : ବାପା ପଚାରିବେ, ଏତେ ପରିଶ୍ରମ କରି ପିଲାଟା ଆସିଛି, ଆଗେ ତାକୁ ଗଣ୍ଡେ ଖାଇବାକୁ ଦେଇସାର, ତାପରେ ଶୁଖିଲା କଥା ପଚାରିବ ।

ନରି : ଏମିତି କଥା ମନକୁ ଆସେ ତମର ଭାଇ ?

ପାଣୁ : ଆସେ । ଆସେ । ଆସେ । କିନ୍ତୁ ପର ମୁହୂର୍ତ୍ତରେ ମୁଁ ନିଜେ ସେସବୁକୁ ପୋଛିଦିଏ ପିଲାଟିଏ ସିଲଟ୍‌ରୁ ପାଠ ପୋଛିଦେବା ପରି । ନିଜେ ଭାଙ୍ଗିଦିଏ ସେ ତାସ୍‌ର ଘର ।

କାଳିଆ : ଭାଇ, ଆଉ ଗୋଟିଏ, ବାସ୍ ଗୋଟିଏ କଥା କହିବି ?

ପାଣୁ : କହ ।

କାଳିଆ : କିନ୍ତୁ ଏ ରଜନୀଟା ଆମ ଭାଉଜ ହେବାକୁ ବିଲ୍‌କୁଲ୍ ଯୋଗ୍ୟ ନୁହେଁ, ତୁମେ ଯାହା କୁହ ପଛକେ --

ପାଣୁ : ଦେଖିବୁ ଏଇନା, ଦେବି ଯେ ଗୋଟାଏ...
(ଚାପୁଡ଼ା ଉଞ୍ଚାଇ ଧାଇଁଯାଉଛି, କାଳିଆ ପଳେଇ ଯାଉଛି । ଆଗରେ ରଜନୀ । ପାଣୁଆର ହାତ ତଳକୁ ହେଇଯାଉଛି । ରଜନୀ ପାଣୁଆର ପରିବର୍ତ୍ତିତ ଚେହେରା ଦେଖି ବିସ୍ମିତ ।)

ରଜନୀ : ଏ ମା ! ମୋତେ ମାରିବ ନା କଅଣ ?

ପାଣୁ : (ହାତ ତଳକୁ କରିଛି) ନା, ମାନେ ତମେ ଏତେବେଳେ ଏଠି ?

ରଜନୀ : ମଲା, ଏଠିକି ଆସିବା ପାଇଁ ମନା ନା କଅଣ ? ମୁଁ ଏପଟେ ବନାମାମୁ ଦୋକାନକୁ ଯାଉଥିଲି । ଭାବିଲି ତମକୁ ମୋ କଥାଟା ମନେପକେଇଦେଇ ଯାଏ ।
(ନରି ଓ କାଳିଆ ଏସବୁକୁ ନାପସନ୍ଦ କରିବା ଭଳି ଅଙ୍ଗଭଙ୍ଗୀ କରୁଥିବେ)

ପାଣୁ : ତମ କଥାଟା ଭୁଲିଲି କେତେବେଳେ ଯେ ତମର ମନେପକେଇଦେବା ଦରକାର ପଡ଼ିବ ?

ରଜନୀ : ଏ ମା, ମୁଁ ଭାବିଥିଲି ଖାଲି ତମର ବେଶ ବଦଳିଯାଇଛି ।

ତମ କଥାବାର୍ତ୍ତା ଢଙ୍ଗ ବି ପୂରା ବଦଳିଯାଇଛି। ଏ ମା, ଆଉ କିଏ କହିବ ଯେ ତମେ ସବୁ କଥାରେ ଅଧୈର୍ଯ୍ୟ --

କାଳିଆ : ଏ ରଜନୀ। ତୁ ଏଠୁ ଗଲୁ। ଗୋଟାଏ ଫାଲ୍‌ତୁ କାମ ଆଣି ଧରେଇଛି। ସେଥିରେ କଅଣ ନା ସୁପାରି ଦେଇଥିଲା ଭଳି ବାରମ୍ବାର ଆସୁଛି ରିମାଇଣ୍ଡ୍ କରିବାକୁ।

ପାଣ୍ଡୁ : ଓହୋ, ସବୁବେଳେ ତୁ ଏତେ ଉଚ୍ଚାଗଳାରେ କଥାବାର୍ତ୍ତା କରୁ କାହିଁକି ?

ରଜନୀ : (କୃତ୍ରିମ ଅଭିମାନରେ) ହଉ ପାଣ୍ଡୁ ଭାଇ, ମୁଁ ଯାଏ। ମୋର ଏଠିକି ଆସିବା ଯଦି ତମ ଲୋକମାନଙ୍କୁ ଭଲ ଲାଗୁନାହିଁ, ମୁଁ ଆଉ ଏଠିକି ଆସିବି ନାହିଁ। ହେଲେ ମୋର ଫୁଲ କଥା ଭୁଲିବ ନାହିଁ। ତମ ଉପରେ ମୋର ପୂରା ଭରସା। ମୋ କଥା ମନେଅଛି ତ ?

ନରି : ମନେଅଛି। ଏବେ ହେଲା। ମା ଦୁର୍ଗେ, ଏବେ ଏଠୁ ଯାଅ। (ହାତ ଯୋଡ଼ିଛି)

ରଜନୀ : ହଉ ଯାଉଛି।

(ଦୁମ୍ ଦୁମ୍ ପାଦରେ ଚାଲିଯାଉଛି। ପାଣ୍ଡୁ ତା ଚାଲିଯିବାକୁ ନିର୍ନିମେଷ ନୟନରେ ଚାହିଁଛି।)

କାଳିଆ : ଭାଇ।

(ପାଣ୍ଡୁ ନିରବ)

ନରି : ଭାଇ ମ ! (ବଡ଼ ପାଟିରେ)

ପାଣ୍ଡୁ : (ଚମକିପଡ଼ି) ଆବେ, ମୁଁ କଣ କଲି ? ଏତେ ବଡ଼ ପାଟିରେ ଚିଲଉଛୁ କାହିଁକି ?

ନରି : ସତରେ କଅଣ ତମେ ପୋଖରୀକୁ ପଶିବ ?

ପାଣ୍ଡୁ : ଏ ପ୍ରଶ୍ନ କାହିଁକି ?

କାଳିଆ : ନାଇଁ, ଏ ଏରିଆର ଲୋକ କଅଣ ଭାବିବେ, ମୁଁ ସେଇକଥା ଚିନ୍ତା କରୁଛି। ଏଡ଼େ ଛୋଟିଆ ଅଞ୍ଚଳ, କଥା ତ ପ୍ରଘଟ ହେବ। ତାପରେ ଆମର ଦାଦାଗିରି ଏଠି ଚଳିବ ତ ?

ପାଣ୍ଡୁ : ଏବେ ସେସବୁ କଥା ଚିନ୍ତା କରିବାର ସମୟ ଚାଲିଯାଇଛି।

ମୁଁ ରଜନୀକୁ କଥା ଦେଇଛି, ତା ଘରେ ଚଉଷଠି ପଦ୍ମଫୁଲ ନେଇ ପହଞ୍ଚାଇବି ।

ନରି : କିଏ ମନା କରୁଛି ? ତମେ ଆଡ଼ିରେ ଛିଡ଼ା ହେବ । ଆମେ ଯାଇ ଫୁଲତକ ତୋଳି ଆଣିବୁ ।

ପାଣ୍ଡୁ : ନା ।

କାଳିଆ : ନା, କାହିଁକି ?

ପାଣ୍ଡୁ : କେତେଥର କହିବି ଯେ ରଜନୀ ମୋତେ, ହଁ ମୋତେ ଫୁଲ ତୋଳିଦେବାକୁ କହିଛି । ମୁଁ ତୋଳିବି ସବୁଯାକ ଫୁଲ - ଏଇ ହାତରେ । ଗୋଟି ଗୋଟି କରି । ଆଉ ସେସବୁ ରଜନୀ ତା ହାତରେ ଗୋଟି ଗୋଟି କରି ଠାକୁରାଣୀଙ୍କୁ ଭେଟି ଦେବ । ଏଥିରେ ଯଦି ତମମାନଙ୍କ ଭିତରୁ କେହି ଷଣ୍ଢ ପୂରେଇଛ ତାହାହେଲେ କହିଦେଉଛି, କଥା ଭଲ ହେବ ନାହିଁ । (ତାର ରୁଦ୍ର ମୂର୍ତ୍ତି ଦେଖି ଏ ଦିହେଁ ଶଙ୍କି ଯାଇଛନ୍ତି । ମଞ୍ଚର ଆଲୋକ ନିଷ୍ପ୍ରଭ ହୋଇ ଆସୁଛି ।)

(ମଞ୍ଚ ଅନ୍ଧାର)

ଷଷ୍ଠ ଦୃଶ୍ୟ

[ସମୟ ସକାଳ, ନୂଆ ପୋଖରୀ ପାଖରେ ତା ଦଳର ଟୋକା ଅନେକ ବେଳୁ ପହଞ୍ଚିଯାଇଥିଲେ। ପାଣୁଆ ନୂଆ ପୋଖରୀ ଭିତରେ ପଶି ପଦ୍ମଫୁଲ ତୋଳି ଚାଲିଥିଲା।]

ନରି : (ପାଟିକରି) ଭାଇ, ବହୁତ ଫୁଲ ହେଇଗଲାଣି। ସେତିକି ଥାଉ ପଳେଇଆସ।

ପାଣୁଆ : (ପାଟିକରି) ରଜନୀ କହିଥିଲା ବତିଶ ଯୋଡ଼ା, ମୁଁ ତାକୁ ବୟାଳିଶ ଯୋଡ଼ା ଦେବି।

ଉଦ୍ଧବା : ବୟାଳିଶ ଯୋଡ଼ା ହେଇଗଲାଣି, ପଳେଇଆସ ଭାଇ।

ଅନ୍ୟମାନେ : (ଭୟମିଶା ସ୍ୱର) ହଁ ଭାଇ, ପଳେଇଆସ।
(ସେମାନଙ୍କ କଥା ପାଣୁଆ ଉପରେ କୌଣସି ପ୍ରଭାବ ପକଉ ନ ଥିଲା। ସେ ପୋଖରୀ ମଝିରେ ପହଁରି ପହଁରି ଫୁଲ ତୋଳି ଚାଲିଥିଲା, ସତେକି ସେ ଯେମିତି ଅନ୍ୟ ଏକ ପୃଥିବୀରେ ଥିଲା। ହଠାତ୍ ସମସ୍ତଙ୍କୁ ଚମକେଇ ପାଣୁଆ ଚିତ୍କାର କରି ଉଠିଲା)

ପାଣୁଆ : ଆଃ.. ଆଃ.. ମରିଗଲି।

ରାଘବା : ପାଣୁଆ ଭାଇର କଣ ହେଲା ?
(ପାଣୁଆ 'ମରିଗଲି ମରିଗଲି' ବୋଲି ଚିତ୍କାର କରୁଥିଲା ଏବଂ ପାଣିକୁ ଆଡ଼େଇ ଆଡ଼େଇ କୂଳକୁ ଆସିବା ପାଇଁ ଚେଷ୍ଟା କରୁଥିଲା। ଆତଙ୍କିତ କାଳିଆ, ବାବୁଲା, ରାଘବା, ନରି ତାକୁ ଦେଖୁଥିଲେ)

କାଳିଆ : ଭାଇର କଣ ହେଲା ?

ବାବୁଲା : ଆରେ ଭାଇକୁ ସାପ କାମୁଡ଼ିଲାନା କଣ ?

ଉଦ୍ଧବା : (କାନ୍ଦ କାନ୍ଦ ହୋଇ) ହଁ ହଁ ସେୟା ହୋଇଥିବ। ନ ହେଲେ ଭାଇ ଏମିତି କାହିଁକି ହେଉଛି। ହେ ଭଗବାନ !

(କିଛି ହଇଚଇ ଓ କୋଳାହଳ। ପୋଖରୀରୁ ଆଲୋକ ଆଡ଼ି ଉପରକୁ ହାଲୁକା ଆସେ। ଉଦ୍ଧବା, ନରି, କାଳିଆ ପାଣୁଆକୁ ଟେକି ଟେକି ନେଇଆସି ବସେଇ ଦିଅନ୍ତି। ସମସ୍ତେ ବ୍ୟସ୍ତ ବ୍ୟାକୁଳ। ପାଣୁଆ ଜେନାର ମୁହଁ ଯନ୍ତ୍ରଣାରେ ବିକୃତ ଦେଖାଯାଉଛି। ପାଟିରୁ ଫେଣ ବାହାରୁଛି। ପ୍ରବେଶ କରେ କାଲୁ ମିଆଁ।

କାଲୁ : (ପ୍ରବେଶ କରିଛି) ଆରେ କଣ ହେଲା ? ପାଣୁଆର କଣ ହେଇଛି ?

ନରି : (କାନ୍ଦ କାନ୍ଦ ହୋଇ) ପାଣୁଆ ଭାଇକୁ ସାପ କାମୁଡ଼ିଦେଇଛି।

ବାବୁଲା : ଆମେ ସମସ୍ତେ ମନା କରୁଥିଲୁ।

ଉଦ୍ଧବା : (କାନ୍ଦି କାନ୍ଦି) ହେଲେ ସେ ଆମ କାହା କଥା ଶୁଣିଲାନି।

ନରି : ଚାଲ ଭାଇକୁ ଡାକ୍ତରଖାନା ନେଇଯିବା।

ସମସ୍ତେ : ହଁ.. ହଁ..

କାଳିଆ : ସେଠି କଣଟା ହେବ ବେ ? ସେଠି ତ ଡାକ୍ତର ନ ଥିବେ କି ଔଷଧ ନ ଥିବ। ଚାଲ ଭାଇକୁ ଶିବ ମନ୍ଦିରକୁ ନେଇଯିବା।

ନରି : ହଁ। ମନ୍ଦିର କୂଅରୁ ଶହେ ଆଠ ଗରା ପାଣି ତା ମୁଣ୍ଡରେ ଢାଳିଲେ ସେ ବଞ୍ଚିଯିବ।

କାଲୁ : ଆରେ ଯାହା କରିବ ଜଲ୍‌ଦି କର।

ସମସ୍ତେ : ହଁ... ହଁ..., ଚାଲ ମନ୍ଦିରକୁ ନେଇଯିବା।

(ସମସ୍ତେ ମୃତ ପ୍ରାୟ ପାଣୁଆକୁ ଟେକି ବାହାରକୁ ନେଇଗଲେ ଏକା ରହିଗଲା କାଲୁମିଆଁ। ଉପରକୁ ହାତ ଟେକି ଆଣ୍ଠେଇ ପଡ଼ିଲା। ବୋଧେ ଆଲ୍ଲାଙ୍କ ପାଖରେ ପାଣୁଆର ପ୍ରାଣ ଭିକ୍ଷା କରୁଥିଲା)

(ଧୀରେ ଧୀରେ ଆଲୁଅ ଲିଭିଗଲା)

ସ୍ପଟ୍ ଆଲୋକରେ ସୂତ୍ରଧର

ସୂତ୍ରଧର : ପାଣୁଆ ମରିଗଲା। ଛୁରୀ, ଭୁଜାଲି କିମ୍ବା ଖଣ୍ଡା ଚୋଟରେ ନୁହଁ, କଳାନାଗ ଦଂଶନରେ। ପାଣୁଆକୁ ଶିବ ମନ୍ଦିର ଚଉତରାରେ ବସେଇ ଶହେ ଆଠ ଗରା ପାଣି ଢଳାଯାଇଥିଲା। କିନ୍ତୁ କିଛି ଫଳ ହେଲାନାହିଁ। ପାଣୁଆ ସବୁଦିନ ପାଇଁ ଆଖି ବୁଜିଦେଲା। କିନ୍ତୁ ଆଖି ବୁଜିବା ପୂର୍ବରୁ କାହାକୁ ଯେମିତି ସେ ଖୋଜୁଥିଲା। ବୋଧହୁଏ ସେ ଭିଡ଼ ଭିତରେ ରଜନୀକୁ ଖୋଜୁଥିଲା। ଶେଷଥର ପାଇଁ ମନଭରି ଦେଖିବାକୁ ଚାହୁଁଥିଲା। ଯାହା ପାଇଁ ତାର ଏ ଦଶା ହେଲା, ମରିବା ଆଗରୁ ଥରେ ସେ ତାକୁ ଦେଖିବାଲାଗି ଚାହୁଁଥିଲା। ତାର ସେ ଚାହାଣିରେ ମୃତ୍ୟୁର ଭୟ ନ ଥିଲା। ଥିଲା ବିରହର, ବିଚ୍ଛେଦର ଦୁଃଖ।

ଜାଣନ୍ତି, କେହି କେହି କହୁଥିଲେ ପାଣୁଆକୁ କଳାନାଗ ଦଂଶି ନ ଥିଲା। ତାକୁ ତାହେଲେ ଦଂଶିଥିଲା କିଏ ?

(ସ୍ପଟ୍ ଆଲୋକ ଲିଭିଯାଏ)

ସପ୍ତମ ଦୃଶ୍ୟ

[କାଲୁମିଆଁ ଗ୍ୟାରେଜ୍। ପିଣ୍ଡିରେ ନରି ଓ କାଳିଆ ବସି ଗଞ୍ଜେଇ ପ୍ରସ୍ତୁତ କରୁଥିଲେ ଓ କଥା ହେଉଥିଲେ।]

ନରି : ଆବେ କାଳିଆ, ଭାଇ କୁଆଡ଼େ ଯାଇଛି କିରେ।

କାଳିଆ : ପୂଜା କମିଟିବାଲା ଡାକିଛନ୍ତି, କଣ ମିଟିଂ ଅଛି।

ନରି : ଭାଇ କଣ ପରା ପୂରା କଲେକ୍ସନ୍ ଦାୟିତ୍ୱ ନେଇଛି।

କାଳିଆ : ହଁ, ଭାଇ ଆଜି କ୍ୟାପିଟାଲ୍ ଯିବ। ରାମାନନ୍ଦ ବାବୁ ଡକେଇଛନ୍ତି।

(କାଲୁ କିଛି କାମରେ ଚାଲିଯାଇଥାଏ।)

ନରି : ଶୁଣୁଛୁ, ଶୁଣୁଛୁ। ରାମାନନ୍ଦ ବାବୁ ଉଦ୍ଧବାକୁ ଡାକିଛି।

କାଳିଆ : ହଁ ଭାଇ ଠିକ୍ କହୁଥିଲା। ଏ ରାଜନୀତିଆଙ୍କୁ ବିଶ୍ୱାସ ନାଇଁ। କାଲି ପାଣୁଆ ଭାଇକୁ ଧରିଥିଲା ଆଜି ଉଦ୍ଧବାକୁ।

(ପ୍ରବେଶ କରେ ଉଦ୍ଧବା। ବେଶ ପୋଷାକ ପ୍ରାୟ ପାଣୁଆ ପରି। ମୋବାଇଲ୍‌ରେ କଥା ହେଇ ପ୍ରବେଶ କରେ)

ଉଦ୍ଧବା : କଣ କିହୋ, ତୁମର ଏଠି ବେପାର କରିବାକୁ ଇଚ୍ଛା ନାହିଁ ନା କଣ? କଣ ହେଲା...। ସେ ସୁଆଙ୍ଗ ଦେଖାଅନି ବୁଝିଲ। ପାଣୁଆକୁ କେତେ ଦଉଥିଲ?

ହଁ, ମତେ ପାଣୁଆ ଭାବନାହିଁ। ଟଙ୍କାଟେ ବି କମିବନି କହି ଦଉଛି। କାଲି ସନ୍ଧ୍ୟା ସୁଦ୍ଧା ମାଲ ପହଞ୍ଚିବାରେ ଅଛି। ବୁଝିଲ..... ହଁ।

(ଫୋନ୍ କାଟେ, କାଳିଆ ଚିଲମ ନେଇ ଧରାଏ, ନରି ଗୋଟେ ସୁଡୁକ ନିଏ)

କଣ କିରେ ? ନଣ୍ଡା ଖବର କଣ ? ଆହୁରି କଣ ସେ ପାଣୁଆ ପାଇଁ ଲୁହ ଗଡ଼ଉଛି ? ଏଁ.... ହାଃ... ହାଃ.... ହାଃ...

ରାଘବା : ନାଇଁମ ଭାଇ। ଆଜି ଆସିବ କହୁଥିଲା। ତା ଦେହ ଟିକେ ଖରାପ ଥିଲା ତ।

ଉଦ୍ଧବା : ହଉ... ହଉ... ଶୁଣ ସମସ୍ତେ। ପଞ୍ଚାୟତ ଇଲେକ୍‌ସନ୍ କାମଟା ହାତକୁ ଆସୁଛି। ମନଦେଇ କାମ କଲେ ଆଗକୁ ଆହୁରି କାମ ମିଳିବ। ନିଅ...

କାଲୁଚାଚା କୁଆଡ଼େ ଗଲା ?

କାଲୁ : (ବାହାରି ଆସେ) କଣ ହେଲା ଉଦ୍ଧବା ବାବୁ।

ଉଦ୍ଧବା : ଆଉ ତମ ଭଡ଼ାଟା ଦେଲନି ତ।

(ବନ୍ଧ ଉପରେ ରଜନୀ ଓ ତା ସାଙ୍ଗରେ ଆଉ ଗୋଟେ ସାନଝିଅ)

ରଜନୀ : ଉଦ୍ଧବା ଭାଇ -

ଉଦ୍ଧବା : କିଏ ?

ରଜନୀ : ମୁଁ ରଜନୀ

ଉଦ୍ଧବା : (ଖୁସିରେ) ରଜନୀ ! କଣ କିଛି କାମ ଥିଲା।

(କାଳିଆ ଓ ନରି ଦୂରେଇଗଲେ)

ରଜନୀ : (ଓହ୍ଲେଇ ଆସି) ରଖିବ ଯଦି ଗୋଟେ କଥା କହିବି। ରଖିବନା ?

ଉଦ୍ଧବା : (ଖୁସିରେ) କହୁନ.. ଏତେ ସଙ୍କୋଚ କଣ ! କୁହ !

ରଜନୀ : ବାସନ୍ତୀ ଦୁର୍ଗାଙ୍କ ପାଖରେ ମାନସିକ କରିଥିଲି। ବତିଶ ଯୋଡ଼ା ପଦ୍ମଫୁଲ ଚଢ଼େଇବି ବୋଲି। ହେଲେ ସେ ତ ହେଲାନି। ଆଗରୁ ଜାଣିଥିଲେ ସେ ନିକମା ପାଣୁଆକୁ ଜମା କହି ନ ଥାନ୍ତି। ସେ କଥା ଛାଡ଼। ଭାବିଛି ମା ଦୁର୍ଗା ମନ୍ଦିରରେ ୧୬ ଯୋଡ଼ା ପଦ୍ମ ଚଢ଼ାନ୍ତି। ତମେ ମୋ ପାଇଁ ନୂଆ ପୋଖରୀରୁ ତୋଳି ଦିଅନ୍ତିନି।

ଉଦ୍ଧବା : ହେ - ଏଇ ଗୋଟିଏ କଥା। ଏଇ ସାମାନ୍ୟ, ଛୋଟିଆ

କଥା ପାଇଁ ଏତେ ଚିନ୍ତା। ତମେ ବତିଶ ଯୋଡ଼ା ପଦ୍ମ ଚଢ଼ଉନ! ଅସୁବିଧା କଣ?

କାଳିଆ : (ଉଦ୍ଧବା ପାଖକୁ ଯାଇ) ଭାଇ, ତା କଥା ଜମା ଶୁଣନା। ପାଣୁଆର କଣ ହେଲା କଣ ଭୁଲିଗଲ?

ଉଦ୍ଧବା : ଚୁପ୍‌ବେ। ମୋତେ କଣ ସେ ମାଇଚିଆ ପାଣୁଆ ବୋଲି ଭାବୁଛୁ। ହଟ୍।

ରଜନୀ : ମୁଁ ଜାଣିଥିଲି ପରା, ଉଦ୍ଧବା ଭାଇ ମତେ କେବେ ନିରାଶ କରିବେନି। ଦେଖିଲୁ ମାମୁନି।

ଝିଅ- ୧ : ହଁ.. ପରା, ଉଦ୍ଧବା ଭାଇ କେତେ ଭଲ!

ରଜନୀ : ହଉ ମୁଁ ଯାଉଛି ଉଦ୍ଧବା ଭାଇ। ମୋ ପୂଜା ରହିଲା ଠିକ୍ ସାତ ଦିନ। ତମର ମନେ ରହିବଟି।

ଉଦ୍ଧବା : ଆରେ କିଛି ଚିନ୍ତା କରନା। ୧୬ ଯୋଡ଼ା ନୁହେଁ, ୩୨ ଯୋଡ଼ା ଫୁଲ ନେଇ ଆସିବି।

ରଜନୀ : ହଁ ତମେ ନିଜେ ଆସିବ। ଆଉ କାହା ହାତରେ ପଠେଇବନି। ମୁଁ ଅପେକ୍ଷା କରିଥିବି।

(ହସି ହସି ଚାଲିଯାଏ ରଜନୀ ଓ ସେ ଝିଅ। ସେମାନଙ୍କୁ ସମସ୍ତେ ଚାହିଁ ରହନ୍ତି।)

(ଆଲୋକ ଲିଭିଯାଏ)

ସ୍ପଟ୍ ଆଲୋକରେ ସୂତ୍ରଧର

ସୂତ୍ରଧର : କଣ ଭାବୁଛନ୍ତି? ଭାବୁଛନ୍ତି, ସବୁ ଜାଣି ମଧ୍ୟ ଉଦ୍ଧବା କେମିତି ସେ କଳାନାଗ ଭର୍ତ୍ତି ନୂଆ ପୋଖରୀକୁ ପଶିବାକୁ ଏତେ ସହଜରେ ରାଜି ହେଇଗଲା?

ପାଣୁଆ ମାନଙ୍କର ସିନା ମୃତ୍ୟୁ ହୁଏ, କିନ୍ତୁ ମାୟାର କଣ ମୃତ୍ୟୁ ସମ୍ଭବ? ସେ ତ ସାତତାଳ ପାଣି ତଳେ ସୁନା ଫରୁଆ ଭିତରେ ରହିଥାଏ। କେତେବେଳେ ସେଠୁ ବାହାରି ଗୋଟିଏ ମୁହୂର୍ତ୍ତରେ ସେ ଯେଉଁ ସୁନେଲି ସ୍ୱପ୍ନର ମାୟାଜାଲ

ବିଛେଇଦିଏ ସେଥିରେ ପାଣୁଆ, ଉଦ୍ଧବା ପରି ଦୁର୍ଦ୍ଦାନ୍ତ ଅପରାଧୀମାନେ ମଧ୍ୟ ଖୁବ୍ ସହଜରେ ଛନ୍ଦି ହୋଇଯାନ୍ତି। ସେ ମାୟା ଜାଲରୁ କାହାରି ମୁକ୍ତି ନାହିଁ - ଦେବତାଙ୍କର, ରାକ୍ଷସଙ୍କର, ସନ୍ନ୍ୟାସୀଙ୍କର, ଗୁଣ୍ଡା ସର୍ଦ୍ଦାରଙ୍କର, ମୋର ଏବଂ ହୁଏତ ଆପଣମାନଙ୍କର !

କଣ ମିଛ କହିଲି ?

ହଉ। ମୋ କଥାକୁ ନିରୋଳାରେ ଭାବିବେ। ନମସ୍କାର।

(ନମସ୍କାର, ଶୁଭରାତ୍ରି)

BLACK EAGLE BOOKS

www.blackeaglebooks.org
info@blackeaglebooks.org

Black Eagle Books, an independent publisher, was founded as a nonprofit organization in April, 2019. It is our mission to connect and engage the Indian diaspora and the world at large with the best of works of world literature published on a collaborative platform, with special emphasis on foregrounding Contemporary Classics and New Writing.